风险投资对战略性新兴产业发展的影响研究

钱 燕◎著

FENXIAN TOUZI DUI ZHANLUEXING XINXING CHANYE

FAZHAN DE YINGXIANG YANJIU

中国财经出版传媒集团

经济科学出版社
Economic Science Press

图书在版编目（CIP）数据

风险投资对战略性新兴产业发展的影响研究/钱燕
著 . -- 北京：经济科学出版社，2022.9
ISBN 978 - 7 - 5218 - 4045 - 2

Ⅰ.①风… Ⅱ.①钱… Ⅲ.①风险投资 - 影响 - 新兴
产业 - 产业发展 - 研究 - 中国 Ⅳ.①F279.244.4

中国版本图书馆 CIP 数据核字（2022）第 179261 号

策划编辑：李　雪
责任编辑：高　波
责任校对：王肖楠
责任印制：邱　天

风险投资对战略性新兴产业发展的影响研究
钱　燕　著
经济科学出版社出版、发行　新华书店经销
社址：北京市海淀区阜成路甲 28 号　邮编：100142
总编部电话：010 - 88191217　发行部电话：010 - 88191522
网址：www. esp. com. cn
电子邮箱：esp@ esp. com. cn
天猫网店：经济科学出版社旗舰店
网址：http：//jjkxcbs. tmall. com
北京时捷印刷有限公司印装
710×1000　16 开　16.5 印张　246000 字
2022 年 9 月第 1 版　2022 年 9 月第 1 次印刷
ISBN 978 - 7 - 5218 - 4045 - 2　定价：80.00 元
（图书出现印装问题，本社负责调换。电话：010 - 88191510）
（版权所有　侵权必究　打击盗版　举报热线：010 - 88191661
QQ：2242791300　营销中心电话：010 - 88191537
电子邮箱：dbts@ esp. com. cn）

前　言

　　战略性新兴产业是引领国家未来发展的重要决定性力量，对我国形成新的竞争优势和实现跨越式发展至关重要。风险投资是一种特殊的金融活动，向创业企业提供资金支持以获得股权，通过投后管理培育和帮助企业成长，待企业发展到相对成熟时退出以实现资本增值。发达国家产业发展的实践表明，风险投资在促进企业创新、孕育新兴产业成长、推动产业发展方面有着重要的推动作用。我国风险投资虽起步较晚，但经过三十余年的发展，已成为全球第二大风险投资市场。在新发展格局下，研究风险投资如何推动战略性新兴产业发展问题具有重要的理论和现实意义。

　　本书结合风险投资学、产业经济学、企业发展等理论与方法，厘清风险投资、战略性新兴产业的内涵和特征，分析风险投资支持新兴产业发展的现状，阐述风险投资资本提供、风险分散、资源网络、生态赋能与战略性新兴产业发展的内在对接，从产业成长、产业集聚、创新中介效应、全要素生产率等视角检验风险投资对新兴产业发展的影响，从中观和微观层面系统研究风险投资的产业效应，并考察了政府风险投资的作用。选取国内北京、上海、苏州等地案例剖析风险投资对于战略性新兴产业的支持，并分析美国、英国和以色列风险投资与新兴产业发展的经验，在此基础上，提出支持战略性新兴产业发展的风险投资发展对策，实现风险投资与战略性新兴产业的融合发展。

　　全书共十一章。除第一章绪论外，正文可以分为四部分内容。第一部分为理论分析和现状分析（主要包括第二章和第三章），第二部分为实证部分（主要包括第四章至第八章），第三部分为案例分析（主要包括第九章和第十章），最后一部分为结论与建议（第十一章）。本书主要研究内容和创新性贡献如下。

（1）在梳理风险投资学、产业经济学、企业发展的基本理论和综述国内外研究文献的基础上，对风险投资的特征及运作模式、战略性新兴产业的概念和特征进行界定和分析。立足战略性新兴产业发展中成长性、集聚性、创新性及全要素生产率等重要方面，探讨风险投资的作用，阐述风险投资与战略性新兴产业发展的内在对接机理，为研究风险投资支持战略性新兴产业发展奠定理论基础。

（2）对中国风险投资、战略性新兴产业发展现状进行分析，从管理规模、资金来源、投资热点等方面总结中国风险投资发展特征。分析战略性新兴产业发展特征，开展战略性新兴产业融资状况的调研，了解风险投资支持战略性新兴产业发展的现状和难点。

（3）从产业成长、产业集聚、创新中介效应、全要素生产率提升等视角，系统检验风险投资对战略性新兴产业发展的作用机制和效果。聚焦风险投资的产业效应，研究视角上具有创新性。风险投资具有促进战略性新兴产业成长的作用，且政府背景风投与无政府背景风投相比更具有产业促进作用。同样，专业化风险投资、联合风险投资也更能促进新兴产业的成长。风险投资促进本地新兴产业集聚，对邻近地区新兴产业集聚同样具有促进作用。风险投资促进新兴产业发展通过技术创新这一中介渠道，风险投资促进了新兴产业的技术创新，但这种中介机制还有待加强。风险投资通过缓解新兴产业中微观主体的融资约束和增加研发投入，促进战略性新兴产业全要素生产率的提升。

（4）政府风险投资在中国风险投资资本中占有较高比重，以此现实背景出发，实证检验政府风险投资对战略性新兴产业创新投入的影响，以检验中国现有政府出资的效果。研究表明，政府风险投资有助于提高新兴产业创新投入，政府风险投资通过缓解融资约束，增加政府补助，促进企业创新投入增加。异质性检验表明，政府风险投资对新兴产业中成熟持续期企业的创新投入促进作用更显著，而对于初创成长期作用力较弱。政府风险投资对非国有企业创新投入有促进作用，而对国有企业促进作用不显著。

（5）选取北京中关村地区信息技术产业、上海人工智能产业和苏州生物医药产业，分析风险投资在促进新兴产业发展中的作用。典型案例分析发现风险投资为企业发展提供了资金，缓解企业融资约束。风险投资依托自己的经验，对行业发展进行选择。风险投资的投资向外界传递了一种信号，为企业后续融资和发展起到认证效应，风险投资同样为企业提供更多的学习机会，将企业嵌入风投网络中，为企业发展提供资源。另外，本书较为详细地分析了美国风险投资对信息产业、生物医药产业和新能源产业的支持，同时分析英国剑桥地区和以色列风险投资的特征及投资行为，得出发达经济体风险投资发展的经验，为我国风险投资发展以促进战略性新兴产业发展提供借鉴。

本书分析风险投资对战略性新兴产业发展的支持作用，虽然取得了一定的研究成果，但对于风险投资如何与战略性新兴产业对接的理论机制和现实状况分析还不够深入。特别是，在双循环格局下，如何更好地发挥政府资本、社会资本和公司风投资本的协同作用，促进战略性新兴产业发展的诸多理论和实践问题还需进一步探索。在后续的研究中，将持续推进风险投资支持战略性新兴产业研究的深化和实践成果应用，以期为中国战略性新兴产业发展提供一些有益的对策建议。

感谢出版社的大力支持和帮助，特别是责任编辑的辛勤付出，才使得本书得以顺利付梓，在此表示深深的谢意。本书撰写过程中，参考和借鉴了国内外相关领域学者的研究成果，他们的观点为研究奠定了基础，也给予了我很多启发，参考文献中列出了他们的研究成果，疏漏之处，谨致歉意！由于作者水平所限，书中难免存在不足之处，恳请广大读者批评指正。

钱　燕

2022 年 2 月 15 日

目　录

第一章

绪　论

第一节　研究背景及意义

一、研究背景

2008 年国际金融危机的冲击掀起全球科技革命和产业革命的浪潮，发展战略性新兴产业成为各国走出金融危机、带动新一轮经济增长的突破口。中国自改革开放以来的持续高速增长也在金融危机后转向。2010 年 10 月 18 日，国务院发布了《关于加快培育和发展战略性新兴产业的决定》，明确"战略性新兴产业是引导未来经济社会发展的重要力量"，确定节能环保、新一代信息技术、生物、高端装备制造、新能源、新材料和新能源汽车七大产业为战略性新兴产业，提出要"坚持创新发展，将战略性新兴产业加快培育成为先导产业和支柱产业"。毋庸置疑，战略性新兴产业已经成为一国产业结构升级和抢占世界经济发展制高点的关键。

然而，随着世界经济政治格局的新变化，中国经济面临着前所未有的双重压力。内部压力表现为经济增长引擎的动能转换，传统粗放的以要素投入为主的经济增长模式进入向创新驱动转换的攻坚期；外部压力表现为中美贸易摩擦、新冠肺炎疫情冲击所带来的高度不确定性和不稳定性。2020 年初，新冠肺炎疫情的暴发对全球经济造成巨大冲击，新兴产业的发展成为各国恢复经济增长潜力的重要抓手。中国审时度势，提出"双循环发展"格局。培育和发展战略性新兴产业，是中国践行新发展理念、实现新发展格局的一项重要任务，是把握新科技革命、新工业革命的战略举措，是实现高质量发展的重要基础，是应对百年未有之大变局、牢牢把握发展主动权的关键所在。

近年来，政府对建设现代产业体系的重视程度不断提升。党的十八届五中全会提出"构建产业新体系，实施《中国制造 2025》"。党的十九大报告提出"着力加快建设实体经济、科技创新、现代金融、人力资源协同发展的产业体系"，2020 年《政府工作报告》提出"推动制造业升级和新兴产业发展"。党的十九届五中全会进一步强化，提出"加快发展现代产业体系，推动经济体系优化升级"。随着我国经济社会发展进入新阶段，践行新发展理念、形成新发展格局，新兴产业在整个经济体系中必将扮演更为重要的角色。2020 年 11 月发布的《中共中央关于制定国民经济和社会发展第十四个五年规划和 2035 年远景目标的建议》（以下简称《建议》）提出，"发展战略性新兴产业"。2021 年 3 月，我国出台详尽的"十四五"规划，并提出一系列具体创新目标，如全社会研发经费投入年均增长 7% 以上、基础研究经费投入占比提高到 8% 以上、战略性新兴产业增加值占国内生产总值（GDP）的比重超过 17% 等。

发展战略性新兴产业是国家的重大战略部署，需要财政、土地、金融、科技、人才等多要素的支撑，而资金在战略性新兴产业发展中有着重要作用。新兴产业发展伴随着大量原始性创新，创新中"破"与"立"均具有较高的不确定性，金融体系充足的支持不可或缺。人类历史上每一次大的产业发展都与金融支持有着密切的关联。2010 年出台有关战略性新兴产业政策时，相关部门明确了产业发展的扶持政策，包括加大财税金融等政策扶持力度、设立战略性新兴产业发展专项资金、制定促进战略性新兴产业发展的税收支持政策、鼓励金融机构加大信贷支持、大力发展创业投资和股权投资基金五个方面。2012 年 7 月，国务院印发《"十二五"国家战略性新兴产业发展规划》，提出"发展多层次资本市场，拓宽多元化直接融资渠道"用于金融支持战略性新兴产业发展的措施。2016 年《"十三五"国家战略性新兴产业发展规划》进一步要求加大金融财税支持，"提高企业直接融资比重""加强金融产品和服务创新"以及"创新财税政策支持方式"等。2020 年《"十四五"国家战略性新兴产业发展规划》提出要发挥市场的决定性作用，加快构建多层次的资本市场和风险投资市场，推动各种融资方式组合，拓宽战略性新兴产业的融资渠道。

战略性新兴产业的培育和发展需要持续巨额的资金投入，国家政策为战略性新兴产业融资环境的改善提供了支持，但总体而言，以银行为主导的间接融资并不能有效地支持创新型企业发展，在识别和把握高新技术产业发展上存在一定局限性，金融体系必须提供多样化的资本来源才能更好地适应新兴产业发展的资金需求（龚强等，2014）。

活跃的风险投资是推动新经济发展的重要因素，具有高风险高收益的特征，与新兴产业发展中的不确定性存在天然契合。1946 年，第一家风险投资公司——美国研发公司正式成立，风险投资业在全球范围内扩散分布，促进了技术创新和新兴产业的发展，成为高新技术企业发展的助推器。1986 年，中国新技术创业投资公司的成立揭开了我国风险投资行业的发展序幕。在经历了萌芽期、起步期、快速扩张期和调整期后，中国已成为世界第二大风险投资市场。截至 2021 年 6 月底，在中国基金业协会登记的风险投资基金达 12059 只，管理资产规模 1.89 万亿元。风险投资基金发展有力地支持了企业的创新创业，成为支持创新创业的重要资本力量。截至 2020 年 12 月 31 日，风险投资基金投资中小企业项目数量累计达 3.22 万个，在投金额 4587 亿元，投资高新技术企业项目数量累计达 1.81 万个，在投金额 4125 亿元。2018 年 11 月试点注册制以来，超过八成的科创板上市公司、超过六成的创业板上市公司获得过风险投资基金的支持①。

---

① 杨坪. 证监会刘健钧：加快完善创投体制，支持创业创新［EB/OL］. (2021 – 09 – 18)［2021 – 09 – 30］. https：//baijiahao. baidu. com/s？id = 1711156423595830851&wfr = spider&for = pc.

风险投资投资于新技术企业、早期中小企业及初创科技型企业，成为创新经济发展的重要推动力，提高金融服务实体经济的水平，激发创新活力。近些年来，国家和地区层面都高度重视风险投资的发展，希望发挥风险投资助推企业创新的独特作用。战略性新兴产业的创新特征突出，企业良好的创新生态及技术创新能力，才能孕育出新兴产业的新动能。那么，中国风险投资的发展是否促进了战略性新兴产业成长和产业集聚？如果答案是肯定的，风险投资通过何种途径作用于新兴产业发展？中国的地域差异是否也体现在风险投资的产业效应中？全要素生产率的提升对于经济高质量发展具有重要意义，风险投资是否有利于提升战略性新兴产业的全要素生产率，实现产业的高质量发展？中国的风险投资资本来源构成中，政府出资占了较高的比例，以 2019 年的数据来看，风险投资管理资本规模达到 9989.1 亿元，其中，政府出资占比达到 31.43%①，由此引出问题，政府风险投资对新兴产业的发展起到了什么作用？本书对这些问题进行深入讨论，这些问题的回答不仅与中国战略性新兴产业发展有着密切关系，也与金融供给结构改革即金融体系面向双循环格局下的新兴产业金融需求提供匹配的金融供给有着重要关联。

二、研究意义

双循环发展格局下，发展战略性新兴产业成为"围绕产业链部署创新链，围绕创新链布局产业链"的重要组成。经济主体的金融需求发生变化，需要有支持科技创新的金融供给模式与之匹配。在这一背景下，探索风险投资对战略性新兴产业发展的作用和机制具有重要的理论意义和现实意义。

1. 理论意义

现有研究通常从风险投资对微观企业的影响出发，探讨风险投资

---

① 胡志坚，张晓原，贾敬敦．中国创业风险投资发展报告 2020［M］．北京：科学技术文献出版社，2021.

缓解企业融资约束、加强公司治理、激励企业创新等问题，在风险投资的微观效应层面积累了丰硕研究成果。风险投资与战略性新兴产业具有天然的耦合特征，但从产业层面分析风险投资的作用机制及效应的研究相对匮乏，尤其是针对战略性新兴产业集聚、创新能力和全要素生产率方面的研究。现有研究关注到战略性新兴产业发展对金融供给的需求发生了变化，但通常从金融总量和直接融资、间接融资等结构对比方面进行分析，具体某种金融模式对新兴产业发展的作用及效果如何，还处于初步探索中。本书的研究不仅丰富了风险投资理论研究的空间，而且对拓展金融支持产业发展理论的研究范式和视角也具有重要的指导价值。

2. 实践价值

培育和发展战略性新兴产业是当下中国经济发展的重点，是实现高质量发展的核心力量，金融供给需适应新兴产业发展的金融需求。本书从现状分析、理论机制、实证检验、案例分析等考察风险投资对新兴产业发展的作用机理、路径与影响效应，有利于厘清与中国当前新兴产业发展需求相匹配的风险投资供给，为推动实践和制定决策提供坚实的依据，对于转型时期发展新兴产业和促进经济提质增效具有重要现实意义。

第二节 国内外文献综述

风险投资经过半个多世纪的发展，文献研究硕果颇丰，国内外学者围绕风险投资，从管理学维度研究风险投资与创业企业的相互作用和影响、风险投资战略与绩效、风险投资组织等，从经济学维度研究风险投资对经济的作用，风险投资的演化与国际比较。本书根据研究主题，从风险投资与企业创新、风险投资与产业发展两个密切相关角度进行国内外文献综述。

一、风险投资与企业创新

创新是连接风险投资与战略性新兴产业发展的桥梁，因此，风险投资与新兴产业发展的文献可以追溯到风险投资与技术创新这一领域。科图姆和勒纳（Kortum & Lerner，1998）最早开始研究风险投资与技术创新的关系，通过对比分析有风险投资背景和无风险投资背景企业的专利情况，得出风险投资具有激励技术创新的功能。与非风险投资背景的公司相比，具有风险投资背景的公司具有更高的全要素生产率（Chemmaur et al.，2011）。恩格尔和基尔巴赫（Engel & Keilbach，2007）以德国中小企业为研究对象，发现风险投资参股企业后，企业具有更高的成长性和创新性。风投机构具有较高失败容忍度，采用联合投资对企业创新起到重要的推进作用（Tian & Wang，2011；Tian，2012）。比德（Bhide，2002）认为风险资本介入后对企业进行详细审查和持续监督，导致企业寻求更稳健的投资机会以降低不确定性，从而不利于高不确定性创新。卡塞利等（Caselli et al.，2009）等运用倾向得分匹配法分析（PSM）得出风险投资改善企业的管理，但不会进行更多创新。基于韩国生物技术行业数据发现风险投资的作用主要在于促进被投企业与下游企业的合作，对企业创新绩效没有显著影响（Sohn & Kang，2015）。

近年来，随着中国风险投资市场规模的不断扩大，研究风险投资与企业创新的文献也逐渐增多，主要形成两种观点：

一种观点认为风险投资对企业创新有正向影响。龙勇和时萍萍（2012）以重庆市、深圳市、广东省等地为样本的研究发现，风险投资的介入会增强高新技术企业对知识的静态和动态吸收能力，进而影响高新技术企业的技术创新效应，增加企业技术创新绩效，降低技术创新风险。杨晔等（2012）以中国省级面板数据实证研究发现风险投资对创新均具有明显的促进作用。庄新霞等（2017）研究发现风险投资对上市企业创新投入具有显著促进作用，风险投资对上市企业创新投入的促进作用在非国有企业和制度环境较好的地区更为明显。陈思等（2017）研究风险投资进入对被投企业创新的影响，发现风险投资进入显著促进企业专利申请数量增加，且外资背景、联合投资、长投资期限的风险投资对被投企业创新活动的促进作用更强。宋竞等（2021）对创业板上市公司2009~2015年的混合截面数据进行分析发现，相较于无风险投资参与的企业，有风险投资参与的企业创新投入与创新产出均较高，且风险投资参与的程度与创新投入和产出正相关。

另一种观点质疑风险投资能激励创新，如谈毅等（2009）早期研究发现中国风险投资对中小板上市公司研发投入方面并没有显著积极影响，在长期运营绩效、超额收益方面等风险投资参与企业都显著差于无风险投资参与企业；陈见丽（2011）研究发现风险投资参与并不能为高新技术企业带来更多技术创新资源，也不能促使高新技术企业创造更多技术创新成果和效益，风险投资未能促进高新技术企业的技术创新；温军和冯根福（2018）从"增值服务"和"攫取行为"交互作用的视角分析风险投资对企业创新的作用机理，发现样本期间风险投资整体降低了企业创新水平。夏清华和乐毅（2021）研究发现有风险投资背景的企业和无风险投资背景的企业在创新投入和创新产出上的表现相当，风险投资金额仅对创新投入有促进效应，对创新产出没有影响，风险投资尚未成为中国企业技术创新的决定性因素。也有少量研究利用非线性模型对风险投资与技术创新的关系进行分析。温军等（2018）利用面板平滑过渡回归（PSTR）模型，从区域层面对2001~2014年中国28个省市的风险投资与技术创新之间的非线性关系进行实证，发现样本期内风险投资与技术创新之间存在非线性关系，超过门槛值的风险投资才会对技术创新产生积极影响。

二、风险投资与产业发展

国内外学者从地域、行业背景、发展阶段等角度研究风险投资与产业发展的关系。龚帕斯和勒纳（Gompers & Lerner, 1999）研究认为，风险资本支持的高技术企业在资本市场的表现要好于非风险资本支持的高技术企业。科图姆和勒纳（1998）分析也表明，风险投资在20世纪90年代对美国行业创新的贡献率达15%。杜希尼茨基和伦诺克斯

（Dushnitsky & Lenox，2006）聚焦于计算机、半导体等创新机会较多的行业，发现风险投资与企业价值创造存在显著的正向关系。瓦德瓦和科塔（Wadhwa & Kotha，2006）以通信设备制造业为研究对象，发现风险投资投资额与行业创新绩效之间的非线性关系。克莱克和迪莫夫（Clerc & Dimov，2008）研究发现，风险投资虽从外部介入，但能在企业内部发挥内生作用，不仅能直接帮助企业降低融资难度，还能通过投资团队的专业性和丰富的自身资源为运营中的企业提供有效的管理建议，提出产品营销策略等。伯托尼等（Bertoni et al.，2010）在研究中指出，靠创新研发技术制胜的高新技术产业，风险投资将会激发企业创新研发能力，在此基础上企业发展能力也能从各方面提升。风险投资自开始就和高科技产业形成了一种共栖共生、相互依存的关系。科内利斯等（Kolympiris et al.，2011）用空间自回归模型发现生物技术企业所获得的风险资本量与风险投资机构数量、半径 10 英里[①]以外的生物技术企业获得的风险资本量相关，如果超出范围这些关系就不再显著。对欧洲国家生物制药初创企业的实证表明，风险投资支持公司的产出增长快于无风险投资支持的公司（Bertoni & Tykvovábl，2015）。普拉丹等（Pradhan et al.，2018）基于向量误差修正模型，对 25 个欧洲国家 1989~2016 年风险投资、信息与通信技术基础设施和经济增长之间的关系进行建模，发现风险投资对信息与通信技术基础设施有影响。安德鲁西夫等（Andrusiv et al.，2020）研究欧盟和乌克兰的风险投资对城市基础设施发展的影响，证实了风险投资是支持创新发展的投资方式，能成为引进创新技术的催化剂。

国内学者从理论上剖析了风险投资对新兴产业发展的影响及其作用机制。李永周等（2000）认为风险投资具有资金放大、企业孵化、市场筛选、培育创新等功能，能加快高新技术产业发展的速度。曹政（2000）认为，高新技术产业的发展离不开风险投资的支持，而风险投资的有效运作则依赖于一个成熟、发达、充满活力的创业板市场。无论

---

① 1 英里≈1.61 千米，此处为原文引用，故不作修改。

从资金供应者角度，还是从融资效率、激励机制以及企业成长等角度来看，高新技术产业的发展都需要创业板市场的促进。产品的研究与开发、风险投资、创业板市场三大因素相互促进、相互推动，产生良性循环，共同推进高新技术产业的发展。陈旭群（2004）比较系统地论述了风险投资与产业结构之间的互动关系，认为风险投资的发展必需依赖于传统产业向高新技术产业的转换，同时风险投资又可以积极地促进这种产业结构转换的实现。卢山等（2005）研究认为，风险投资可通过支持技术创新、提升人力资本质量等途径促进产业转型升级。莫桂海（2007）认为风险投资对于高新技术发展非常重要。在风险投资介入高新技术产业集群发育的过程中，两者之间具有明显的互动效应：风险投资促进了高新技术产业集群的发育，后者的发育也为前者创造了广阔的发展空间。高新技术企业比传统产业中的企业更倾向于集聚，形成产业集群。作为技术进步和经济增长的"助推器"，风险投资在高新技术产业集群形成和持续发展中有显著的作用。因此，风险投资支持是战略性新兴产业发展的重要力量，能够有效解决战略性新兴产业融资难题（张明喜，2011；冯敏红，2013）。陈思等（2017）通过 DID 模型研究得出风险投资能够为部分行业培育高技术人才资源，提供社会创新经验，进而大大拉升企业在市场上的核心竞争力。刘娥平等（2018）研究发现风险投资通过技术扩散提升上卜游产业的技术水平，产生垂直溢出效应。

实证方面，张玉华等（2014）研究发现风险投资作为一种特殊的资金融通方式，有向发达地区靠拢、向高新技术产业集聚的现象。赵玉林等（2013）实证检验我国风险投资与战略性新兴产业间的关系，发现两者间具有长期均衡和短期波动关系，风险投资对战略性新兴产业发展具有促进作用，风险投资短期波动会引发新兴产业波动。刘睿元（2014）基于重庆市数据进行实证研究，发现风险投资显著促进战略性新兴产业的培育及发展。杜传忠等（2012）阐述风险投资通过资金支持、技术筛选与集聚、孵化和增值服务等途径促进新兴产业发展，并以节能环保产业上市公司数据实证检验，肯定风险投资具有新兴产业促进作用。王广凯等（2017）通过实证发现，风险投资作用于企业的资本增值来打破企业发展初期的融资瓶颈，并使资金合理化充分化被利用，一方面促进了企业技术创新，另一方面稳固企业内部治理结构，使企业朝高质量方向发展。王栋（2019）通过对北陆药业的案例分析，得出风险投资持股比例越大，能为此类生物医药企业带来的经济收益越多，并能促进技术创新及提供积极保障。纪建悦等（2020）以风险投资与海洋新兴产业发展为研究对象，发现风险投资通过规模效应和结构效应加快海洋高新技术产业发展，进而促进新兴产业发展。钱燕（2020）以新三板生物医药企业为研究对象，发现风险投资参与对生物医药企业的成长性具有显著的促进作用。余婕和董静（2021）基于2005~2018年省级面板数据研究发现，地区风险投资水平能够从产业价值创造、技术密集水平、绿色化发展等方面推动产业高质量发展。然而，少量实证研究得出了不一样的结论，如赵玮和温军（2015）基于2005~2013年，我国战略性新兴产业上市公司微观数据检验，发现风险投资介入对企业绩效具有显著的抑制作用。

三、文献述评

纵观现有国内外文献，可从以下方面进行拓展和深化：一是大多数研究集中于风险投资与企业创新这一微观视角，从战略性新兴产业这一中观视角研究风险投资的作用还较少，缺少理论的支撑和系统的研究。二是风险投资的不同特征具有不同的投资目标和投资方式，拥有的资源也不同，从风险投资异质性特征角度分析风险投资的产业作用效应更符合实际情况，特别是政府风险投资的作用，也值得深入分析和思考。三是在战略性新兴产业作为国家重要战略部署的背景下，借鉴国际经验，总结国内典型案例，从而厘清风险投资这一灵活金融资源支持方式的作用途径和效果，可以为促进战略性新兴产业发展提供依据与参考。

第三节 研究内容及方法

一、研究内容

本书按照"理论机制—现状分析—实证检验—案例分析—政策建议"的思路展开，在理论分析的基础上，从中国风险投资发展现状、战略性新兴产业发展现状、风险投资对战略性新兴产业支持的现实总结实践运行状况，从产业成长、产业集聚、技术创新、全要素生产率等方面实证检验风险投资对新兴产业发展的影响，并重点考虑政府风险投资的作用。选取北京市、上海市、苏州市等地为研究对象，分析风险投资促进新兴产业发展的典型事实，同时总结美国、英国和以色列风险投资对新兴产业的支持作用，进而提出中国情境下风险投资支持战略性新兴产业发展的政策建议。具体章节如下：

第一章绪论。阐述战略性新兴产业发展背景和风险投资支持实体经济发展的现实，引出本书要研究的问题，阐述开展风险投资产业效应研究的理论和现实意义，同时对国内外风险投资与新兴产业发展的相关文献进行梳理和评述，为本书研究奠定理论和文献基础，并介绍了本书的研究内容和研究方法。

第二章概念界定和理论分析。界定风险投资和新兴产业发展的概念，介绍风险投资相关的核心理论，从风险投资资本供给、分散创新风险、拓展资源网络和赋能产业共生环境等方面探讨风险投资与新兴产业对接的内在机理。

第三章风险投资与战略性新兴产业发展现状。分析中国风险投资发展历程和现状，并结合全球风险投资发展现状与趋势，总结中国风险投资发展特征与不足；分析中国战略性新兴产业发展现状，总结产业发展趋势与行业特征；再者，通过问卷调查，分析风险投资对新兴产业发展的融资支持情况。

第四章风险投资与新兴产业成长。从产业成长促进角度分析风险投资对新兴产业发展的影响。基于新三板生物医药企业数据，构建非平衡面板数据模型，实证分析风险投资对产业成长性的影响，并从风险投资背景、持股比例大小和是否联合投资等几方面讨论风险投资不同特征对产业成长性的影响。

第五章风险投资与新兴产业集聚。从产业集聚视角分析风险投资对新兴产业发展的影响。采用省级层面数据，构建空间杜宾分析模型，分析风险投资对战略性新兴产业集聚的本地效应和溢出效应，并分地区进行实证检验。

第六章风险投资与新兴产业创新。从技术创新视角探讨风险投资对新兴产业发展的影响。采用省级层面的面板数据，构建风险投资、技术创新、新兴产业发展间的中介效应模型进行实证。

第七章风险投资与新兴产业全要素生产率。从全要素生产率提升视角，分析风险投资对新兴产业发展的影响。基于创业板数据，研究风险投资参与对全要素生产率的影响，并从持股比例高低、持股方式等方面分析异质性影响。进一步，从融资约束、研发投入等角度探讨风险投资影响全要素生产率提升的中介效应。

第八章政府风险投资与新兴产业发展。从政府背景风险投资对新兴产业发展的影响考虑，检验规模不断扩大的政府背景的风险投资对新兴产业创新投入的作用，并考虑融资约束和政府补助的中介效应。

第九章国内典型案例分析。以国家自主创新示范区经验为例进行分析。选取北京市、上海市、苏州市等地的调研数据，分析风险投资支持新一代信息技术、生物医药等新兴产业发展的过程以及效果，总结实践经验。

第十章不同国别经验分析。详细分析了美国风险投资支持信息产业、生物医药产业和新能源产业的成功实践，并简要分析英国风险投资、以色列风险投资对新兴产业的支持，为我国加快新兴产业发展的风险投资资本供给提供借鉴。

第十一章结论与建议。在理论、实证和经验分析的基础上，总结全文研究结论，提出风险投资促进中国战略性新兴产业发展的相应对策建议。

本书的框架结构图如图 1 - 1 所示。

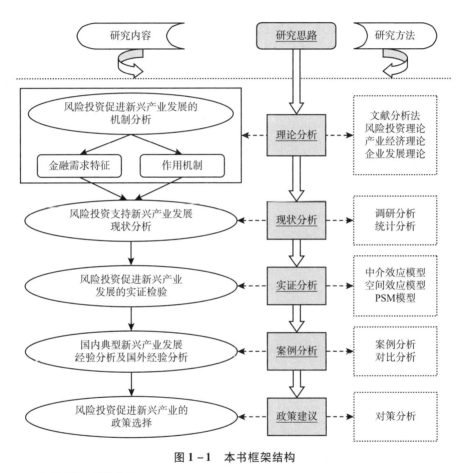

图 1 - 1　本书框架结构

资料来源：笔者绘制。

二、研　究　方　法

第一，理论分析法。梳理相关文献，结合风险投资学、产业经济学及企业发展等基本理论和原理，立足战略性新兴产业成长性、集聚性、创新性和全要素生产率，阐述风险投资作用于战略性新兴产业发展的内在机理，形成风险投资支持战略性新兴产业发展的传导机制和匹配模式理论。

第二，问卷分析法。设计调查问卷进行发放，对战略性新兴产业的融资情况、融资渠道以及风险投资支持措施等进行调研，收集一手数据和资料，对风险投资体系支持新兴产业发展现状进行较为全面的分析。

第三，实证分析法。基于面板数据，采用多种模型进行分析。采用空间效应模型分析风险投资影响战略性新兴产业集聚的效果；采用中介效应分析方法检验风险投资是否通过技术创新促进新兴产业发展，风险投资通过缓解融资约束、增加研发投入促进战略性新兴产业全要素生产率提升的机制是否存在；采用 PSM 和 Heckman 两阶段模型进行稳健性检验，解决样本的内生性和遗漏重要变量等问题。

第四，案例研究法。选取北京中关村新一代信息技术产业、上海人工智能产业、苏州生物医药产业的发展为案例，分析风险投资在新兴产业发展过程中的作用；并借鉴美国、英国和以色列的风险投资经验，总结具有普遍性的规律，为推进风险投资有效支持战略性新兴产业提供参考。

第二章

概念界定和理论分析

第一节 概念界定

一、风险投资概念界定

风险投资（venture capital，VC）起源于 20 世纪 30～40 年代的美国，一些有富余资金的家庭和个人投资者，为初创企业提供资金并获得公司股权，目的在于获得发展壮大的创业公司的股份增值，最终获得出售股份获取高额回报。1946 年，哈佛大学教授乔治·多威特、波士顿美联储的拉福富兰德斯和一批新英格兰地区的企业家在马萨诸塞州波士顿成立了第一家具有现代意义的风险投资公司——美国研究与发展公司（AR&D），这家现代意义上专业化与制度化的风险投资公司的成立，成为现代风险投资发展史上一个标志性的里程碑。

对于风险投资的定义，专业机构、政府以及学术界表述上存在差异。美国全美风险投资协会（NVCA）的规范定义为：风险投资是由职业金融家投入新创的、迅速发展的、具有巨大竞争潜力的创业企业，特别是中小企业中的一种股权资本（权益资本）。欧洲风险投资协会（EVCA）的规范定义为：风险投资是一种由专业的投资公司向具有巨大发展潜力的成长型、扩张型或重组型的未上市企业提供资金支持并辅以管理参与的投资行为。经济合作发展组织（OECD）认为：风险投资是指一种向极具发展潜力的新建企业或中小企业提供股权资本的投资行为。

风险投资最早引入中国的时候翻译为"风险投资",也有译为"创业投资"。我国风险投资之父成思危于2005年指出:风险投资是指把资金投向蕴藏着较大失败风险的高新技术开发领域,以期成功后取得高资本收益的一种商业投资行为。中国风险投资研究院主编的《中国风险投资年鉴》称为风险投资,国务院颁布的《创业投资企业管理暂行办法》称为创业投资。两者侧重点有所不同,风险投资强调投资的风险性,创业投资强调投资对象为创业企业。2006年国务院发布的《国家中长期科学和技术发展规划纲要(2006~2020)年》采用创业风险投资的说法,科技部等部门联合出版的关于风险投资的报告也采用创业风险投资发展报告的说法。本书没有明确区分创业投资和风险投资,统称为风险投资。

本书所指的风险投资是指通过私募形式向具有创新性、发展潜力的创业企业进行权益性投资,待企业相对成熟后退出以获得资本增值的一种金融活动。风险投资的一般特征包括:一是投资对象普遍来说规模较小或是还未上市的技术性中小企业;二是一般以股权的方式投资,对被投资企业的内部经营管理有着话语权但非控股权;三是一般投资于高风险高收益的项目;四是投资周期较长,被投资的企业增值后转让股份;五是投资项目的评估、选择及管理监督是高度专业化和程序化的。

二、战略性新兴产业概念界定

战略性新兴产业是国内专门定义的一个名词,国外的新兴产业概念与之有紧密的联系。波特(Porter,1980)认为科学技术的创新和重大突破促成的相对成本变化、催生的新消费热点,或经济社会变革产生的新产品或新服务的商业运作模式等都是培育新兴产业的动因。凯斯汀和普林格尔(Kesting & Pringle,2010)指出新兴产业即是指新兴出现和发展的产业,也包括经历行业发展升级调整而显著增长的产业。布朗克(Blank,2008)提出新兴产业的条件:一是具有突破性创新;二是发展的核心能力；三是处于产业生命周期阶段的早期；四是产业不确定性高。卡洛塔（Carlota，2013）提出，相对于传统产业而言，新兴产业是技术变革形成的具有高附加值的产业，其高投入、高风险和高回报的产业特征，是科技创新的产业化发展方向，集聚着旺盛的产业需求，因而具有较高的劳动生产率，是经济增长的重要动力来源。

国内学者对战略性新兴产业进行定义。陈刚（2004）认为战略性新兴产业是指能够代表新的科技创新水平，促进产业升级和社会生产分工转换的、具有相当规模和影响力的产业。战略性新兴产业是指关系到国民经济社会发展和产业结构优化升级，具有全局性、长远性、导向性和动态性的新兴产业。2010年国务院《关于加快培育和发展战略性新兴产业的决定》中把战略性新兴产业定义为：以重大技术突破和重大发展需求为基础，对经济社会全局和长远发展具有重大引领带动作用，知识技术密集、物质资源消耗少、成长潜力大、综合效益好的产业。

一个产业成为战略性新兴产业需具备两个条件：一是战略性，战略性新兴产业通过突破性的技术或商业模式的创新，引领和推动社会经济发展，其战略高度决定产业的前瞻性、引领性和带动性，具有较长的生命周期，且在较长的时间内能带来良好的社会和经济效益。战略性这一特征也决定了产业发展与国家、与政府发展目标的高度契合，通常是政府重点发展的产业。二是新兴性。新技术研发取得突破，新商业模式或是新兴业态取得成功，产生新的产业和部门，进而形成新兴产业。这一特征用以显著区分战略性新兴产业与传统产业，战略性新兴产业具有明显的技术创新、商业模式创新和产业创新，传统产业中也有具有战略性产业，如交通、能源、农业、军工等，但这些均不是新兴产业。

因此，战略性新兴产业既不等同于战略性产业，也不完全等同于新兴产业，需要同时具备战略性和新兴性特征。本书定义的战略性新兴产业为：具有战略性、新兴性特征，以重大技术突破和重大发展需求为基础，对经济社会全局和长远发展具有重大引领带动作用的产业。战略性新兴产业发展是国民经济健康发展的重要因素，是实现新旧动能转换的关键所在，是实现我国经济高质量发展的核心力量。但为行文方便，下文所指的新兴产业均为战略性新兴产业。

第二节　理论基础

一、风险投资参与主体及行为

从风险投资的产生和发展实践来看，风险投资发展中政府起到重要的推动作用，既是行业政策的制定者，又是风险资本提供者中一类重要的投资者。风险投资运作过程中又主要包含风险资本提供者、风险投资机构、风险企业或创业企业（本书称为创业企业）等参与主体。

（一）风险投资运作中的政府行为

风险投资对于创业活动的支持具有正外部性，但同时风险投资具有高风险性，仅依靠市场机制将社会资本转化为风险资本，可能面临市场失灵问题。中国风险投资发展的过程中政府发挥了重要的作用，承担了多种角色。政府是风险投资的主要推动者，制定风险投资发展的政策，给予风险投资产业发展的指引和调控。政府对风险投资的政策支持有助于缓解市场失灵的问题。中国风险投资的发展历程中，政府支持主要有以下几个方面。

政府对风险投资的财政支出支持形式，主要包括财政投资、财政补贴和政府采购等形式。政府为了扶持风险投资的发展，可以向风险投资注资，一种形式是政府出资成立相应的风险投资机构（或创投机构），另一种形式是政府向风险投资机构出资，设立启动资金由风险投资管理人进行运作，设立政府风险投资吸引社会资本参与，为风险投资机构增加信誉。财政补贴是政府向风险投资机构提供无偿的经济补助。风险投资向创业企业投资承担着较高的投资失败风险，为鼓励风险投资敢于投资，政府通过财政补贴的方式，分散风险投资公司的投资风险。政府采购是指政府的直接购买行为，间接支持风险投资发展，政府增加对创业企业新技术、新产品、新成果的采购激发创新活动，提高创业企业的成功率。

政府出台税收激励政策扶持风险投资，通过税收优惠调节风险投资收益。美国资本利得税的变动对风险投资的发展有着直接的影响。中国政府为了促进风险投资业的发展，采取的税收优惠政策包括：降低风险投资机构适用的所得税率；对风险投资所收取的管理费、管理咨询收入等给予免税待遇；改变风险投资机构的资本利得征税方法；减免资本利得税。另外，政府减税降费支持创业企业，比如获得高新技术企业认定的享有减半或免征所得税，企业研发费用加计扣除，这些税收政策在支持创业企业发展时间接为风险投资创造了更多机会。

政府对风险投资业的支持还体现在资本市场建设中。风险投资的运作流程包含募投管退等环节。资金来源于资本市场的供给，包括政府、公司、高净值个人客户都是风险资本的供给者，此外，金融机构的资本供给也是重要的资金来源，发达国家风险投资的长期资金由养老基金、保险基金等提供。风险投资的资金循环需要退出，退出渠道包括首次公开募股（IPO）、并购、股权转让等。政府资本市场的建设能为风险投资的退出提供保障，加速资本的良性循环。比如 2018 年科创板市场注册制的试点，为一些发展速度快、成长空间大但受限于利润等指标的创业企业提供了新的融资方式，也为支持这些企业的风险投资提供了新的退出渠道。

政府还为风险投资的发展提供风险分担。为了促进风险投资的开展，政府出台相应的政策，以一定的财政资金为基础，为机构或企业的债务融资提供偿债担保，降低风险投资的投资风险。政府设立一定的风险补偿基金，分散风险投资的投资风险。政府对风险投资的法律支持主要在为完善创业风险投资市场建立相应的法律体系，保护投资者和创业企业的利益。

（二）风险资本提供者

风险资本提供者，也称为风险投资者，是为风险投资机构提供资金的主要参与人，主要包括：富有的个人投资者、政府养老金、大型企业的投资基金，机构投资者等。20 世纪 40 年代，美国的风险投资处于萌芽阶段，风险资本提供者以富有家庭和个人为主。1958 年美国政府颁布《小企业投资法》，成为股权投资基金发展的里程碑，美国政府为小企业投资公司提供政策补贴。随后，一些发达国家政府也开始风险投资的发展提供一系列支持，英国于 70 年代推出《对创新方式的资助计划》《对创新有关的资助计划》等政策，受益于这些政策风险投资获得高额的投资回报，吸引着大批机构投资者成为风险资本的提供者。美国于 1979 年《雇员养老保险法案》修改了"谨慎投资人"的原则，准许美国政府的养老金进入风险投资领域，风险投资机构化趋势明显。

（三）风险投资机构行为

风险投资机构是风险投资运作的核心，负责风险资本具体的运作和管理。风险投资机构在市场上寻找投资机会，也在市场上募集追求高收益、承担高风险的资本，建立资本与机会之间的关系。因此，风险投资机构是风险资本市场上投融资双方连接的中介，通过风险投资机构的资本运作，提升双方价值，在此过程中实现风险投资自身价值。

根据风险投资的资金来源和投资目的，风险投资机构主要可分为三类：独立风险投资、政府风险投资、公司风险投资。

1. 独立风险投资

独立风险投资的特点在于其独立性，与公司风险投资、政府风险投资不同，独立风险投资的主要投资目标是投资获利。独立风险投资也被称为市场化运行风险投资，是风险投资行业内存在数量最多的一种风险投资机构。通常情况下，独立风险投资由风险投资管理公司发起设立，风险投资管理公司负责基金的募集与筹资，在募集过程中，只要风险资本提供者按照意愿遵守融资协定，按照要求出资，即可作为资金募集的对象。

独立风险投资机构的核心作用在于：一是向创业企业提供直接的资金支持。风险投资公司一般会作为风险投资的发起者以及投资工作的枢纽，负责风险投资基金的运营，并参与所投资企业的管理和决策。二是风险投资一般有能力分析和做出对创业企业的投资决策，并在投资之后监督企业并参与管理。三是风险投资机构对投资者负责，通过风险控制手段防控投资风险，保护投资者利益。

从组织形式上看，独立风险投资机构主要有两种，即公司制和有限合伙制。公司制风投机构按公司组织架构来运行，风险资本投资者成为股东。有限合伙制是目前较为常用的组织结构，通常由一个对合伙企业享有管理权、对合伙债务承担无限责任的普通合伙人，与至少一个对合伙企业债务仅以出资为限承担有限责任的有限合伙人共同组成。两者承担不同的权利和义务。普通合伙人由精通金融、证券、投资、会计、法律和科技的职业金融家组成，国外一般被称为"风险资本家"，他们在基金中出资比例较低，他们运用自身的知识和管理经验，对经营承担无限责任。有限合伙人是风险投资机构的主要投资者，也是风险投资主要的资金募集对象。他们提供大部分的风险资本，但不负责风险资本的具体运作，以出资额为限承担有限责任。

有限合伙制在业内较为普遍，原因在于：一是激励机制灵活有效，运作效率较高。投资者给予基金管理人较大的管理权限和较高的回报，较高的净收益分成激发了基金管理人工作热情，为了获得投资的盈利选择为基金努力工作。这一激励相容机制使普通合伙人和有限合伙人的投资目标趋于一致，普通合伙人会充分挖掘高潜质、高收益的投资机会以获取高额投资收益，减少了出资人和投资人之间的代理成本问题。通过契约划分两者的权责利，提高了风险资本的管理和运作效率。另外，有限合伙制有一定的存续期，当普通合伙人的投资收益不及预期，有限合伙人可以选择退出。但普通合伙人需要长期经营，信誉和声誉是其生存之本，为了得到有限合伙人的认同和筹集到更多的资金，就必然要建立良好的信誉和声誉，树立自己的行业形象，尽力管理好风险资本。二是弱化道德风险。有限合伙制的组织结构中，普通合伙人应承担无限责任。基金的盈利情况与普通合伙人的个人利益息息相关，一旦管理不善，基金面临较大的亏损，普通合伙人自身就要承担无限赔偿责任。因此，这一机制减少了普通合伙人道德风险的发生概率，约束普通合伙人行为。三是避免双重纳税。许多国家税法规定，有限合伙制企业不是纳税义务人，企业本身不缴纳所得税。有限合伙制的风险投资公司将自己的收入和损失分配给每个合伙人，有限合伙人和普通合伙人按照自己的实际缴纳个人所得税，避免了公司制企业中公司和合伙人个人对所得税的双重缴纳。在本书的论证过程中，除第八章主要讨论政府风险投资外，其他章节主要讨论独立风险投资。

2. 政府风险投资

政府风险投资是指政府通过单独出资或与社会资本共同出资设立的、采用股权投资等市场化方式运作的、承担政府政策目标的风险投资。政府风险投资的形式主要有政府直接建立风险投资机构和政府参股设立风险投资机构。在中国，1999 年之前成立的，以政府直接投资的形式为主；1999 年之后成立的，以参股形式为主。为支持本地科技创新和新兴产业的发展，各地纷纷设立地方性风险投资公司。

政府风险投资追求经济和社会的双重收益。风险投资的资金循环过程决定了风险投资的盈利性本能。但是，创新活动具有信息不对称和外部性特征，仅依靠独立风险投资的支持可能会造成市场失灵，降低风险投资对创新的支持愿意。政府风险投资的介入能缓解这种市场失灵，为创新活动和新兴产业发展提供一定的资金支持，相比较独立风险投资，可以承担更高的风险，在经济利益和社会利益之间形成平衡，推动地区创新创业活动，提升地区经济活力。

3. 公司风险投资

公司风险投资一种特殊形式的风险投资，是指由明确主营业务的非金融企业发起成立的风险投资，其显著特点是投资目的是为母公司实业发展服务，投资标的通常与母公司的经营业务高度相关。该风险投资形式始于 20 世纪 60 年代美国医药行业，近年来在市场中的重要性不断上升。公司风险投资的资金来源主要来源于母公司，一般不向外部投资者进行资金募集。

公司风险投资除了追求经济利益，更关注战略目标。因此，公司风险投资的投资对象往往集中于与母公司原有业务相关的领域，通常会根据母公司的战略发展需求对相关创业企业进行投资，从而引进被投资企业的新技术或新想法。对于母公司而言，通过设立风险投资机构，培育能够提升母公司市场竞争能力的关键技术或新兴产品，以获取母公司在某些领域的市场地位，从而提升集团的发展实力。

（四）创业企业行为

创业企业是风险投资的投资对象，研究文献中也被称为被投资企业，就是接受风险资本的、从事创业活动的中小企业，这些企业一般未上市，具有技术含量高、成长性强、市场前景好等特征。创业企业的创始人通常被称为创业家或创业者，高素质的创始人是创业企业的灵魂。风险投资市场中，风险投资和创业企业的发展相辅相成，如果没有创业者创业将新思想、新技术等进行落地或产品化，就没有对资金的需求，那么风险投资成了无源之水；如果没有可承受高风险的资金，新产品、新技术和新商业模式无法实现从思想到具体实物的转变，经济体中大量的中小型创业企业就难以发展壮大。由于创业企业面临巨大的风险和不确定性，有经验的风险投资家在具体项目决策时往往将"人的因素"放在首位。

创业企业的成长一般也要经历四个阶段：种子期、成长期、发展期和衰退期。不同阶段具有不同的资源需求，但资金始终是企业发展的血脉。传统的金融机构贷款偏向于企业发展的中后期阶段，处于初创期的企业面临着更强的融资约束。引入风险投资，不仅解决资金难题，还可以借助风险投资的资源和管理经验，解决企业实际运营中的问题和困难。对于创业企业来说，既要考虑如何能获得风险投资的青睐，也应考虑风险投资资金的价格以及风险投资机构所带来的网络资源，合理使用风险投资提高企业经营和盈利能力。

二、风险投资的运作过程

典型的风险投资运作过程包括资本募集、项目投资、投后管理和项目退出等环节，风险投资机构具有重要的作用，是募投管退每个环节的运作者。

（一）资本募集

风险投资运作的起点是募集资金。风险投资发起人根据基金计划，面向不同的投资者进行融资。风险资本的提供者主要有机构投资者和个人投资者。机构投资者占有较高的比重，包括政府出资、各类基金、金融机构和产业集团。政府机构出资的目的在于引导产业发展，特别是政府创业投资引导基金直接投资于创业投资基金，扶持风险投资业发展。各类基金主要包括社保基金、养老基金和捐赠基金，这些基金能否成为风险资本，受到一国政策的影响。美国社保基金、养老基金是风险投资的重要长期资本来源。金融机构包括银行、投资银行和保险公司。2020年末中国银保监会放宽对保险投资的限制，保险基金可投入风险投资行业。

近年来公司风险投资得到快速发展，大型公司通过组建风险投资公司或投资于风险投资机构，参与资助一些与其业务高度相关的高科技风险企业。从公司战略角度出发，公司风险投资不仅可省去研发的人力物力投入，也会对集团未来的发展具有重要意义。

个人投资者通常为富有的高净值个人，通常投资金额比较高。风险投资机构与风险资本的出资人，以契约的形式规定各自的权利、义务及利益分配。

（二）项目投资

风险投资基金设立后，开始核心工作即寻找和筛选投资项目。风险投资机构会主动去寻找有增长潜力的项目，也可以与相关政府部门、孵化器等建立联系，从项目库中寻找项目。各国实践表明风险投资具有筛选能力，选择有巨大市场潜力、有较好发展前景的项目或企业进行投资。风险投资的最终目的是获利退出，因此投资项目发展的好坏对风险投资来说有着至关重要的作用。于是风险投资在投资的过程中，会签订对赌协议尽量减少损失，保证自己的收益。联合投资和分阶段投资也是风险投资机构分散投资风险的常用控制手段。联合投资是指风险投资机构对一个企业进行投资时，会联合其他的风险投资机构一起参与；分阶段投资是指风险投资在投资过程中，会分批次拨付投资款项。进行第一轮投资管理后，根据风险企业的经营状况，确定是否继续投资。如果评估后认为企业有继续增值的潜力，则进一步投资；如果认为企业成长状况不好，不适合继续投资，则停止投资，进行清算。这样分阶段的投资，化解了一次性投入较多资金却有可能收不回来的风险，降低了损失的可能性。

（三）投后管理

风险投资机构与被投资企业达成投资协议后，即按照协议的规定提供资金并帮助企业进行经营管理。被投资的创业企业大多是高新技术中小企业，这些创业者通常拥有较高的技术水平，但经营管理能力不足。风险投资机构拥有各方面的专业人才，能通过自己的经验帮助创业企业进行市场调研、制定战略规划，为企业提供财务法律方面的咨询服务。风险投资拥有的董事会席位使得他们能监督企业的生产经营，促进创业企业成长，实现收益最大化。

风险投资机构并不会具体地参与企业经营管理，主要关注企业经营战略制定、人事安排、组织结构调整等宏观方面，不介入微观管理。在帮助企业进行经营管理的同时，风险投资机构还对企业进行严格的监督，以保证投资的安全性和收益性。风险投资机构会定期审阅公司的财务报表，为企业进行行业前景分析和进一步寻找其他融资渠道，推动创业企业的快速发展。风险投资机构对企业投后管理的介入程度因投融资双方的协议而定，有些风投机构倾向于直接管理，对企业经营决策要求更多的控制权，以便更好地掌握企业运行情况；有些风投机构倾向于间接管理，不参与企业日常事务，在创业企业出现财务危机或管理危机时才介入。一般情况下，如果创业企业创始人或核心成员缺少企业管理的经验，风险投资机构在董事会享有更多的话语权。

（四）项目退出

风险投资机构对于风险企业的投资，不是为了经营以获得股利和分红，而是为了获得成长期的高额收益，在投资3～5年或7～10年后，风险投资家会考虑退出。大部分高科技企业在经过一段高速成长后，很难继续维持这样的发展速度和收益，风险投资机构会在被投资企业即将结束高速成长时退出，然后再寻找新的投资项目。风险投资机构的使命是促进产权流动，在流动中实现高额利润。

风险投资的退出方式有四种：一是上市退出。风险投资机构帮助企业实现高速成长后，通过帮助其在公开资本市场上市融资，推高企业的市值，再将其所持有的股份抛售，获得远高于原始投资额的收益。创业企业在资本市场上市，风险投资机构在获得较高收益的同时，又获得了良好的声誉，使外界认为风险投资机构的管理者有较强的投资能力和丰富的投资经验，愿意将资金交给其进行管理。上市退出是风险投资退出的重要方式，以美国风险投资为例，纳斯达克市场为创业企业上市起到了重要作用，为风投退出提供了一个较好的通道。二是兼并收购。这是继 IPO 之后最受欢迎的风险资本退出方式。兼并收购又分为两种不同的方式，第一种方式指的是被投资企业的被收购行为；第二种方式指的是风险投资者或风险投资机构持有的风险企业的股权被其他第三方风险投资机构所并购。这两种方式对于风险投资者而言都可以实现风险资本的快速退出和循环增值，但收益上要低于 IPO。三是回购。对投资时间较长且不容易达到上市标准的创业企业，许多风险投资机构采用将股份转让的方式实现退出，将所持股份由被投资企业回购。对于风险投资家而言，选择通过股权回购的方式退出无异于选择了低收益率的退出。四是破产清算。这种方式的退出意味着该风险投资项目即将以失败告终。根据《中国创业投资发展报告 2018》数据显示，2017 年整个创投行业退出项目 878 项，其中 IPO 退出占比 13.6%，并购退出占比 32.6%，回购退出占比 34.9%，此外，近 10% 的项目通过新三板退出。无论选择何种方式退出，都是为了实现风险投资价值，或使损失降到最低。如果风险投资没有较好的退出渠道，那价值增值的目标就难以实现。

三、战略性新兴产业的特征分析

战略性新兴产业是战略性产业和新兴产业融合渗透发展的产物（闫俊周，2019），将战略性产业全局性、长远性、引领性的特征与新兴产业技术性、延展性、效益性、风险性的特征相结合，提炼出战略性新兴产业的特征。

1. 战略长远性和复杂性

战略性新兴产业是引领未来经济发展的重要推动力，是推进产业结构升级、培育新动能的重要突破口，对国民经济发展和国家经济安全具有长远意义。战略性新兴产业的源头在于创新，从新技术到新模式或是新产业，不是一蹴而就的过程，需要经历长期而复杂的形成、成长和发展。战略性新兴产业的形成需要科技创新力量的支持和其他配套产业技术的支持和协同，才有可能实现技术的突破，这是一个复杂的系统工程。同时，战略性新兴产业往往跨越多个产业和部门，需要整合多产业、多部门创新资源，产业形成具有复杂性。

2. 创新性和高风险性

战略性新兴产业建立在产业领域核心技术的重大突破基础之上，创新是其灵魂。突破性创新、原始性创新都意味着需要大量的研发经费投入，以及承担较高的失败率，技术和市场面临着较大的不确定性。创新伴随着风险，这使得战略性新兴产业在形成、成长和发展过程中呈现高风险性。

3. 高成长性和高收益性

战略性新兴产业是适应社会重大需求而产生的创新驱动型产业，具有较高的附加值。在形成初期，通常规模较小，但具有高成长性，一旦产业技术和市场成熟，就会推动产业的高速增长，获得较高的收益和利润。

4. 先导性和动态性

战略性新兴产业引领未来科技和产业的发展，具有引领和带动作用，导致传统产业变革、重构和整合，甚至对某些产业具有颠覆作用。这些产业中的核心技术不断向其他产业扩散，带动其他产业协同发展，新兴产业市场也不断扩容，促进新一轮经济增长。同时，战略性新兴产业的发展需适应社会、经济、科技、人口、资源、环境的要求，是在不断迭代发展的，其范围也持续有所变动。

第三节　风险投资支持战略性新兴产业发展的理论机制

一、风险投资的相关理论

风险投资的行为是对创业企业进行股权投资，属于金融学研究范畴。金融学中的经典理论为构建风险投资支持新兴产业发展奠定理论基础。

1. 融资优序理论

融资优序理论由梅叶斯和梅吉拉夫（Myers & Majluf, 1984）首次提出，他们在研究融资成本与企业融资关系时，将信息不对称理论运用到相关资本市场的研究之中，形成融资优序理论。该理论认为：企业内外源融资成本之间存在一定的差额，即外部融资成本普遍高于内部融资成本。卡普兰和津加莱斯（Kaplan & Zingales, 1997）依托信息不对称理论提出融资约束的概念：由于资本市场的不完善性，企业内外部之间存在的信息不对称现象，将会致使企业内外部的融资成本出现较为普遍的差异，其外部的融资成本往往高于内部的融资成本。

根据融资有序理论，企业进行融资时，融资顺序是内源融资、债务融资和股权融资。对于创业企业而言，由于资产规模小、财务信息不透明、经营不确定性高等因素，难以获取外部资金的支持，而资金短缺问题会引起企业战略风险和人才流失，成为创业企业成长过程中的一大门槛。风险投资的参与能为企业带来资金，也能够产生认证作用，帮助创业企业吸引外部投资，降低融资约束对企业生产经营的消极影响，会对企业的生存产生关键性影响。

2. 内生经济增长理论

内生经济增长理论认为经济增长的动力最终来源于企业内部，其中企业研发活动是重要的内部经济增长动力之一。内生经济增长理论的核心思想是认为经济能够不依赖外力推动实现持续增长，阿洪和博尔顿（Aghion & Bolton，1992）最早提出，内生技术进步是保证经济持续增长的决定因素。研发投入所带来的技术和知识增量是技术更新的主要动力，促进企业生产率的不断提高。研发投入促进企业发展的作用首先体现在新技术和新产品上。"新"的产业和技术在某种程度上会为企业带来一定的技术垄断优势，有利于企业领先同行业的竞争者开发并在短期内占领市场份额，形成垄断优势为企业带来高额的研发投入回报。企业的研发活动还可以对原有的生产工艺技术进行改善，降低企业的生产成本，提高生产效率，进而提高企业生产活动的产出率。然而，创业企业开展研发活动和技术创新蕴藏着较高的失败风险，勇于冒险的创业企业家对自身事业的信心激励他们开始创业旅程，从而推动技术进步，为经济增长添加内生动力。风险投资主要投资那些虽然目前规模较小，收益一般但未来具有较高成长性的企业，是一种和技术创新、技术进步匹配度更高的一种融资方式。不同于银行对资金用途约束比较严苛的融资方式，风投机构的风险承受能力相对较高，企业通过风险投资获得的资金在使用上可以更灵活，因此可以用于提高企业研发强度，提高企业的科技创新能力。

3. 资源基础理论

沃纳菲尔特（Wernerfelt，1984）提出企业资源基础理论，基本思想是把企业看成是各项资源的集合体，特别是生产性资源，诸如劳动力、土地、资本、技术、企业家精神等各项生产要素。企业发展基于已有资源，通过有效配置不断寻求新的生产机会、新的资源集合，同时进一步扩大、夯实资源基础。此过程中，企业在不同时期拥有不同资源基础、面临不同配置任务，通常会自觉进行一些内部处理。但当自身资源集合过小、组织架构不完善、迫于时间压力时，企业也会积极寻求外部合作，以提高自身资源整合效率。

资源基础理论还指出企业发展的根本差异在于企业所拥有资源的异质性，处于发展初期的企业，对异质性资源的敏感性较强，本身资源基础较弱，短时间内无法快速集聚异质性资源并形成一定规模。一旦有合适的机会，企业便会寻求与有能力、有经验、有优势资源的其他企业进行合作，或组成一定时段的企业联盟弥补自身获取成本过高而导致的资源缺失。风险投资不仅可以为企业提供财务资源、管理资源、社会资源以及技术资源等关键资源，而且高声誉风险投资还可以为企业获得声誉资源。企业对现有内部资源的有效配置以及外部新资源的及时吸收能够使得自身可持续发展和形成核心竞争力的有效保障。

风险投资可以看作是资本、管理咨询、战略规划、分销渠道、社会网络等现金资源与社会资源的集合体，可以为企业带去所需的资源，与无风险投资的企业相比，风险投资投资的企业在生产经营、前沿技术、研发设施等方面将获得更多资源，这些资源正是企业研发新产品、生产发展、扩大经营规模、获得行业地位的必需品。有了这些必需品，企业能够进一步发挥异质性资源的作用，提高生产效率，实现与风险投资机构的共赢。

4. 认证监督效应理论

美国学者麦金森和魏斯（Megginson & Weiss，1991）较早进行风险投资认证效应理论研究。认证效应理论认为，风险投资在筛选公司时拥有更多的信息优势，筛选出的公司相对更加优质。一旦企业被风险投资投资，对企业质量起到了认证作用，在企业向外部融资时传递出正面的信息，提高企业融资可得性。风险投资参与作为一种间接的"软"信息，能降低信息不对称性。而在传统贷款中，风险投资也可以作为"硬信息"对企业有认证效应。银行通常在审核中小企业贷款申请时必然考虑的两大传统"硬"信息——抵押品规模和财务报告信息，风险投资参与这一认证信号所传递的额外"软"信息与这两类传统的信贷"硬"信息可以对创业企业产生交互作用。风险投资机构具有良好的科技、财务相关知识，有专业且富有经验的管理团队。风险投资对企业进行投资，会加强对企业的投后管理，加强对企业的监督。

二、战略性新兴产业发展相关理论

产业发展可从狭义和广义两方面来理解。狭义的产业发展，指单一产业要经历萌芽、形成、成长、成熟到衰退的完整生命周期；广义的产业发展不单指单一产业的发展过程，还包括产业规模的扩大、产业效率的提高以及产业间结构的优化和升级等具体内容。与战略性新兴产业发展相关的产业发展理论主要有以下几个。

1. 产业选择理论

产业选择是指一个国家或地区政府基于本国或者本区域发展全局和长远利益的考虑，通过主动选择某些产业，并出台特定的产业扶持政策，使得其可以迅速发展为一国经济中的支柱产业或主导产业。古典经济学家李嘉图于 1817 年提出静态比较优势理论，认为各国应当选择自己具有比较优势的产业予以重点发展。随着理论研究的深入，学者们提出了动态比较优势理论，认为没有一个国家能在某一产业拥有绝对的比较优势，从长远发展角度来看，一国政府必须扶持和保护具有未来发展潜力、且对国民经济有战略意义的潜在支柱产业，促使这些产业在未来发展阶段能够成为国际贸易中具有高度竞争力的产业。

美国经济学家罗斯托（Rostow）提出了产业扩散理论及主导产业选择基准：经济起飞前提阶段主导部门是食品、饮料等工业；起飞阶段主导部门是轻纺工业；向成熟推进阶段主导部门是重工业和其他制造业；高消费和追求生活质量阶段主导部门是汽车工业、耐用消费品工业和城市服务业。各阶段主导部门更替依靠前一组主导部门诱导和刺激，被新的主导部门逐步替代。工业化初期以劳动密集型产业为主，工业化中期以发展资金密集型产业为主，工业化后期以发展知识技术密集型为主。如何进行重点产业的选择，通常需要政府发挥"看得见的手"的作用。

21 世纪初期，特别是在 2008 年国际金融危机之后，各国都根据产业选择理论，选择具有"新兴性"和"战略性"的产业作为发展重点。遵守动态比较优势理论，选取那些发展潜力大、且对于未来国民经济发展有重大战略意义的新兴产业。同时，考虑在生产方面具有比较优势的产业，这类产业的生产力水平和生产效率要比较高，从而有利于迅速扩大产业规模，率先成为经济中的主要力量。当产业规模扩张到一定程度时，竞争优势会不断下降，此时可以加大技术创新，通过技术改进和创新来维系产业竞争力，同时不断推进产业技术创新的应用，使得更多的资本资源积累，最后将该产业转化为国民经济中的主导产业。

2. 产业链和产业集群理论

产业链思想可溯源至 17 世纪中后期。亚当·斯密（Adam Smith，1776）、马歇尔（Marshall，1920）等分别从劳动分工、企业间专业分工协作等角度提出了产品链、生产链的概念，是产业链概念的萌芽。列昂季耶夫（Leontief，1953）提出投入产出分析法研究社会各产业间的交易活动，为学者们从产业关联性、系统性和价值网理论等不同角度研究产业链提供了新方法。产业链的内涵也逐渐清晰，学者们认为产业链是要素资源通过若干产业层次不断向下产业转移直至终端消费者的链条。李仕明（2002）认为从企业角度来看，产业链与供应链相当，从政府角度定义，同一产业的上中游企业构成产业链。吴金明和邵昶（2006）从产业链形成机制角度分析，产业链包含价值链、企业链、供需链和空间链四个维度范畴。实现中国战略性新兴产业突围，就要采用新思路、新机制，确立以产业链创新为核心的战略，推动战略性新兴产业发展高端化（吕静韦、金浩，2016），注重产业链分工的高端化，避免战略性新兴产业成为新的低端"加工制造业"，争当价值链"链主"、构建基于内需的科技"创新链"、有效嵌入知识型"服务链"（刘志彪，2012）。

产业集群的理论渊源涉及工业区位、产业综合体等，是在特定区域内由企业、供应商、金融机构及政府等相关机构所组成的群体（Porter，2005）。关联产业和实体向上延伸，包括零部件、机器和服务等专业化投入供应商和专业化基础设施提供者；向下延伸至销售渠道和客户，并从侧面扩展到辅助性产品的制造商，以及与技能技术或投入相关的产业公司；还包括提供专业化培训、教育、信息研究和技术支持的政府和其他机构（孙国民、陈东，2018）。成熟的产业集群结构包括纵向联系和横向联系的企业群和相关支撑体系，产业链完整，内部协作分工有序。产业集群化发展不仅能带动集群内部技术、信息、知识和劳动力的共享和转移，还对吸纳外部资源、利用外部市场、引进外来资本、技术、管理经验等诸多方面产生积极影响，促进产业自我升级。战略性新兴产业集群指基于价值链节点的相关市场主体及其服务机构在特定空间集聚的经济形态，本质上是模块化耦合和分工专业化。战略性新兴集群的形成要素包括集群的主导力量、产业链关键节点、市场需求形成及状况、相关支撑机构、子产业集群，这些因素支撑构筑战略性新兴产业集群优势。

3. 产业生命周期理论

弗农（Vernon，1966）首次从技术角度提出了产品生命周期概念，任何产品都经历从引入期、成长期、成熟期再到衰退期的四个过程，技术进步、技术创新和技术传播在新产品或新行业的产生与扩散中发挥了重要作用。阿伯纳西和厄特拜克（Abernathy & Utterback，1978）首创主导设计概念，建立著名的 A－U 模型。该模型指出新兴产业形成与发展是一个动态过程，包括了产品创新、工艺创新在时间上动态发展，从而影响产业的发展演化。由该理论可知，一个新产业的产生，是由新产品的初始创新开始，然后是进行相应的工艺创新和产业组织等创新，最后取得市场上的成功。一旦成功，其他模仿者就会进入此领域，市场竞争增加，一个新兴产业由此产生，随后在产品的不断迭代下该产业不断发展至成熟，到了一定阶段产业进入成熟阶段，需求饱和增长放慢，产业会衰落甚至退出历史舞台。

因此，产业发展周期通常包括形成、发展、成熟、衰退四个阶段，本质上与产业技术创新周期特征相对应。技术创新的全生命周期，一般经历从研究开发、中试、商品化到技术扩散的完整创新链发展过程，创新链大致可以分为四个环节：一是研究开发阶段，包括基础理论研究、应用研究和试验与发展三个环节；二是中试阶段，主要对开发的新产品进行行业测试、工程化开发和试点应用；三是商品化阶段，对新产品进行批量化生产和大规模市场推广活动；四是创新扩散阶段，将企业技术成果进行转移、共享或应用到新的技术开发过程（刘婷、平瑛，2009）。

三、风险投资与新兴产业发展对接的内在机理

风险投资行业和以创新为核心的战略性新兴产业具有各自的成长特

性，但两者又具有天然的匹配性。世界经济发展史中，风险投资与新兴产业互动融合由来已久，协同升级趋势明显。15 世纪西欧岛国富商投资于远洋探险，地理大发现后，相继成立的各类海外公司，如英国、荷兰的东印度公司和荷兰、法国的西印度公司，这些公司以信托形式将民间资本转化为专业投资，形成早期风险投资的最初形态。19 世纪末，美国油田开发、铁路建设等热潮，吸引了一大批富有的个人，或通过律师、会计师的介绍，或直接将资金投资于各类创业项目，风险投资在美国出现。20 世纪 40 年代，为了适应新兴中小企业发展的资本需求，美国金融市场演化出 "风险投资基金" 这种资本高级组织化形态。20 世纪 70 年代，风险投资开始变成一种独立金融投资产业，目前已成为国际投资的主流形态。

风险投资与新兴产业存在协调发展的机制。战略性新兴产业以创新为核心，创新的周期性使得各阶段具有不同的资金需求。创新构思和理论研究阶段，资金可能来源于自有资金、私人投资者投资等。自有资金是最重要的资金来源，政府对初创企业的补贴和支持，也是初创企业可积极争取的。研发及中试阶段，融资方式更多偏向以创业风险投资和企业自有资金为主、政府政策性资金为重要补充的模式。这一阶段，创业企业对创新成果进行后续实验、开发、应用、推广直至形成科研成果产业化，由于技术产品市场认知度和接受度较低，很难获得传统信贷融资，容易出现投资断层（张祥艳，2015），风险投资支持尤为重要。商品化和批量生产阶段，资金可以依赖银行融资，发行股票或债券或风险资金展开。技术扩散和再创新阶段，筹资途径可能更偏好于发行股票上市、债券融资或银行信贷融资等。创新技术扩散阶段，企业资金来源较稳定，可以使用安全性较高的自有资金，也可以吸引产业并购重组基金，将部分资产兼并重组以筹集新投资资金（姚正海，2010）。

1. 风险投资供给产业所需资本

风险投资是一种专业化的投资服务组织，属于金融资本中能匹配高风险和高投资回报的资金。与传统金融资本的保守审慎不同，也不同于民间资本的分散、无序投资，风险投资的组织形式随着实践发展不断变革，形成较为成熟的风险投资体系。组织形式上看以公司制和有限合伙制为主，机构化管理趋于主流，风险投资组织的变革逐渐适应产业发展的需要。

第一阶段为战略性新兴产业研究开发环节，对资金需求相对较小，除了企业自有资金外，也有可能获得国家创新基金或基础研究经费支持。第二阶段的中试环节，对资金的需求量呈数十倍增长，但投资风险也放大，面临科研成果转化失败的技术风险以及初创期市场竞争者挤压的市场风险，最容易遭受资金链断裂风险。第三阶段的批量生产环节，资金需求量呈数百倍增长，但由于其已经跨越了科研成果转化的"死亡之谷"以及初创期为生存而战的"达尔文之海"，因此投资风险降低，获得外部直接融资和间接融资的机会增多。第四阶段的创新扩散环节，这时企业大多已处于扩展期或成熟期，开展技术转让或交易，扩大行业应用范围，或应用到新的技术开发过程，这一环节的顺利运行对区域技术集成创新和持续创新等方面有积极影响，但融资需求主体转化为接受技术扩散的企业或产业联盟，特别需要天使投资、VC 或并购类权益资金的个人。因此，对应于整个创新链，资金有如血液，畅通无阻才能有效保证创新的持续进行。一旦创新链某个环节投资断层或缺失，将会影响整个创新系统。

财政投入和财政补贴能为新兴项目提供一部分资金，但与巨额的研发费用相比，还有很大缺口需要依赖于创业企业自身的投入和外部资金支持。最常见的融资渠道是债务融资和股权融资。债务融资风险承担能力弱，难以进入高风险的新兴项目融资中。风险投资成为支持战略性新兴产业的重要资金渠道。广义上的风险投资已经发展形成了覆盖技术创新全生命周期的创业金融服务链条，包括专注于早期研发和初创期发展阶段企业的天使投资，投资产品市场拓展和批量化生产的专业风险投资、私募股权投资以及专注于产业重组、收购和战略兼并等创新扩散行为的产业投资基金等服务主体，能够有效增加创新前端（技术开发和行业中试阶段）及创新后端（技术扩散）的投融资服务，解决战略性新兴产业的创新链投资断层问题，保障创新链的循环畅通。

战略性新兴产业发展基本经历由"单个企业—同类企业集群—产业链—产业集群"的发展路径演变，战略性高新技术产业只有集群化发展，才会激发出更大的能量。在双循环格局下，战略性新兴产业链完整的重要性更加凸显。要实现战略性新兴产业的高端化，需要在全球国际分工中争取攀升产业链高端，并将战略性新兴产业的产业链延伸到我国各区域经济之间，形成完整、层次清晰的产业体系。战略性新兴产业发展与传统产业有着紧密关联，新技术出现推动传统产业的更新换代。新材料、新能源、高端装备制造等战略性新兴产业由传统产业延伸出来，构建成上下游产业之间的网络关联。战略性新兴产业发展壮大，依赖于产业链不断延伸、平移和新建，最终战略性新兴企业通过融入传统产业的上下游产业分工协作体系，加上辅助性的产品制造，构建完整的产业链，增强市场抗风险能力。如果产业链中的上下游生产环节或关联配套领域发展不均衡，极易导致要素流动在产业链之间的阻滞。资本在某一产业链环节投资缺失，可能会影响整个产业链的发展。因此，战略性新兴产业发展中的产业链构建，有效的资金链是形成有机整体的重要一环。战略性新兴产业集群具有地理相近、创新驱动、知识溢出、产业放大和产业自我升级等显著特征：集群内部既包含了同一产业链环节的新兴企业及其配套集合，也包含了产业链上下游的新兴企业及其配套集合（霍国庆，2012）。

战略性新兴产业集群化发展的同时，该区域的风险投资规模也在不断扩大，呈现出地区科技创新实力显著提升，风险投资组织高级化发展的良性促进态势。例如，在美国硅谷、英国剑桥、以色列等风投活跃的地区，战略性新兴产业和民间创业投资都呈现出集群化发展特征。这些风险投资基金能够有效汇集民间分散资金，扩大基金的投资组合策略，避免民间资本的不理性投资行为，为战略性新兴产业提供与发展阶段相适应的资本，平衡战略性新兴产业链不同生产环节的投资密度。

2. 风险投资分散风险

战略性新兴产业通常属于朝阳产业，处于产业生命周期的早期阶段，存在投资风险大、资金需求量大、投资期长等特点，与其风险收益对应的是权益类资本。战略性新兴产业也是高技术密度产业，竞争优势更多依赖其科技创新能力，产业创新链的有效衔接成为创新项目源源不断积累和科研成果顺利产业化的关键要素。

战略性新兴产业的风险主要来源于四个方面：一是创新风险。限于现有条件约束，新兴产业对自身处境和未来市场前景难以准确估计与把握，创新是否能顺应时代潮流，能否获得成功，充满着不确定性。二是管理风险。与传统产业相比，战略性新兴产业在管理和产业发展方面可参照的经验较少，内部较为分散，行业内的企业缺乏整体性，缺少公认的行业规则。三是资源风险。政府补贴能为战略性新兴产业发展需要，但存在产业信任度低，内外部联系不够紧密，合作能力低等问题，在行业资源获取和共享上处于劣势。四是技术风险。战略性新兴产业生产所需要的技术环境不能满足现有的需求，高昂的研发费用也限制了战略性新兴产业技术的发展（王克平等，2021）。

风险投资机构具有的资金、专业禀赋能为战略性新兴产业的发展提供风险管理对策。产业发展早期，风险投资聚焦于产业方向、技术路径的研判，能为企业提供更多资源支持；产业发展到一定阶段，风险投资更关心商业模式、盈利状况、市场规模等。在风险投资投资过程中，往往与特定企业确立了明确的投资或收购目标，或与创业企业签订了战略并购协议，为后续股权资金的顺利退出提供了保障，减少风险投资项目因退出时间长、股权流动性差和投资回报率不确定性大等弊端；同时，创业企业投资对象往往是行业龙头企业希望收购或兼并的企业，能够帮助其顺利拓展产业链或增强市场抗风险能力，实现企业长远战略目标，降低行业整体的风险承担，提高项目成功率。

3. 风投拓展资源网络

风险投资通过对创业企业的投资实现价值增值，这一过程与创业企业的成长息息相关。风险投资价值实现与企业价值增值两者有内在的一致性。风险投资的募投管退运作流程，核心是对创业企业的筛选、投资、投后管理及退出。风险投资一旦对创业企业进行投资，风险投资机构与创业企业就有着相同的目标，两者分别发挥各自优势，创业企业获得风险投资的资金和管理支持，风险投资机构的收益实现源于企业的价值链提升。

风险投资对战略性新兴产业进行投资，目的在于未来收获产业成长的高回报，被投企业价值链提升是实现风险投资目标的微观基础。不同于传统企业，战略性新兴企业在产品技术路线、产业环节、商业模式、市场培育等方面具有较大的不确定性。根据资源基础理论，处于初创阶段的新兴产业往往资源缺乏，技术攻关、成果集成、模式创新均处于新生状态，需要拓展其社会资源网络。风险投资具有资金和资源的双重功能，能为战略性新兴产业的发展引入政府、研发机构、金融机构以及会计师事务所、律师事务所等多方资源，提升产业的资源获取能力和资源利用能力。

从风险投资与新兴产业的发展来看，风险投资关系网络随着产业发展而不断变化。近年来，风险投资机构除了为本地战略性新兴企业提供融资服务外，联合投资的投资情况不断增多，为战略性新兴企业构建与国内外优秀风险资本的链接，深化与其他投资服务主体以及政府部门、行业协会等组织的互动合作，利用其所处的网络社会资本，为创业企业提供更为丰富有效的增值服务，包括对创业企业的技术咨询、资本运作、商业推广、市场渠道拓展、人力资源引荐、公司内部治理优化和社会关系链接等，对提高创业企业的存活率、增强其市场抗风险能力、实现其价值链跨越式提升等发挥了重要的作用（陶海飞，2015）。

4. 风投赋能产业共生环境

风险投资是以追逐高收益、高风险事业为起始，随着世界新兴产业技术革命的推进而逐渐发展成熟。作为专注于新创企业的资本，风险投资的价值增值离不开新兴技术，而战略性新兴产业在其发展阶段也需要风险资本的支撑，两者的结合是源于彼此的内在需要，具有天然的适配性和共生依存关系。产业共生环境是两者互惠共生关系形成的重要条件。战略性新兴产业与风险投资的融合发展历程，也是其产业共生环境不断改善的过程。

从生态学的角度看，以战略性新兴产业为中心，围绕其发展，需要众多外部环境的支持。风险投资为萌芽的新兴产业提供资金，是共生环境中不可缺少的一部分。风险投资与战略性新兴产业对接的共生环境包括硬环境和软环境。硬环境包括基础设施、地区区位因素等，软环境包括政策因素、法律因素、人文环境等。共生环境直接影响到两者共生单元的性质和共生模式的变化。例如，政府对于风险投资的支持政策，能改善风险投资的经营环境，能够吸引风险投资在政策环境好的区域集聚，风险投资增加对该区域的投资，区域新兴产业成长的动能增强，形成新兴产业、风险投资与政府之间的互惠共生关系。区域创新资源是新兴技术实现突破、新兴产业得以发展的土壤，创新策源地通常有众多的研发机构，大学和科研院所集聚，形成源源不断的科研成果和优秀项目源，优秀风险投资公司也将青睐与集聚于此。除此之外，某个地区与风险投资相关的中介机构、风险资本家、初创企业等主体形成及其相互之间形成的各种关系网络，也会促进投融资信息充分流通，并通过规模经济效应，推动整个风险投资行业服务成本的下降，吸引更多创业投资主体的集聚发展（杨青、单雪雨，2009）。

风险投资的区域集聚赋能区域的产业发展环境，吸引战略性新兴产业扎根。风险投资集聚的地方，有利于初创企业获得更方便地获取资金。风险投资投资中的地理邻近偏好也吸引初创企业的汇聚。风投机构可以近距离参与到创业的经营管理，密切关注企业的核心技术及经营管理的发展动向，并通过技术筛选机制、孵化和增值服务机制、阶段投资与激励机制等新型服务，有效促进地区创新生态的自发联动。分阶段投资是风险投资家可用的有效的风险控制机制（Sahlman，1990）。风险投资会选择同一技术链环节的多家科技型企业进行撒网式"分阶段投资"方式，当新兴产业的创新能力还不是很强，产业化前景还不是很清晰时，风险投资会对产业中的企业投入小部分启动资金，进行创新激励。在竞争机制下，促使创业企业开展"背对背"竞赛创新，提前创新成功的创业企业可以获得后续阶段的全部投资。分阶段投资成为风险投资产业筛选机制的一部分，获得创新激励的企业不仅可以获得风险投资提供的资金，也能获得风险投资提供的有关技术创新信息收集、成果转移、人才引进、产品市场营销等多方面服务。风险投资利用自身资源和经验为企业带来上下游发展资源，从而激励风险企业增加创新投入，提高创新积极性，加快了战略性新兴产业的发展进程。战略性新兴产业中集聚了富有活力的创业企业，风险投资为创业企业提供支持，创业企业在风险投资等专业机构的指导下不断成长为独角兽企业和高科技引擎企业，在资本市场成功上市、并购或股权交易，风险投资得以成功退出，通过资本市场的投融资活动资金又回流至共生生态中，促使战略性新兴企业与风险投资主体的利益协同，这种良性循环机制进入协同演进的自我加速进程，最终促使两大产业互惠共生关系的共生环境形成与发展（刘志阳、苏东水，2010）。

小　　结

本章界定了风险投资和战略性新兴产业的概念，并对风险投资参与主体及行为、战略性新兴产业的特征和资金需求特点进行总结，梳理了风险投资支持战略性新兴产业发展的理论基础，并从风投提供金融资本、风投分散创新风险、风投拓展增值网络、风投赋能产业共生环境等方面阐述风险投资与战略性新兴产业发展对接的内在机理。

第三章

风险投资与战略性新兴产业发展现状

风险投资,特别是中国风险投资经过三十多年的发展,管理资本规模不断扩大。本章在分析全球风险投资发展趋势的基础上,分析中国风险投资发展现状与特征,以及战略性新兴产业发展现状及金融需求特征,为实证分析和案例分析奠定现实基础。

第一节 国际风险投资发展现状

一、国际风险投资发展状况

风险投资起源于 20 世纪 50 年代的美国,80 年代伴随着信息革命的风潮涌动,风险投资获得了长足发展。以谷歌、苹果为代表的新兴企业冉冉升起,也让更多人目光关注到风险投资这一领域。风险投资理论开始逐步形成,风险资本也受到国家层面重视。为加快促进新兴产业发展,政府以各种形式引导资本进入风险投资行业,美国的 SBIC 计划、以色列的 YOZMA 基金、欧盟的 EIF 基金、澳大利亚的 IIF 基金均是政府引导风险投资业发展的成功案例。

20 世纪 90 年代初,美国占全球风险投资市场的 95% 以上,但 90 年代末互联网泡沫与风险资本的膨胀,最终导致互联网泡沫的破灭,风险投资业也遭受到沉重的打击,规模急剧萎缩。经过长达十年左右的调整,美国的风险投资业走上稳步增长的轨道。皮特齐布克公司(Pitch

Book）的数据显示，2019 年美国风险投资总金额是 5768 亿美元，较 2018 年的 7419 亿美元减少了 1651 亿美元，同比下降 22.25%。从各轮次的投资数量上看，2019 年种子/天使期的投资数量为 2145 笔，早期投资的数量为 2222 笔，中后期投资的数量为 304 笔。与 2018 年各轮次投资数量相比，种子/天使期项目增加了 9.5%，早期项目持平，中后期投资下降 11.1%，美国的风险投资较集中在初创期项目的投资（见图 3 - 1）。

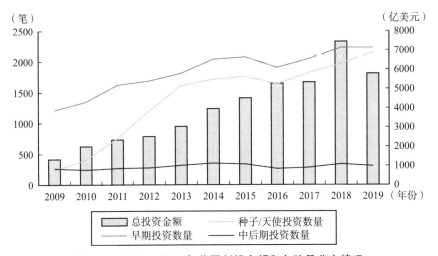

图 3 - 1　2009 ~ 2019 年美国创投金额和各阶段分布情况

资料来源：Pitch Book 数据。

　　如图 3 - 1 所示，不仅美国在 2019 年投资总额和投资数量较 2018 年出现下降，全球风投市场在 2018 年出现顶峰。2019 年不确定因素逐级积累，2020 年新冠肺炎疫情的冲击，全球经济进入放缓阶段，机构对市场的信心发生变化，投资者更趋于谨慎，风险投资市场出现一定程度的收缩。数据显示，美国风险市场份额从 2004 年的 84% 下降到 2020 年的 51%。

二、国际风险投资发展趋势

在中美贸易摩擦和新冠肺炎疫情的冲击下，全球经济不确定因素增多，全球风险投资市场出现了新的格局。

1. 全球风投中心从美国转移

美国是风险投资的发源地和繁荣地，20世纪90年代初，占到全球风投市场95%以上的份额。这一比例在2000年之后逐渐降低，从2000年的80%下降到2012年的70%左右，2019年已降至50%。

2. 中国成为新兴风投中心崛起

随着中国创新创业生态的迅速升级，越来越多的资本开始到中国市场寻求投资机会。中国成为全球第二大风投活跃的市场。后期阶段投资的大笔交易增多，2015～2017年中国占全球所有"大宗交易"投资额的几乎一半，其中北京和上海的投融资事件远高于美国旧金山之外的其他所有城市。投资金额上，2015～2017年北京地区达465.92亿元，占全球总数的43%。

3. 资金趋于谨慎

在不确定性因素的影响下，全球风投市场募集资金大幅下滑。"募资难"成为全球范围内资本市场普遍的问题，反映出资本对未来的信心不足。投资市场出现一定程度的缩紧，在避险情绪影响下，资金端持币观望的态度持续。全球风投与美国市场不同的是，资金偏向中后期项目的投资，出现投资阶段后移的现象。

4. 公司风险投资（CVC）发挥重要作用

公司风险投资（corporate venture capital，CVC），指非金融企业设立的创业投资基金，设立目的除盈利外，通常也配合母公司的长期战略，通过投资的方式驱动母公司的创新与扩张，同时也可依托母公司的业务优势，为被投企业提供特定增值服务。据《风投脉搏》（Venture Pulse）公布的统计数据，2019年CVC投资占全部股权交易数量20%以上，并在第四季度达到近30%，创历史新高。CVC最活跃地区仍在美国，尤其在以硅谷为创新核心的加州地区；亚洲CVC投资近年来正在迅速崛起，活跃度已经逼近北美。

第二节　中国风险投资发展现状

一、中国风险投资发展历程

1985年国务院正式批准成立了中国新技术创业投资公司，标志着中国风险投资业的开端，迄今为止经历了酝酿、兴起、调整、回缓发展和兴盛五个阶段。

（一）酝酿期（1985～1996年）

我国风险投资业始于20世纪80年代，以中共中央1985年3月公布的《关于科学技术体制改革的决定》为开端。该文件指出："对于变化迅速、风险较大的高技术开发工作，可以设立创业投资给予支持。"根据这一决定，当年成立了我国第一家股份制、以从事风险投资事业为目的的风险投资公司——中国新技术创业投资公司，这是中国在探索风险投资事业过程中一次有益的尝试，也为后来的风险投资实践提供了重要借鉴。

（二）兴起时期（1997～2001年）

随着我国改革开放的推进，风险投资事业兴起的条件也在逐渐成熟。国务院于1996年发布的《关于"九五"期间科技体制改革的决定》中再次强调要发展风险投资，一些部门和地区也在积极探索和推进。在此情况下，民建中央在1998年3月全国政协九届一次会议上提出《关于加快我国风险投资事业的几点意见》的"一号"议案，受到政府有关部门的支持和各界人士的关注，掀起了我国风险投资事业发展的热潮。1999年8月，中共中央作出了《关于加强技术创新，发展高科技，实现产业化的决定》；同年12月，国务院办公厅转发了科技部等七部委提出的《关于建立我国风险投资机制的若干意见》之后，中国风险投资事业才真正作为新投融资制度创新被系统提出和广泛推进，中国的风险投资事业才开始蓬勃发展起来。此后，国务院陆续发布了一些建立风险投资基金和风险投资公司的政策和规定，但是由于观念和体制上的阻碍，科技改革与经济改革未能保持同步，而融资渠道不通畅，资本市场欠发育，契约关系不健全，分配制度不合理，知识产权不明确等原因，导致我国的风险投资事业举步维艰，发展较为缓慢。尽管还存在一些观念、制度、法律等方面的障碍，也出现了一些问题和失误，但这个时期内中国风险投资事业确实得到了发展。

（三）调整期（2002～2004年）

在美国纳斯达克（NASDAQ）科技泡沫破灭和世界经济增长速度减缓的影响下，刚刚兴起的中国风险投资行业进入了低潮期。特别是在业界期盼的创业板搁浅之后，本土风险投资退出严重受阻，风险投资业发展遭遇了政策寒流。这个阶段很多风险投资机构名存实亡，纷纷转行或减少投资。中国风险投资行业进入发展调整期。

（四）回缓发展期（2005～2009年）

2005年，国务院发布了《关于鼓励支持和引导个体私营等非公有制经济发展的若干意见》（即"非公经济6条"），此外，中国上市公司股权分置改革也正式启动。同年10月，中共十六届五中全会召开，制定了"十一五"规划，并提出风险投资是"自主创新"战略不可或缺的重要环节。由此拉开了中国风险投资快速发展的序幕。2005年底，经国务院批准，国家发展改革委等十部委联合制定的《创业投资企业管理暂行办法》正式发布。该办法重新界定了风险投资的投资方式，从资本私募、委托管理、承诺出资制度、特别股权投资制度、业绩激励机制和风险约束机制等九个方面，为风险投资机构提供特别法律保护，拓宽了风险投资机构的融资渠道，在一定程度上疏通了退出渠道。《创投办法》还专门针对风险投资制定了三大扶持政策。一是规定国家有关部门应当积极推进多层次资本市场体系建设，完善创业投资企业的投资退出机制，除适时推出创业板市场外，还要发展区域性产权交易市场；二是规定国家与地方政府可以设立创业投资引导基金，通过参股和提供融资担保等方式扶持创业投资企业的设立和发展；三是明确对创业投资企业的税收扶持。2007 年初，作为配套政策的《关于促进创业投资企业发展有关税收政策的通知》由财政部和税务总局联合发布。2006 年，股权分置改革后 IPO 的重新开闸使得本土风险投资机构有了一个更好的退出环境。当年年中，修订后的《合伙企业法》出台，自此，风险投资机构最常采用的有限合伙制组织形式得到我国法律的正式确认。

（五）兴盛阶段（2010 年至今）

这一阶段，《新兴产业创投计划参股创业投资基金管理暂行办法》（2011 年 8 月）和《关于促进科技与金融结合加快实施自主创新战略的若干意见》（2011 年 10 月）等一系列政策的出台，明确了政府引导、市场运作的风险投资发展方针。2009 年 10 月，深圳证券交易所创业板市场正式开市交易。深圳创业板市场主要扶持中小企业，尤其是高科技高成长型企业，而中小型的高新技术高成长型企业又是风险资本的主要投资方向，客观上完善了风险投资的退出机制。通过在创业板上市，已经在相关领域做了很多投资的机构获得了不菲的回报，我国风险投资自此走向繁荣兴盛。2013 年 12 月 30 日，国家制定了新三板扩容至全国的相关细则，开始接受全国范围内符合条件的企业挂牌申请，较主板和创业板制度更加灵活的新三板市场为风险投资退出提供了又一便捷通道。

2012~2015 年，苏州工业园区、中关村国家自主创新示范区对有限合伙制创业投资企业的法人合伙人实行所得税抵扣政策；2015 年 10 月 23 日，财政部和国家税务总局发布《关于将国家自主创新示范区有关税收试点政策推广到全国范围实施的通知》；2018 年，在试点的基础上，财政部和税务总局发布《关于创业投资企业和天使投资个人有关税收政策的通知》，通过财税政策扶持风险投资行业的发展。近年来，中央与各地方政府积极制定产业引导政策，并出台一系列政策（注册制、科创板等），推动中国资本市场向成熟市场演进。这些政策给风险投资募资、投资到退出的各个阶段带来深刻影响。

二、中国风险投资发展概况

（一）创业投资机构和管理资本

自 2010 年以来，中国风险投资机构数量逐年增加，历年《中国创业投资发展报告》的数据显示，调研的风险投资机构主要有两类：一是创业投资企业（基金），其中不仅包括民间资本设立的风险投资基金，还包括以政府资金直接设立的创业投资基金，或者采用引导基金方式设立的基金；二是创业投资管理企业，这类机构主要受创业投资基金委托，对项目筛选、投资并进行投后管理。如表 3－1 所示，2010 年创业投资机构为 867 家，2019 年为 2994 家，增长了 2.45 倍。从新基金的募集来看，2019 年由于经济增速放缓、民间投资收缩、资本新规的实施，对新募集基金形成较大的影响，仅为 51 家。

表 3－1　　　　　　2009～2019 年中国创业投资机构数量　　　　单位：家

年份	创投机构数	创投基金数	创投管理机构数	当年基金增量
2009	576	495	81	152
2010	867	720	147	261
2011	1096	860	236	250
2012	1183	942	241	204
2013	1408	1095	313	147
2014	1551	1167	384	230
2015	1775	1311	464	283
2016	2045	1421	624	248
2017	2296	1589	707	199
2018	2800	1931	869	252
2019	2994	1916	1078	51

资料来源：笔者根据《中国创业投资发展报告 2020》整理。

表 3－1 显示，从增长率上看，金融危机之后的 2010 年由于利好政

策的刺激，风险投资机构的成立数快速增长，其余年份表现出较为平稳的波动态势。2019 年出现较大的下降。

表 3 - 2 显示，从管理的资本规模看，2010 年资本规模为 2406.60 亿元，2019 年为 9989.10 亿元，增长 3.15 倍。在创新驱动战略下，国家鼓励加快发展风险投资，发挥其对新兴产业发展的支撑作用。从增长率来看，2010 ~ 2011 年、2014 ~ 2016 年两个阶段，风险投资的管理规模出现两位数增长，但近年来风险投资管理资本规模有所下降。

表 3 - 2 2009 ~ 2019 年中国创业投资机构管理资本规模

年份	管理资本（亿元）	较上年增长率（%）	平均管理规模（亿元）
2009	1605.10	10.30	3.24
2010	2406.60	49.90	3.34
2011	3198.00	32.90	3.72
2012	3312.90	3.60	3.52
2013	3573.90	7.90	3.26
2014	5232.40	31.70	4.48
2015	6653.30	27.20	5.07
2016	8277.10	24.40	5.82
2017	8872.50	7.20	5.58
2018	9179.00	3.50	4.75
2019	9981.10	8.80	5.21

资料来源：笔者根据《中国创业投资发展报告 2020》整理。

（二）风险投资资本来源

融资是风险投资的起点，长期稳定的资金来源是发展风险投资的要点。中国的风险投资的来源由单一逐渐转向多元。按照资金来源方的机构性质，可以分为：（1）国有投资机构；（2）政府出资（包括政府风险投资和其他形式的财政资金）；（3）民营风投机构；（4）混合所有制机构；（5）社保基金；（6）高净值个人；（7）境外资金；（8）社保基金；（9）其他资金。从 2017～2019 年的数据来看，国有和政府的占比提升，民营资本的数据连续两年下降，且 2019 年较 2018 年下降 8.84 个百分点。此外，风险投资资本中，个人投资的比例也有所下降，从 2018 年的 9.13% 下降到 6.22%（见表 3－3）。

表 3－3　　　　　　2017～2019 年中国创业投资资本来源占比　　　　单位：%

年份	国有	政府	民营	混合	社保	个人	境外	其他
2017	12.47	13.57	27.07	6.03	0.04	9.73	3.38	27.72
2018	12.66	17.52	24.61	2.19	0.33	9.13	1.75	31.82
2019	15.12	16.31	15.77	3.41	0.15	6.22	3.46	39.56

资料来源：笔者根据《中国创业投资发展报告 2020》整理。

（三）中国风险投资的总体投资情况

风险投资与高新技术产业有着天然的联系，风险投资会选择富有前景的创新型初创企业和未上市企业进行投资，从历年风险投资投资的项目数量和投资金额上可以窥见一斑（见表 3－4）。

表 3－4　　　　　　2012～2019 年中国风险投资的总体投资情况

年份	投资总数（项）	高新技术企业数（项）	占比（%）	投资金额（亿元）	高新技术企业金额（亿元）	占比（%）
2012	1903	850	44.67	356.0	172.6	48.48
2013	1501	590	39.31	279.0	109.0	39.07
2014	2459	689	28.02	374.4	124.8	33.33
2015	3423	820	23.96	465.6	117.2	25.17
2016	2744	634	23.10	505.5	92.1	18.22
2017	2687	825	30.70	845.3	153.8	18.19
2018	2740	682	24.89	527.2	134.3	25.47
2019	3015	921	30.55	866.8	186.9	21.56

资料来源：笔者根据《中国创业投资发展报告 2020》整理。

进一步，对中国风险投资对高新技术产业与传统产业的投资金额进行比较（见表3-5），发现风险投资机构更青睐于高新技术产业。

表3-5 　　　　　　**2012～2019年创业投资金额行业分布**　　　　　单位：%

年份	高新技术产业	传统产业
2012	47.60	52.40
2013	50.40	49.60
2014	59.30	40.70
2015	58.20	41.80
2016	65.60	34.40
2017	54.50	45.50
2018	61.50	38.50
2019	58.50	41.50

资料来源：笔者根据《中国创业投资发展报告2020》整理。

（四）中国风险投资行业特征

按投资金额划分，2009～2019年风险投资的领域分布较为广泛（见表3-6）。2019年半导体、传统制造业和医药保健行业投资占比排在前三位。

表3-6　　　**2009～2019年主要投资领域排名前三位（按投资金额占比）**

年份	第一位	第二位	第三位
2009	金融保险业	传统制造业	软件产业
2010	传统制造业	新材料工业	新能源、高效节能
2011	消费产业和服务	新材料工业	传统制造业
2012	传统制造业	新材料工业	新能源、高效节能
2013	金融保险业	医药保健	新能源、高效节能
2014	通信设备	传统制造业	软件产业
2015	通信设备	软件产业	金融保险业

年份	第一位	第二位	第三位
2016	网络产业	软件产业	金融保险业
2017	采掘业	建筑业	医药保健
2018	医药保健	IT 服务业	其他制造业
2019	半导体	传统制造业	医药保健

资料来源：笔者根据《中国创业投资发展报告 2020》整理。

2019 年，针对概念板块的投资情况进行统计后发现，绿色经济、人工智能、物联网与大数据仍然是投资机构关注的热门概念板块（见表 3 - 7）。与 2018 年相比，从投资项目看，物联网与大数据超过人工智能，成为 2019 年投资机构最为关注的概念板块；从投资金额看，绿色经济超过物联网与大数据和人工智能，成为 2019 年投资机构投资金额最高的概念板块。

表 3 - 7 **2019 年风险投资概念板块分布占比（按投资金额与投资项目）**

概念板块	投资金额占比（％）	投资项目（个）
绿色经济	10.69	6.03
人工智能	7.54	12.45
物联网与大数据	7.37	12.62
金融科技	2.89	4.48
互联网教育	1.95	2.32
一二三产融合	1.54	1.38
共享经济	0.45	0.83
扶贫	0.02	0.17
其他	67.55	59.71

资料来源：笔者根据《中国创业投资发展报告 2020》整理。

三、中国风险投资发展态势

经过多年发展，中国风险投资规模不断扩大。在全球经济增速、资本寒冬的背景下，风投业整体投融资稳中有升，表现出以下特征。

1. 机构数和资本总量创新高

根据《中国创业投资发展报告 2019》数据显示，2018 年中国创业投资机构数达到 2800 家，较 2017 年增加了 504 家，增幅为 22.0%。2018 年全国创投管理资本总额达到 9179.0 亿元，较 2017 年增加了 306.5 亿元；基金平均管理资本规模为 3.28 亿元。

2. 投资阶段前移

2016 年，国务院出台《关于促进创业投资持续健康发展的若干意见》中指出，要充分发挥引导基金的作用，支持初创期、早中期创新型企业发展。2018 年中国风投业投资于早期阶段项目的占比明显上升。从投资金额看，投资于种子期的占比 10.94%，起步期的占比 32.96%；从投资数量上看，投资于种子期的占比 21.40%，投资于起步期的占比 40.30%。

3. 资金来源更多元

2018 年创投资本来源中，政府风险投资占比 9.05%，其他财政资金占比 8.47%，国有独资投资机构出资占比 12.66%，三者合计占比 30.18%；高净值个人占比 9.13%，外资企业占比 1.75%，社保基金较 2017 年有大的涨幅，占比 0.33%。但近年国有或政府出资的金额在增加，民营或个人的资本占比降低。

4. 投资热点较为集中

按照行业板块来看，2018 年高新技术产业类别的投资项目占比达到 61.5%，信息软件行业、生物医药行业、新能源环保业是中国风投业关注的热点。对物联网与大数据、人工智能、绿色经济等概念板块的投资持续高涨，投资金额占比分别达到 12.23%、10.46%、7.81%。以重点城市 2020 年股权投资行业来看，北京市主要集中在互联网、生物医疗、IT、半导体及电子设备、机械制造；上海市主要集中在半导体及电子设备、生物医药、IT、互联网、机械制造；苏州市主要集中在生物医药、半导体及电子设备、互联网、IT、机械制造。

5. 区域投融资规模不平衡

根据清科研究中心发布的报告《2020 年中国股权投资市场回顾与展望》，2020 年南北市场投融资差异较大，南方地区募资总额约为北方地区的 2.45 倍，投资案例数约为 2.48 倍，投资金额约为 1.93 倍。北方地区的募资集中在京津鲁三省（市），其中北京市占北方地区的 76.87%。南方地区募投呈阶梯状分布，第一梯队为粤、浙、沪、苏，募资额度达到千亿级别，投资总额占南方地区的 81.92%；第二梯队为安徽省、湖南省等，募资额度达百亿级别；第三梯队为海南省、西藏自治区各省（区、市），海南募资活跃，重庆投资额度小幅增加。

四、中国风险投资发展存在的问题

风险投资是推动创新发展，促进科技腾飞的重要资本力量。目前，中国风险投资发展规模上已成为全球第二风投大国，但在发展质量、发展效益上，与发达国家有很大差距，"大而不强，多而不优"的特征较为明显，主要问题如下。

1. 行业发展的关系亟待理顺

风险投资、创业投资还是私募投资目前在实务界的运作较为模糊。行政主管部门上，仍存在很多不清晰的地方。目前，股权和创投基金的日常管理划归为证券监管部门，政策制定仍留在发展改革部门。这导致多个部门同时监管，使得风险投资机构的登记备案、资格考试、日常监管等都增加了成本。基金备案登记流程过于复杂、烦琐，成为变相的行政许可监督，这不利于行业的正常运行，并可能产生寻租行为。

2. 政策支持力度要加强

风险投资行业属于周期长、风险高的行业，对推动创新经济发展具有重要的作用，但本身具有较高的失败率，能获得高收益的基金是少数优秀的基金。在行业马太效应越来越明显的情况下，小型风险投资机构生存困难，政府应从税收、人才等方面给予更多支持，特别是在税收方面加大优惠力度。解决长期投资者个人所得税等遗留问题，为风投发展提供良好的政策环境。

3. 缺少长期资本

与发达国家风险投资的资金来源相比，中国风险投资缺乏长期资本。一是社会资金池不足，社会资本投资能力及意愿不足；二是国内缺乏成熟的、长期的、市场化运作的资产管理公司，如母基金、退休养老基金、大学捐赠基金等，造成风投机构的募资渠道比较单一。而国有金融机构的资金和地方政府基金没有对风投机构开放，也没有进行市场化运作。社保、险资、银行等长期优质资本受《资管新规》的影响无法配置到风投资产，国有背景资金由于管理制度及机制限制，对支持风投发展非常谨慎。

4. 退出渠道仍需拓宽

资本市场加快改革，拓宽了风险投资的退出渠道。但资本市场深化改革一系列措施落到实处需要一段时间；IPO 并不意味着已经退出，从IPO 到解禁还需要至少 1 年才可以减持卖出；风险投资支持的企业大多为初创期的中小企业，这些企业在经济下滑阶段受到的影响较大。并购是占比较高的退出方式，经济下滑阶段，很多大型企业停止或减少收购计划，从而影响创投退出。

5. 缺乏有效的项目对接平台

优秀的项目是风险投资存在的前提。但目前风险投资行业存在优质项目缺乏的困境。投融资双方也缺乏有效的对接平台，市场上的平台大多由企业建立和运营，覆盖面有限，公益性不足，甚至有些平台采用欺骗手段损害创业企业的利益。缺少搭建风险投资与项目对接的平台，为投资机构和创业者提供全面的服务及高效的对接方式。

第三节　战略性新兴产业发展现状

一、战略性新兴产业发展政策缕析

2010 年 9 月，在国务院的常务会议上审议通过了《关于加快培育和发展战略性新兴产业的决定》。2012 年 7 月，国务院印发《"十二五"国家战略性新兴产业发展规划》。该文件从背景，指导思想、基本原则和发展目标，重点发展方向和主要任务，重大工程，政策措施，组织实施 6 部分，确定了七大产业是未来重点发展方向和主要任务。从 2012 年起，我国政府密集出台了一系列的直接与战略性新兴产业发展相关的政策。按照七大战略性新兴产业类别、以时间为序列梳理相关产业政策如下。

2014 年，国家发展改革委会同财政部下发了《关于组织实施战略性新兴产业区域集聚发展试点的通知》，在继续深入推动广东、江苏、深圳等地产业区域集聚试点的基础上，进一步完善了战略性新兴产业区域集聚评价指标体系，推动部分区域率先实现重点领域突破。

2015 年 3 月，中共中央、国务院印发《关于深化体制机制改革加快实施创新驱动发展战略的若干意见》，该意见为实现创新驱动发展战略，深化经济体制改革确定了"十三五"时期战略性新兴产业发展的主要目标和总体思路。从公平竞争环境、市场导向机制、金融创新、成果转化政策、科研体系、人才机制、政策协调机制等八个方面提出了 30 点意见。

2016 年 11 月底，中共中央国务院发布了《"十三五"国家战略性新兴产业发展规划》，该文件在总结"十二五"时期我国七大战略性新兴产业的发展现状和形势的基础上，确立了"十三五"时期继续发展战略性新兴产业的总的指导思想、主要原则、发展目标，具体提出了在"十三五"期间各战略性新兴产业的发展趋势和各产业具体发展目标，并通过重点任务和国务院各部门分工方案的细化，进一步强化了政策对于产业发展的引导作用，从产业提前布局、产业集聚、产业开放发展、完善体制机制营造产业新生态四个方面提出了未来政策的取向，这为我国战略性新兴产业发展带来巨大的发展良机和动力。

2020年9月25日，国家发展改革委、科技部、工业和信息化部、财政部四部门联合印发了《关于扩大战略性新兴产业投资培育壮大新增长点增长极的指导意见》，明确将聚焦新材料产业、新一代信息技术产业、智能及新能源汽车产业、生物产业、高端装备制造产业、新能源产业、节能环保产业、数字创意产业八大战略性新兴产业培育新的投资增长点，加快重点领域产业形成范围效应，为我国经济增长注入新的动力。

随着我国经济社会发展进入新阶段，践行新发展理念、形成新发展格局，新兴产业在整个经济体系中必将扮演更为重要的角色。2020年11月发布的《中共中央关于制定国民经济和社会发展第十四个五年规划和二〇三五年远景目标的建议》中提出"发展战略性新兴产业"。2021年3月，国家出台详尽的"十四五"规划，提出"着眼于抢占未来产业发展先机，培育先导性和支柱性产业，推动战略性新兴产业融合化、集群化、生态化发展，战略性新兴产业增加值占GDP的比重超过17%的目标"。

二、战略性新兴产业发展特征

"十三五"以来，我国战略性新兴产业实现了快速发展，充分发挥经济高质量发展引擎作用，表现出以下特征。

1. 发展规模扩大，质量提升

根据《2021中国战略性新兴产业发展报告》可以看出，我国战略性新兴产业在"十三五"期间总体持续快速增长，规模不断扩大。从工业方面的数据看，2015~2019年，全国战略性新兴产业规上工业增加值年均增速达10.4%，与同期规上全国总体工业增长值相比，高出4.3个百分点。国家统计局发布的《中华人民共和国2020年国民经济和社会发展统计公报》显示，高技术制造业增加值比上年增长 7.1%，占规模以上工业增加值的比重为 15.1%；装备制造业增加值增长 6.6%，占规模以上工业增加值的比重为 33.7%。全年规模以上服务业中，战略性新兴服务业企业营业收入比上年增长 8.3%。全年高技术产业投资比上年增长 10.6%。全年新能源汽车产量 145.6 万辆，比上年增长 17.3%；集成电路产量 2614.7 亿块，增长 29.6%。

国家信息中心数据表明，截至 2019 年末，A 股上市公司中有 1634 家战略性新兴产业企业，占上市公司总数的 43.3%。其中，营收规模达到百亿以上的企业达到 151 家，占总数的 11.1%。战略性新兴产业头部企业规模和质量同时提升，凸显出头部企业的引领带动作用。对战略性新兴产业企业的效益进行分析，2015～2019 年，战略性新兴产业上市公司平均利润率达到 7.2%，高于非金融类上市公司的均值。

未来较长一段时间内，我国战略性新兴产业规模将保持较快增长，预计至 2025 年底，战略性新兴产业增加值占 GDP 的比重将超过 17%，将涌现出一批推动经济高质量发展的支柱性产业。

2. 创新能级快速跃升

在创新驱动发展战略引领下，战略性新兴产业重点行业、重点企业创新投入持续提升。2019 年，战略性新兴产业上市公司平均研发支持达到 2.4 亿元，同期研发强度达 7.66%。其中，新一代信息技术、新能源汽车及高端装备领域上市公司研发强度相对最高，2019 年研发强度分别达到 10.18%、9.31% 和 8.02%。2018 年规模以上高技术制造业企业法人单位全年专利申请量 26.5 万件，其中，发明专利申请 13.8 万件，分别比 2013 年增长 85.1% 和 85.8%；发明专利申请所占比重为 52.0%，比规模以上制造业平均水平高 13.2 个百分点[①]。

从创新产出来看，战略性新兴产业发明专利申请量、授权量增速明显，技术创新能力有了很大的提升。截至 2021 年 6 月，中国（不含港

---

① 国家发展和改革委员会. 战略性新兴产业形势判断及"十四五"发展建议［EB/OL］.（2021 - 01 - 04）［2021 - 01 - 06］. https：//www. ndrc. gov. cn/xxgk/jd/wsdwhfz/202101/t20210104_1264124_ext. html.

澳台地区）有效发明专利中，战略性新兴产业领域发明专利达到 73.1 万件①。在 2020 年第二十一届中国专利奖 766 项获奖发明专利中，战略性新兴产业发明专利占比为 62%，知识产权（专利）密集型产业发明专利占比为 83%。40 项金奖获奖项目从实施之日起至 2018 年底，新增销售收入 6600 亿元，新增利润 629 亿元，新增出口 1363 亿元，效益十分显著②。

3. 竞争实力不断加强

一是重要产业发展水平达到世界先进。我国新能源发电装机量、新能源汽车产销量、智能手机产量、海洋工程装备接单量等均位居全球第一；在新一代移动通信、核电、光伏、高铁、互联网应用、基因测序等领域均具备世界领先的研发水平和应用能力。

二是领军企业具备一定的国际竞争地位和市场影响。2020 年，中国通用、中国电科、中国电子、中国中车等在内的一批代表生物、信息、高端装备制造、新能源等战略性新兴产业企业入围世界 500 强，见证了中国制造业转型升级。京东、腾讯、阿里巴巴和小米等互联网企业均入围世界 500 强，显示出中国新经济的蓬勃发展。

三是战略性新兴产业在总体上已经成为我国出口贸易的主要支撑。2019 年战略性新兴产业重点工业行业累计出口交货值为 6.0 万亿元，同比增长 10.2%，对我国外贸出口总额增长的贡献率达 67.1%。其中，新一代信息技术产业累计出口交货值为 5.1 亿元，同比增长 10.7%③。

4. 产业集群建设成效显著

为集中优势资源推动各地特色产业集群发展，国家发改委于 2019

---

① 中国市场监管报. 我国战略性新兴产业领域发明专利达 73.1 万件［N/OL］. (2021 - 07 - 28)［2021 - 07 - 28］. http: //www. cinic. org. cn/zgzz/xw/1129912. html.

② 余颖. 第二十一届中国专利奖揭晓　战略性新兴产业发明专利占比超六成［EB/OL］. (2020 - 11 - 03)［2021 - 07 - 28］. https: //m. btime. com/item/router? gid = f6k684hqmpu9n3o kvpuqmk1q7er.

③ 国家发展和改革委员会. 战略性新兴产业形势判断及"十四五"发展建议［EB/OL］. (2021 - 01 - 04)［2021 - 01 - 06］. https: //www. ndrc. gov. cn/xxgk/jd/wsdwhfz/202101/t202101 04_1264124_ext. html.

年评选了第一批 66 个战略性新兴产业集群名单（见表 3 - 8）。

表 3 - 8　　　首批国家级战略性新兴产业集群建设重点领域分布

领域	数量（个）
人工智能	4
集成电路	5
新型显示器	3
下一代信息网络	3
信息技术服务	7
网络安全	1
生物医药	17
节能环保	3
先进结构材料	5
新型功能材料	9
智能制造	7
轨道交通装备	2
合计	66

资料来源：笔者整理。

66 个产业集群分布在 44 个城市，其中北京市、上海市、武汉市分别有 4 个产业进入名单，成为新兴产业集群最多的城市。北京市的产业集群分别是北京经开集成电路、北京海淀区人工智能、北京昌平生物医药、北京大兴生物医药；上海市的产业集群分别为上海浦东集成电路、杨浦区信息服务产业集群、徐汇区人工智能、浦东新区生物医药；武汉市集成电路、新型显示器件、下一代信息网络和生物医药 4 个产业集群入选。

目前，分区域发展格局来看，战略性新兴产业主要集中在东部沿海地区和经济发达地区，中西部地区近年来正在快速崛起，初步形成以长三角、环渤海、珠三角以及长江中上游四大产业集聚区的发展格局。其中，长三角地区在新一代信息技术、高端装备与新材料、新能源等领域拥有一批实力较强的龙头企业，产业体系完备，产业基础雄厚。环渤海地区依托大院大所集聚等优势，在新一代信息技术、生物、航空航天、节能环保等领域发展较快，涌现出若干影响力较大的产业集聚区，是全国新兴产业发展的策源地。以广东省为核心的珠三角地区，移动互联网、新能源汽车、生物、数字创意等产业蓬勃发展，大量新技术、新业态、新产业快速兴起。此外，长江中上游形成了以武汉光谷为代表的信息产业集聚区、以长株潭为代表的轨道交通产业集聚区以及以成都、重庆为双核的成渝板块正成为战略性新兴产业新增长极，有力支撑中西部地区经济转型升级。

分产业领域来看，战略性新兴产业重点领域呈现不同的集聚和分布特征。例如，信息技术领域，形成珠三角、长三角、环渤海、部分中西部地区四大信息产业集聚区；生物领域，长三角、环渤海地区占据主导，珠三角、东北等地区快速发展的空间布局初步成形，中西部地区呈现多元化发展模式，成渝经济圈、长吉图地区、长株潭地区和武汉城市群聚集区医药成果转化、疫苗生产、制剂研发等细分行业领域发展迅速；节能环保领域，主要集中在环渤海、长江经济带和珠三角三大区域，江苏省、浙江省、山东省、广东省、上海市、北京市、天津市等省（市）的节能环保产值占全国的50%以上；高端装备制造领域，集中在北京市、河北省、辽宁省及山东省等环渤海地区和以上海市、江苏省、浙江省为核心的长三角两大集聚区，同时，四川省、陕西省、湖南省和山西省等部分中西部地区的高端装备制造业也呈现快速发展的态势；新材料领域，产业"东部沿海集聚，中西部特色发展"的空间布局框架拉开，其中西部地区主要从事原材料生产，环渤海地区聚焦于研发，东部及中部地区主要承担原材料加工，长三角、珠三角主要承担下游应用与销售；新能源领域，初步形成了以环渤海区域、长三角区域等为核心的东部沿海新能源产业集聚区，在中西部的一些区域，如江西省、河南省、四川省、内蒙古自治区、新疆维吾尔自治区等省（区），新能源产业发展态势良好，形成了中西部新能源产业集聚区；新能源汽车领域，初步形成了以深圳市和广州市为核心的珠三角新能源汽车集聚区，江苏省、上海市、浙江省等凭借雄厚的产业基础和科技资源形成长三角集聚区，北京市、河北省等地为核心的环渤海集聚区，以及陕西省和四川省为核心的中西部集聚区；数字创意领域，目前已初步形成六大数字文化创意产业聚集区，包括首都数字文化创意集聚区，以上海市、杭州市、苏州市、南京市为核心的长三角集聚区，以广州市、深圳市为代表的珠三角集聚区，以昆明、丽江和三亚为代表的南部集聚区，以重庆市、成都市、西安市为代表的川陕集聚区，以武汉市、长沙市为代表的中部集聚区。

三、战略性新兴产业融资现状

战略性新兴产业的培育和发展是一个综合性系统工程，需要金融支持、资源支持、技术支持和管理支持等多方面的支持。其中，金融支持是战略性新兴产业发展过程中必不可少的因素。为了深入了解战略性新兴产业的融资现状，对江苏地区处于新兴产业的科技型中小企业进行调研，通过网络定向发放问卷，时间为 2020 年 3 月 15 日至 4 月 15 日，共回收有效问卷 186 份。

（一）调研企业情况分析

根据调研结果，样本 83.87% 为民营企业，外资、国有、合资企业、港澳台企业分别为 5.38%、4.84%、3.76% 和 2.15%（见图 3－2），说明江苏省内科创企业以民营企业为主。行业分布较前的四位是：高端装备制造产业占 26.34%，新一代信息技术产业占 17.74%，生物医药产业占 14.52%，新材料产业占 13.98%，与江苏省的主导产业基本相符，其中，80.11% 的企业被各级政府部门认定为高新技术企业。

处于种子期占比 2.15%，初创期占比 10.22%，初步发展期占比 35.48%，高速发展期占比 34.41%，成熟期为 16.13%，处于发展期的样本较多。专职研发人员占比达 20% 以上的企业占比 37.63%，15%～20% 的占比 16.13%，10%～15% 的占比 15.06%，10% 以下的占比 31.18%。企业年均收入在 1000 万～5000 万元的占比 33.33%，5000

万元以上的占比 42.47%，1000 万元以下的占比 24.19%，表明调研对象以中小企业为主。科创企业判断的一个重要指标为研发支出占营业收入的比重，被调查的企业中研发支出占营业收入 30% 以上的比例为 18.82%，研发支出占营业收入 15%～20% 比例的为 20.43%，研发支出占营业收入 5%～10% 比例的为 18.82%（见图 3-3）。

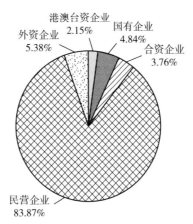

图 3-2 科技型企业产权性质分布

资料来源：笔者根据调查数据绘制。

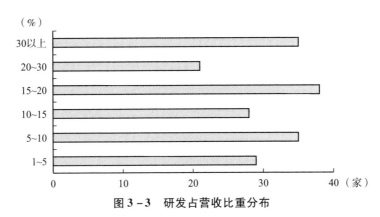

图 3-3 研发占营收比重分布

资料来源：笔者根据调查数据绘制。

制约企业进一步发展的首要因素中（见图 3-4），资金短缺占比48.92%，人才缺乏占比22.04%，市场竞争、融资渠道不畅也分别占比11.29% 和 8.60%，也有企业反映贸易摩擦、疫情影响是目前制约企业发展的重要因素。除此之外，生物医药企业认为产品研究周期长、难度大也给企业发展带来不确定性。调研结果反映出资金是企业发展的重要制约因素。"麦泽米伦缺口"是企业的难题，有效的金融供给是血脉，只有血脉通畅，才能让企业得以生存和发展。

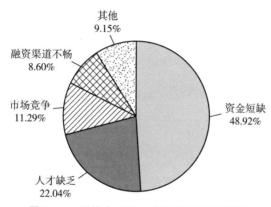

图 3-4 制约企业进一步发展的首要因素

资料来源：笔者根据调查数据绘制。

（二）新兴产业融资需求分析

目前，企业资金需求如表 3-9 所示。资金有缺口、需要融资的占比61.83%，有较大资金缺口而急需融资的占比16.67%，仅有21.51% 的企业暂无资金缺口。企业所需资金主要用于技术改造（研发）占比44.09%，扩大再生产占比24.19%，市场开拓占比16.69%，而为了维持正常资金需求的，占比达到15.05%。资金需求在100万~500 万元占比最高，占29.04%，3000 万元以上的为20.43%，500万~1000 万元和1000 万~3000 万元的分别占比20.43% 和20.97%，100 万元以下的占比9.14%，符合中小企业单次资金需求量低的特点。科创企业希望获得的融资方式首先为银行贷款，占比73.12%，其次是政府专项资金，占比 60.22%，这两者是企业最希望获得的资金来源方式，与其他方式的占比有较大区别。风险投资作为科技型企业融资的重要方式，其占比为 17.42%。对于科技型中小企业而言，股票融资和债券融资的占比仅为 15.05% 和 14.52%，这与目前上市融资、债券市场融资门槛高有着很大的关系。

表 3 - 9 　　　　　　　　　　　　　资金需求情况

资金需求情况	比例（％）	资金需求额（万元）	比例（％）	期望的融资方式	比例（％）
需要融资	61.83	3000 以上	20.43	银行贷款	73.12
急需融资	16.07	1000 ~ 3000	20.97	政府专项资金	60.22
暂无资金缺口	21.50	500 ~ 1000	20.43	风险投资	17.42
—	—	100 ~ 500	29.04	股票融资	15.05
—	—	100 以下	9.14	债券融资	14.52

资料来源：笔者根据调查数据整理。

企业在借贷过程中遇到的最主要问题首先是贷款利率高，占比 62.9%；其次是手续繁琐，占比 46.77%，在贷款过程中的抵押不足、找不到担保人分别占比 25.81% 和 14.52%；最后是其他原因，企业认为授信额度较低，银行贷款额度为营收的 1/3 ~ 1/2 且要减去负债。

（三）不同金融供给状况分析

1. 银行贷款

对企业所获银行信贷支持情况进行分析。15.05% 的企业在 3 年中未获得过银行贷款，除了一家无贷款需求外，其他未获得贷款的原因在于企业规模小，抗风险能力弱，缺乏足够的抵押品和担保人。84.95% 的企业近 3 年中获得银行信贷支持，说明银行在服务科技创新中发挥了重要的作用。一系列金融政策的推进，银行对科技型企业的支持力度在不断加大。贷款金额在 100 万 ~ 500 万元的占比 50.85%，500 万 ~ 1000 万元的贷款，1000 万 ~ 3000 万元以上的贷款分别占比 22.03% 和 16.95%（见图 3 - 5）。而企业能承受的贷款利率为基准利率或低于基准利率的浮动利率，占比 50.85%，能承受的基本贷款利率的 1.1～1.3 倍的占比 35.59%。对于银行贷款而言，降低融资成本极为重要。

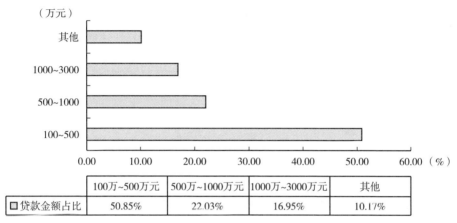

图 3 - 5 贷款金融占比分布

资料来源：笔者根据调查数据绘制。

企业申请贷款所需时间在 1 个月以上的占比 42.37%，3～4 周的占比 27.12%，1 周以内的占比 3.39%，因此对于企业而言，减少审批流程，提高贷款效率也是需要银行服务时需要改进的地方。

信用贷款占比 51.59%，抵押担保贷款 48.41%。抵押贷款中，厂房抵押比例最高为 35.71%，企业内部自然人个人财产抵押占比 31.43%，设备抵押为 20.00%，知识产权质押为 12.86%。抵押担保贷款比例有所下降，但各金融机构应用金融科技技术投放科技型企业贷款的额度也普遍不高。银行为企业发放的贷款 3～5 年的占比 1.69%，1 年以下的占比 50.85%，1～3 年占比 47.46%。说明银行贷款以短期资金为主，与科技创新所需的长期资金存在明显的不匹配（见表 3 - 10）。

表 3 - 10　　　　　　　　　企业贷款基本状况　　　　　　　单位：%

贷款时间	比例	贷款方式	比例	抵押物	比例	贷款期限	比例
1 个月以上	42.37	信用贷款	51.59	厂房	35.71	3～5 年	1.69
3～4 周	27.12	抵押担保	48.41	个人财产	31.43	1～3 年	47.46
2 周	27.12	—	—	设备	20.00	1 年以下	50.85
1 周以内	3.39	—	—	知识产权	12.86	—	—

资料来源：笔者根据调查数据整理。

2. 资本市场

从资本市场融资来看，调研企业中已上市的企业仅占 11.29%，说明仅有少量的科创企业目前能通过资本市场融资，45.70% 的企业尚无上市打算，17.20% 的企业正准备改造，15.05% 的企业拟做国内上市准备，正在改制、尚未完成的企业占比 9.68%。企业普遍认为，首先上市门槛过高是制约企业上市的重要因素，占比达 58.06%；其次是上市成本高，持这一观点的企业达到 40.32%，审批程序复杂和严格的信息披露制度分别占比 30.65% 和 22.58%，企业自身产权、财务和管理等问题占比 20.97%。企业如果准备上市，79.03% 的企业选择上海，11.29% 的企业选择深圳，6.45% 和 3.22% 选择香港市场和海外市场。这表明科创板的开板为江苏企业提供了新的融资渠道，相对清晰的市场定位为企业提供了较好的预期。企业上市的第一个目的在于提升企业知名度，这一比例达到 75.81%。对于科创企业来说，将研发成果转化为产品的能力以及在市场中推广新产品的能力都处于劣势，企业和品牌的知名度提升，有助于市场接受企业新产品。第二个目的在于融资，这一比例达到 64.52%。资本市场融资为企业提供了更多的融资渠道，企业开展项目成果商业化、开展新的项目研发都离不开持续的资金流入。促进企业经营机制转换、使现有股东实现资本增值、实现产权多元化、改善资本负债结构分别占比 48.39%、40.32%、45.16% 和 35.48%（见表 3 - 11）。

表 3 – 11 资本市场融资状况 单位：%

上市情况	比例	制约因素	比例	上市地选择	比例	上市目的	比例
已上市	11.29	上市门槛过高	58.06	上海	79.03	提升知名度	75.81
尚无上市打算	45.70	上市成本高	40.32	深圳	11.29	融资	64.52
正准备改造	17.20	审批程序复杂	30.65	中国香港	6.45	促进经营机制转换	48.39
拟做国内上市准备	16.10	严格的信息披露制度	22.58	海外	3.22	使现有股东实现资本增值	40.32
正在改制、尚未完成	9.68	自身产权、财务和管理等问题	20.97	—	—	实现产权多元化	45.16
—	—	—	—	—	—	改善资本负债结构	35.48

资料来源：笔者根据调查数据整理。

3. 风险投资

风险投资是具有较高失败容忍率的金融资本。在调查的企业中，46.24%在近三年中获得风险投资（见表 3 – 12），其中 3000 万元以上融资占比 22.09%，1000 万~3000 万元占比 27.91%，500 万~1000 万元和 100 万~500 万元分别占比 25.58%和 22.09%。融资轮次主要在 B 轮以前，A 轮和 B 轮分别为 31.40%、32.56%，天使轮占比 15.12%，C 轮及以上占比 20.93%。从企业发展阶段来看，江苏省风险投资对企业的投资仍集中于中后端，高速发展期和成熟期企业分别占比 44.18%、13.95%，种子期和初创期仅占 13.86%。

表 3 – 12　　　　　　　企业所获风险投资基本状况

风险融资额（万元）	比例（%）	融资轮次	比例（%）	所处发展阶段	比例（%）
3000 以上	22.09	A 轮	31.40	种子期和初创期	13.86
1000 ~ 3000	27.91	B 轮	32.56	初步发展期	28.01
500 ~ 1000	25.81	天使轮	15.12	高速发展期	44.18
100 ~ 500	22.09	C 轮及以上	20.93	成熟期	13.95
100 以下	1.1	—	—	—	—

资料来源：笔者根据调查数据整理。

除 20.97% 无引入风投的需求外，在未获得风投的原因排名前五的分别为引入成本过高、避免控制权分散、对风投缺乏了解、防止技术外泄、技术与市场前景等企业自身问题，分别占比 38.71%、37.10%、22.58%、14.52% 和 14.52%。科创企业对风险投资的作用看法存在分歧，40.32% 的企业认为风险投资对企业发展有作用，32.26% 的企业认为可能有作用，作用比较大的占比 14.52%，基本不起作用的占比 9.68%。企业认为风险投资主要作用在于：提供资金占比 87.5%，帮助企业产品市场化占比 50%，提供外部技术资源信息占比 33.93%，参与企业内部运营管理占比 26.79%，提供咨询服务和为企业招募人才均占比 21.43%。

4. 政策性支持

政策性支持是科技创新的重要支撑力量。在所调研的企业中，30.65% 的企业享受了贷款贴息，38.71% 的企业享受了研发费用加计扣除，17.74% 的享受专项资金支持或财政补贴，所有的高新技术企业享受了高新技术所得税减免。企业在利用现有政策时，认为政策获取渠道不畅占比 30.65%，说明企业在获取政策信息和理解信息上存在差异。缺乏能够解决企业面临问题的相关措施、政策内容过于原则分别占比 29.03% 和 27.42%，也有 14.52% 的企业认为当地政策与其他省市相比，政府优惠力度不够，缺少吸引力，11.29% 的企业认为政府执行和落实力度不够，相关内容无法兑现。8.06% 的企业提出了利用现有政策的问题，主要包括政府平台征信系统的准确性待提高，限制性条款比较多，政策兑现慢，融资担保体系不完善等（见表 3 - 13）。

表 3 - 13　　　　　　　　企业对政策性支持看法　　　　　　　　单位：%

对政策性支持的看法	比例
政策获取渠道不畅	30.65
缺乏能够解决企业面临问题的相关措施	29.03
政策内容过于原则	27.42
政府优惠力度不够	14.52
政府执行和落实力度不够	11.29
其他	8.06

资料来源：笔者根据调研数据整理。

调研结果发现，现有江苏省金融供给与科创企业金融需求之间还存在一定的差异。表现在：科创中小企业普遍存在着资金需求，现有的金融供给难以完全满足，仅有 1/5 的企业暂不存在资金短缺困扰，融资贵现象也较为突出。企业最为希望的外部融资方式是银行贷款和政府专项资金。但科创企业在贷款中存在获取难度大、期限不匹配、审批流程长等问题，金融科技技术应用于企业融资尚处于探索阶段。政策性支持在获取、理解和运用政策上存在差异，面向科技创新的金融扶持政策需要进一步改进。资本市场对科创中小企业来说融资门槛高，上市成本高也是企业顾虑的主要因素。风险投资主要起到企业提供资金的作用，投资集中于中后段，对处于种子期和初创期的投资较少。引入成本过高、避免控制权分散、对风投缺乏了解、防止技术外泄、技术与市场前景等问题成为制约企业获得风险投资的主要因素。

小 结

本章梳理风险投资发展历程、战略性新兴产业发展的政策，并对风险投资现状、战略性新兴产业融资现状进行统计分析和调研分析，以期较为全面地了解中国风险投资业支持战略性新兴产业发展的现实运行情况，为下章开展实证研究、案例对比分析提供现实支撑。

第四章

风险投资与新兴产业成长

戦略性新兴产业大多处于生命周期的前端，企业具有较高的成长性决定了未来的发展，风险投资对于战略性新兴产业的支持，最终会通过众多处于同一行业企业的成长来实现。因此，本章选取战略性新兴产业中生物医药产业为研究对象，实证检验风险投资的作用。

第一节　理　论　分　析

一、风险投资为产业成长提供支持

一是在新兴产业发展初期，风险投资提供了资金支持，弥补企业发展所需的资金缺口。高新技术行业在技术研发阶段存在市场上的不确定性和风险性。这阶段企业难以依靠银行贷款这种间接融资手段，因为资金的安全性是风险规避型银行首要考虑的因素，此外一些传统保守的金融机构也不愿涉猎此类高风险行业，这就使得企业的资金缺口更加难以弥补。相反，风险投资作为一种中长期的股权投资，投资者和投资机构不会局限于眼前的短期利益。风险投资的这种特点正好与新兴产业研发阶段的情况相匹配，发挥重要的融资作用。

二是风险投资提供新兴产业在成熟期以及后续发展阶段的资金支持。为达到长期可持续发展，在初创期、成长期、发展期、增长期和成熟期这五个阶段都需要充分的资金支持，其中，资金对成熟期的企业来说也是至关重要的，在此阶段需要持续大量的资金供给。因此，风险投资者会基于此，选择冒风险追求高额回报，就会对具有良好发展前景的中小型企业提供长期的资金支持，此举进一步加快实现了产学研一体化，促进科研成果的落地实施。

三是风险投资激发增值效应，促进新兴产业技术进步。风险投资基于专业性，对被投资对象不单纯为资金注入，而是寻求多渠道多方面的资源来扶助处于新兴产业中的企业的发展创新，例如利用社会关系网拓宽营销渠道、提高资本营运效率，并且也提供了经营管理经验、前沿的政策条款、市场服务信息等。另外，风险投资机构和投资者通过介入企业内部管理，来帮助初创企业的创立发展，并能随机应变，抓住机遇，及时退出，缩短风险投资的循环周期，提升投资效率，实现资本增值。

二、风险投资分散新兴产业风险

新兴产业处于发展不平衡不充分阶段，高投入、高效益、高增长、长周期也决定其具有高风险性。新兴产业在实现产业化的进程中具体面临的风险有技术风险、管理风险、市场风险。风险投资主要通过两种方式来分散和分担企业发展过程中的风险。

一是通过社会化投资来实现。风险投资在早期会通过股权投资方式来加入具有未来前景的高新技术项目，随着风险投资事业的不断发展，其来源更为广泛，包括公司基金、银行、个人和外资等，多元化的主体共同承担风险，实现了风险的分散。并且风险投资偏好有限合伙模式，与社会其他类型的风险投资机构和个人组成有机整体，在促进合作共赢的同时也能共同承担投资的高风险。

二是通过资本的组合投资、分期注入来实现风险分散。在实际情况下，富有专业经验的风险投资者会使用投资组合战略，根据有差异的投资对象、投资产品和项目、不同投资时间段来加以划分，并且进行合理的组合分配，寻找投资资本增值的时间点和组合结构，以分散投资过程中的综合风险。另外，企业内外部存在明显的信息不对称，外部风险投资家难以获得企业内部的一手资料，所以出于谨慎考虑，风险投资一般不会一次性投入，而是会在企业发展的各个阶段分批次介入，使得风险投资者可以更为严格地把控资金使用的权利，进而达到分散风险的效果。

三、风险投资的集成作用

新兴产业的发展依靠各种生产要素综合合力来助推，因此风险投资在投资过程中，不局限于资金投入，还参与公司管理、研发创新等环节，并且推动科学家、资本家和企业家的有效合作。具体分为以下两方面。

一是推动企业科技创新。一方面通过参与企业管理的方式来促进技术创新，当风险投资机构在企业中拥有足够的持股比例及话语权时，会参与到企业的管理决策，也能参与到企业的权力监督工作中来，推动企业经营，促进科技成果的转换。另一方面是通过加大创新投入来推动创新，利用资金资源为企业的技术创新储备技术人才。

二是能削减信息获取成本。基于一种不完全竞争的市场特征，风险投资的资本需求方和供给方之间存在内外信息的差异性。一方面风险投资具有股权投资的相关特性，风险投资家作为持有股权的企业股东，有直接在企业内部提出管理决策建议的权利，由此能提升内外信息对称程度，不需要从多渠道来取得信息，自然就能大大减少信息获取成本。另一方面风险投资者能利用投资组合的方式，收集不同环节、不同主体、不同方面的信息，以此来获取一个普遍适用的平均成本，并且此成本会因风险投资者的投资规模和能力的增大而减少。

第二节　研究假设

前面分析了风险投资促进新兴产业成长性的作用，企业成长是新兴产业发展的重要基础。企业是新兴产业发展的载体，基于人力、技术、资本等要素投入，通过科技成果转化和产业化，提供具有市场需求的产品，最终实现企业的价值增长以及产业发展壮大。新兴产业发展同样遵循孕育期、初创期、成长期、发展期直到成熟期的生命周期，各阶段都表现出不同的特征。处于孕育阶段的新兴产业，通常以技术创新为起点，但面临着生产设备的不完善、市场需求较小、产品功能不稳定等诸多问题。产业处于初创期，企业将加大对技术可能性的分析，寻求技术难点突破，推动科技成果的实际应用，提高市场认可度。当产品逐步在国内外市场实现定位，市场份额呈现逐步扩大，行业进入了发展期。进入成熟期的企业，技术优势逐步丧失。对应于不同发展阶段的新兴产业，其金融需求大致可以分解为融资需求、创新风险承担需求和增值服务需求。

资本是连接金融部门和战略性新兴产业部门的"润滑剂"。没有资金支持，经济主体无法将创意转为现实的产品，资金支持的缺失也将制约研发投入，也难以将科技成果向市场转化。企业融资理论揭示外源融资对企业发展的重要性。传统上依赖银行的融资方式与以中小企业占比较高的新兴产业对接程度不高，较高不确定性使得传统金融部门在向创新企业提供资金支持时有多重顾虑。相对而言，风险投资具有天然优势，其高风险高收益的特征与科技创新的特征相匹配，能为新兴产业的发展提供资金，缓解其不同发展阶段融资约束。因此，风险投资通过资金运用纾解新兴产业发展过程中长期资本缺失，支持产业研发、中试及市场化。

技术创新是战略性新兴产业的核心竞争力，高风险性是技术创新的显著特征，科技创新能不能成功，能不能有效实现产业化，都具有高度的不确定性。研发风险、技术风险和市场风险，是战略性新兴产业成长路上的障碍，战略性新兴产业必须跨越"死亡之谷"，才能获得生存和发展。风险投资介入新兴产业，通过先进的项目筛查手段和风险审查机制识别投资具有创新潜力的项目，本身也具有较高的失败容忍率，能有效承担产业技术创新过程中的风险，一定程度上缓解了科技创新的高风险。因而，风险投资通过促进战略性新兴产业的技术创新赋予新兴产业发展的动力。

风险投资作为一种重要的金融中介，能有效促进资源整合。人才是新兴产业发展的核心要素，而处于发展初期的产业难以形成巨大的资源凝聚力，创新主体有时难以找到合适的高新技术人才。战略性新兴产业在成长过程中，需要实现技术—经济范式的转变，形成巨大发展前景，直至辐射和带动上下游及相关产业的发展，依赖于市场的认可和潜力扩张。然而现实中，战略性新兴产业的创始人可能拥有的是技术，缺乏管理、市场运作能力，这些因素形成产业发展的障碍。风险投资机构不仅能为产业发展提供资金，投后提供增值服务能为创新主体提供获取外部资源的集成平台，集聚人才、技术和市场力量，帮助创新主体招聘合适人才，有效对接市场，降低技术、组织、市场不确定性，实现资源优化配置。另外，风险投资的介入为新兴产业中不同企业搭建沟通交流渠道，产业上下游之间渗透和联动加强，能加快产业创新要素集聚，激发产业创新能力，增强新兴产业核心竞争力。

基于以上分析，风险投资为新兴产业发展提供资金支持，缓解融资约束，又通过对技术创新机制、资源整合机制促进新兴产业发展。据此提出假说 4 - 1。

假说 4 - 1：风险投资能显著促进新兴产业的发展。

风险投资特征具有异质性。政府背景风险投资具有与非政府国有背景的风险投资不一样的投资目标和投资策略。政府背景风投除了考虑自身的投资回报之外，还承担着促进地区经济发展、推动产业发展转型和新兴产业培育发展等任务。与市场化的基金合作向特定产业中的企业进行股权投资，能充分发挥政府在产业选择中的正确定位，提高政府产业规划的落实效果，又能发挥市场化基金的行业经验和专长，提高项目筛选能力，提升对新兴产业的发展促进作用。因此，提出假说 4 - 2。

假设 4 - 2：与无政府背景的风险投资相比，政府背景风投促进新兴产业发展有显著效果。

专业化是风险投资发展的趋势。专业化可以提高风险投资机构的学习能力和专业知识（胡刘芬、周泽将，2018）。新兴产业作为新生事物，具有复杂性特征。专业化的风险投资机构能够通过曲线效应累积相关行业的专业知识，更快更好地筛选出具有投资价值的企业，减少边际运营成本和知识转移成本，有助于行业知识的外溢和扩散。依托于风投对产业发展有较深的理解和判断，促进同一产业之间的信息共享。另外，专业化的风险投资本身能够形成一种品牌效应，加速风险投资与企业、企业与企业之间的连接，这种关系网络能为新兴产业的发展注入更多的动力。据此，提出假说4-3。

假说4-3：与非专业化风投相比，专业化风投促进新兴产业发展有显著效果。

联合投资分散风险投资机构的投资风险，风投之间的资源得以共享。基于资源配置的角度，关系网络加强个体之间的信息交流，从而影响相应的经济行为及行为后果（Park & Steensma，2012）。当多个风险投资联合向产业进行投资时，形成与产业发展极其重要的关系网络。与单一投资相比，联合投资拥有更多的资金来源，资本运作能力更强，可动员的资源也更多。因此，联合投资可以通过资本市场运作、提高信贷能力、多轮次投资等方式来拓宽企业的融资渠道，为新兴产业中的企业发展提供更多资金的保障。联合投资形成更广泛的信息传递网络，多个节点资源加以汇聚，深化产业链上中下游协作，促进技术资源交互，从而提升产业发展整体的实力。因此，提出假说4-4。

假说4-4：与单一风险投资相比，联合风险投资促进新兴产业发展有显著效果。

第三节　模型设计

一、样本选取

本书选取2012～2018年在新三板上市的生物医药企业为研究对象。新三板作为多层次资本市场的重要组成部分，定位于为中小企业融资，挂牌企业较多，目前超过11000家，行业分布、区域分布均较广泛，创新型、高科技型企业众多。生物医药产业属于战略性新兴产业，随着经济发展、人口总量增加和社会老龄化趋势而成为最具潜力的产业之一。生物医药产业具有高技术、高投入、高风险、高收益、长周期特征，需要大量的资本支持。因此，本书选取新三板生物医药企业为研究样本，去除掉退市、ST、终止挂牌情况的样本数，去掉当年挂牌的样本，获得466家公司的公司—年度样本，共计2111个。对于挂牌公司是否有风险投资支持，主要考虑十大股东中有无风险投资机构。财务数据来源于Wind数据库、招股说明书和年度报告。为避免极端值的影响，对连续变量按照双边各剔除1%的方式进行缩尾处理。

二、变量设定

被解释变量。考察风险投资对新兴产业发展的作用是本书研究主题，企业成长是产业发展的支撑，因此设定模型被解释变量为企业的成长性（Growth）。学者们采用主成分分析合成指标或单一指标对企业成长性进行衡量，主营业务收入增长率是较为常用的单一指标。一方面，主营业务收入增长是企业实现所有盈利的基础，对企业成长具有重要作用。通过计算业务收入增长率可判断出产品生命周期，较高的主营业务收入增长率表明企业处于成长期，另一方面，主营业务收入增长率能反映出企业主营业务的发展状况和市场前景。因此，采用主营业务收入增长率作为企业成长性的代理变量具有可靠性。

解释变量。风险投资（VC）为解释变量。首先，采用吴超鹏等（2012）的划分方法，对企业十大股东名单中出现的股权投资机构名称，进行"风险投资""创业投资""高科技投资"等关键词分析，根据清科数据库的风险投资名单、企业招股说明书等材料核对，确定挂牌企业是否有风险投资机构参与；其次，为进一步考察风险投资异质性特征对新兴产业发展的影响，对风险投资的产权背景、行业专业化和联合投资进行分别0，1虚拟变量赋值。

控制变量。为了更准确地刻画风险投资对新兴产业发展的影响，引入公司规模（Size）、公司年龄（Age）、资产负债率（Lev）、资本固化率（*Cir*）、净资产收益率（*Roe*）、总资产周转率（*Totc*）6 个控制变量来控制其他可能影响新兴产业发展的因素。对于战略性新兴产业来说，企业成长与企业规模、企业年龄有着密切的联系。企业的财务状况也与企业成长性紧密关联，选用资产负债率进行衡量。企业资产负债率过高，潜在的财务风险不利于企业成长；适度负债能发挥财务杠杆的抵税作用和治理作用，从而促进企业成长。资本固化率衡量固化资本占所有者权益的比重，固化资本占比越高，公司生产技术条件越好，盈利能力越强；同时，固定资产还能够作为抵押物提高公司融资能力，为公司成长带来更多资金支持，促进公司成长。净资产收益率用来评价企业自有资本及其积累获取的报酬水平，与企业成长性有着正向的关系。总资产周转率越高，说明企业资产随着市场占有率的提高、销售能力的增强而加速周转，预期对公司成长性有正向影响。

三、模型构建

本节主要考察风险投资对新兴产业成长性的影响。在控制企业规模、企业年龄、资产负债率、资本固化率等因素的基础上，检验风险投资介入与企业成长性之间的关系，建立基准回归模型：

$$Growth_{it} = \alpha + \alpha_1 VC_{it} + \beta_1 Size_{it} + \beta_2 Age_{it} + \beta_3 Lev_{it} + \beta_4 Cir + \beta_5 Roe_{it}$$
$$+ \beta_6 Totc_{it} + Year_t + \varepsilon_{it} \qquad (4-1)$$

在式（4-1）中，被解释变量为企业成长性，以主营业务收入增长率来衡量；*VC* 为核心解释变量风险投资，为 0、1 虚拟变量；控制变量公司规模（*Size*），取公司年末总资产对数值，公司年龄（*Age*）为公司成立至当年的年份，资产负债率（*Lev*）为总负债与总资产的比值，资本固化率（*Cir*）为固化资产占所有者权益的比重，净资产收益增长率（*Roe*）为当年和上一年净资产的差与上一年净资产的比值，总资产周转率（*Totc*）为销售收入与平均资产的比值，*Year* 为年份虚拟变量。

进一步检验各种不同特征的风险投资对新兴产业成长的不同影响，即检验假说 4-2～假说 4-4，本书根据风险投资特征进行分组：政府背景，若挂牌企业的风投股东中，存在政府风险投资、政府财政性资金或其他国有资金股东，将其记入政府背景，反之则为无政府背景；专业化，主要考虑风险投资的行业专业化，如果风投具有生物医药背景或投资经验则为专业化风投，反之为非专业化风投；联合投资，如果挂牌企业的十大股东中有两家或两家以上风险投资机构，则认为该企业被风投机构联合投资，反之为单一投资。异质性回归模型式（4－2）~式（4－4）如下：

$$Growth_{it} = \alpha + \alpha_1 VC\_gov_{it} + \beta_1 Size_{it} + \beta_2 Age_{it} + \beta_3 Lev_{it} + \beta_4 Cir + \beta_5 Roe_{it}$$
$$+ \beta_6 Totc_{it} + Year_t + \varepsilon_{it} \tag{4-2}$$

$$Growth_{it} = \alpha + \alpha_1 VC\_spec_{it} + \beta_1 Size_{it} + \beta_2 Age_{it} + \beta_3 Lev_{it} + \beta_4 Cir$$
$$+ \beta_5 Roe_{it} + \beta_6 Totc_{it} + Year_t + \varepsilon_{it} \tag{4-3}$$

$$Growth_{it} = \alpha + \alpha_1 VC\_union_{it} + \beta_1 Size_{it} + \beta_2 Age_{it} + \beta_3 Lev_{it} + \beta_4 Cir$$
$$+ \beta_5 Roe_{it} + \beta_6 Totc_{it} + Year_t + \varepsilon_{it} \tag{4-4}$$

式（4－2）中，VC_gov 为风投产权特征虚拟变量，实证中拆分成政府背景变量（Gov）和无政府背景变量（$Ngov$）；式（4－3）中 VC_spec 为风投专业化特征虚拟变量，按专业化风投（$Spec$）和非专业化（$Nspec$）分组；式（4－4）中 VC_uinon 为风投联合投资虚拟变量，按联合投资（$Union$）和非联合投资（$Nunion$）分组。

第四节　实　证　结　果

一、主要变量的描述性统计

主要变量的描述性统计如表 4－1 所示。样本企业成长性均值为27.42%，说明行业整体具有较好的成长性，标准差为 0.5332，样本企业的主营业务收入增长率具有差别，成长性最好的企业具有 3.0185 倍的主营业务增长，而最差的企业主营业务收入增长为负数。样本中风险投资支持的均值为 22.79%，超过 1/5 的样本企业获得风险投资支持。对获得风投的样本企业进一步分析，38.04% 风投具有政府背景，

30.98%风投具有行业专业性,49.48%风投采用联合投资的形式。企业规模均值为16.4429,相比于企业规模的差距,企业年龄的差距较大,成立最久的公司已有53年历史,也有新成立的公司,仅有2年的历史,体现出新三板挂牌的包容性,企业年龄均值为11.7977,新三板生物医药企业的平均年龄与战略性新兴产业的发展时间基本一致。随着新三板的不断推进,生物医药的企业挂牌数从2012年的不足10家增长到2018年的466家。资产负债率行业均值为36.26%,最高为86.93%,最低为2.27%。资本固化率均值为72.92%、净资产收益率为9.56%、总资产周转率为83.75%,样本企业均有明显差距。

表4-1　　　　　　　　　　　主要变量描述性统计

变量	符号	均值	标准差	最小值	最大值
主营业务收入增长率	*Growth*	0.2742	0.5332	-0.0699	3.0185
风险投资介入	*VC*	0.2279	0.4195	0	1
政府背景风投	*VC_gov*	0.3804	0.4860	0	1
专业化风投	*VC_spec*	0.3098	0.4628	0	1
联合投资	*VC_union*	0.4948	0.5004	0	1
企业规模	*Size*	16.4429	0.9972	14.3610	19.0112
企业年龄	*Age*	11.7977	5.7673	2	53
资产负债率	*Lev*	0.3626	0.2401	0.0227	0.8693
资本固化率	*Cir*	0.7292	0.6162	0.0187	3.5091
净资产收益率	*Roe*	0.0956	0.2025	-0.6559	0.6829
总资产周转率	*Totc*	0.8375	0.5352	0.0216	2.8327

资料来源:笔者整理。

　　进一步对样本分有风投支持和无风投支持分别进行统计,具有风险投资支持的企业主营业务收入增长率均值为29.74%,而无风险投资参与的企业主营业务增长率为 26.75%，说明风险投资支持的企业主营业务收入增长率均值大于无风投介入的企业，从这个指标上可以看出获得风险投资企业有更好的成长性。

二、基准回归结果

在进行基准回归前，首先对主要变量进行 Pearson 系数检验，结果如表 4－2 所示。核心解释变量 *VC* 与被解释变量的相关系数为 0.0233，控制变量与被解释变量的相关系数也均低于 0.3，变量之间的相关系数也均低于 0.3，可以认为模型中的多重共线性问题影响较小，能用来分析风险投资对新兴产业的影响。利用方差膨胀检验计算得出 VIF 值为 1.44，进一步验证了模型不具有多重共线性问题。

表 4－2　　　　　　　　　主要变量的 Pearson 系数检验

变量	Growth	VC	Size	Age	Lev	Cir	Roe	Totc
Growth	1.0000							
VC	0.0233	1.0000						
Size	0.1140	0.2339	1.0000					
Age	-0.1457	-0.0131	-0.2236	1.0000				
Lev	0.0210	-0.0508	-0.1687	0.0549	1.0000			
Cir	0.0182	-0.0244	-0.2020	0.0208	0.6018	1.0000		
Roe	0.1573	-0.0102	-0.1390	0.0641	-0.0142	-0.1429	1.0000	
Totc	0.1564	-0.1324	0.1495	-0.0785	0.1951	-0.2288	0.2317	1.0000

资料来源：笔者整理。

采用随机效应模型和固定效应模型对模型（4－1）分别进行分析，结果如表 4－3 所示。Hausman 检验结果发现拒绝原假设，选用固定效应模型更为可靠。固定效应回归结果显示，风险投资介入对新兴产业的成长有显著的正向作用，回归系数为 0.0871，在 1% 的水平上显著。风险投资的介入会提高企业的主营业务收入，一方面是风投的资金支持、技术创新和资源配置的能力，使得处于新兴产业中的企业有更多的资金用于研发，提高技术创新能力，风投也能协助企业进行技术成果的转化，实现产业化。另一方面，风险投资对产业中不同发展阶段的项目进行投资，加速产业整体技术创新及应用，企业间也更容易形成战略联盟，由此获得更好的成长性。从而假说 4 - 1 得到验证。

表 4 - 3 风险投资对新兴产业成长性的回归结果

因变量	模型（1）	
	固定效应模型	随机效应模型
VC	0.0871 *** （3.11）	0.1024 *** （2.91）
Size	0.0656 *** （5.07）	0.0668 *** （4.51）
Age	- 0.0105 *** （- 5.19）	- 0.0108 *** （- 4.38）
Lev	- 0.1201 （- 1.52）	- 0.1268 （- 1.48）
Cir	0.1092 *** （4.26）	0.1250 *** （4.45）
Roe	0.4107 *** （6.62）	0.4970 *** （7.74）
Totc	0.1226 *** （4.77）	0.1774 *** （5.98）
年份	控制	控制
R^2	0.0681	0.0771
N	2111	2111

注：* 、** 和 *** 分别表示在 10%、5% 和 1% 的水平上显著，括号内为 t 值。
资料来源：笔者整理。

从控制变量的回归结果来看，企业规模越大，成长性越高。因为企业规模越大，资金越雄厚，有利于企业主营业务收入的增长。企业年龄越长，对企业主营业务收入具有显著的负向影响，这可能与新三板的结构有关系，一些企业年龄较长的企业并没有显示出较高的成长性。资产负债率与企业的主营业务收入呈反向的关系，但不显著。说明负债率越高，对企业的创新投入和成果转化都会有一定的抑制作用，从而影响企业主营业务收入增长。资本固化率、净资产收益增长率和总资产周转率都对企业的主营业务收入有显著的正向作用。

三、异质性回归结果分析

表4-4报告异质性回归结果。式（4-2）分组回归，政府背景风投回归系数为0.1326，在1%的水平上显著，无政府背景风投回归系数为0.0325，系数不显著，显示出相对于无政府背景的风投，政府背景对新兴产业成长具有更好的促进作用，假说4-2得到验证。这也与政府背景风投目标相一致，其资金来源方式与非政府背景风险投资机构不同，其自身业绩的考核与无政府背景风险投资机构也有着很大的区别，通常会从产业角度出发，做出更为明确的规划，连接产业链上下游企业，提高被投资企业成长的同时促进产业链的有效链接和产业集聚。

表4-4　　　　风险投资异质性与新兴产业成长性回归结果

变量	模型（2）		模型（3）		模型（4）	
	有政府背景	无政府背景	专业化风投	非专业风投	联合投资	非联合投资
VC_gov	0.1326*** (3.31)	0.0325 (0.97)				
VC_spec			0.1109** (2.52)	0.0554* (1.73)		
VC_union					0.0791** (2.15)	0.0663* (1.87)

变量	模型（2）		模型（3）		模型（4）	
	有政府背景	无政府背景	专业化风投	非专业风投	联合投资	非联合投资
Size	0.0585 *** (4.67)	0.0581 *** (4.50)	0.0575 *** (4.59)	0.0604 *** (4.69)	0.0621 *** (4.80)	0.0571 *** (4.55)
Age	− 0.0108 *** （− 5.34）	− 0.0108 *** （− 5.29）	− 0.0106 *** （− 5.23）	− 0.0108 *** （− 5.31）	− 0.0109 *** （− 5.35）	− 0.0106 *** （− 5.22）
Lev	− 0.1381 * （− 1.77）	− 0.1209 （− 1.55）	− 0.1366 * （− 1.75）	− 0.1170 （− 1.50）	− 0.1169 （− 1.50）	− 0.1292 （− 1.66）
Cir	0.1062 *** （4.16）	0.1041 *** （4.06）	0.1067 *** （4.17）	0.1047 *** （4.09）	0.1042 *** （4.08）	0.1062 *** （4.15）
Roe	0.4168 *** （0.0621）	0.4018 *** （6.46）	0.4079 *** （6.57）	0.4048 *** （6.51）	0.4078 *** （6.56）	0.4039 *** （6.50）
Totc	0.1201 *** （4.68）	0.1169 *** （4.55）	0.1203 *** （4.68）	0.1175 *** （4.58）	0.1171 *** （4.56）	0.1195 *** （4.64）
年份	控制	控制	控制	控制	控制	控制
R^2	0.0687	0.0643	0.0667	0.0652	0.0659	0.0654
N	2111	2111	2111	2111	2111	2111

注：*、**、***分别表示在10%、5%、1%的水平上显著，括号内为 t 值。
资料来源：笔者整理。

式（4－3）的回归结果显示，专业化风投对企业成长性的回归系数为 0.1109，在 5% 的水平上显著，非专业化风投对企业成长性的回归系数为 0.0554，同样在 10% 的水平上显著，比较而言，专业化的风险投资对企业成长的促进作用更大，假说 4－3 得到验证。专业化程度越高，对产业发展的方向有更为精准的把握，也有更多的专业资源能促进企业成长，从而促进新兴产业发展。

式（4－4）分组回归结果显示，联合投资的回归系数为 0.0791，在 5% 的水平上显著，非联合投资的回归系数为 0.0663，在 10% 的水平上显著，假说 4－4 得到验证，联合投资与单一投资相比，能更好地促进企业成长。究其原因，相对于单一投资来说，联合投资能扩大资源共享的范围，能为企业提供更多的人才、技术、市场等方面的支持，形成推动产业发展的重要外部力量。

四、稳健性检验

模型设定中潜在不足是样本自选择导致的内生性问题。因为风险投资是否投资某家企业受企业特征因素的影响，风险投资投资某家企业并不是随机的，存在着自选择效应。自选择问题的存在，使得回归结果可能是有偏的。因此，使用倾向值匹配法（PSM）进行稳健性检验。具体过程：首先选取企业年龄、企业规模和资产负债率等方面指标，对每一个有风险投资背景的样本企业观测值，估算其被风险投资参与的倾向得分，其次根据最近邻匹配原则为每一个有风险投资支持的企业寻找无风险投资支持的企业作为配对样本，以配对样本可重复的原则，有 100 家企业能找到配对样本。据此为基准回归模型进行估计，结果如表 4 - 5 所示，风险投资的回归系数为 0.1178，在 1% 的水平上显著，可见前面的实证结论不受影响。除此之外，本书利用风投的滞后一期替换风投变量，回归结果为 0.0799，在 1% 的水平上显著，表明实证结果具有稳健性。

表 4 - 5　　　　　　　　　　稳健性检验结果

变量	PSM 结果	VC 滞后一期
VC	0.1178 *** （3.23）	0.0799 *** （3.00）
Size	0.0638 *** （3.11）	0.0292 ** （2.27）
Age	- 0.0122 * （- 3.38）	- 0.0071 *** （- 3.71）
Lev	- 0.0706 （- 0.54）	- 0.1401 * （- 1.81）
Cir	0.1345 *** （2.94）	0.1349 *** （4.80）

续表

变量	PSM 结果	VC 滞后一期
Roe	0.3148 *** (3.04)	0.1133 *** (8.26)
Totc	0.2095 *** (4.15)	0.1867 *** (7.91)
年份	控制	控制
R^2	0.1214	0.0789
N	828	1638

注：*、**、***分别表示在10%、5%、1%的水平上显著，括号内为 t 值。
资料来源：笔者整理。

小　结

本章从融资约束机制、技术创新机制和资源整合机制三方面阐述风险投资促进新兴产业发展的作用机制，基于新三板生物医药企业2012～2018年的数据为样本，以企业成长性为代理变量，实证检验风险投资对新兴产业发展作用。结果表明：风险投资具有促进新兴产业成长的作用，且政府背景的风投与无政府背景的风投相比更具有产业促进作用。同样，专业化风险投资、联合风险投资也更能促进新兴产业的成长。

第五章

风险投资与新兴产业集聚

风险投资在空间上具有集聚特征，战略性新兴产业集群发展趋势也越发明显。从空间角度讨论风险投资与新兴产业集聚的关系，能更为全面地了解风险投资支持战略性新兴产业的状况。

第一节　理论分析与研究假设

一、风险投资与本地新兴产业集聚

20 世纪 30 年代，胡佛（Hoover，1937）最早提出产业集聚是指生产同类产品的企业，以及为之配套的上下游企业和相关服务业在某个特定地理区域内高度集中的现象，克鲁格曼（Krugman，1991）认为集聚是经济活动中最突出的地理特征。对于战略性新兴产业而言，集约集聚发展是其基本形式，当生产活动从几个环节或个体逐渐发展，最终形成一定数量的集中，集聚便从空间上形成。金融与产业的相关研究大多肯定了金融支持对产业集聚的正向作用。从金融结构的角度看，银行间接融资显著促进产业集聚，证券融资有利于产业集聚，而保险业没有发挥推进产业集聚的作用（马润平，2012）。从金融环境的角度看，周兵等（2014）的研究发现金融环境能够有效地发挥中间传导作用，促进产业集聚。从不同的金融功能看，金融具有支持创新功能，通过技术创新投入、转化和外溢等传导机制促进产业出口复杂度的提高（李玉山等，

2019），金融集聚驱动产业结构升级（张鹏等，2019），金融发展深化水平显著促进了产业结构升级，金融发展通过直接效应和技术进步的中介效应促进产业结构升级（李中翘等，2022）。

风险投资是一种特殊的金融活动，具有资本形成、资源配置和风险管理的金融功能，与银行等间接融资渠道相比，风险投资的优势在于对创新失败的高容忍度，对企业技术创新起到促进作用。风险投资具有本地投资偏好，出于交易成本和交易风险的考虑，通常会选择地理邻近的企业进行投资，以便更好地嵌入本地商业网络和企业家圈子（Berger et al.，2005），进而与区域产业发展建立连接。

当风险投资流向某一区域，为新兴产业发展提供了资金保障。新兴产业发展依托高新技术产业发展，需要有前沿性的科技成果与各行各业融合，引导产业从低端向高端迈进，必须有金融资本的强力支撑。多数风险投资采用有限合伙形式，将闲散的、追求高收益、具有较高风险容忍度的资金集中起来，通过风险投资家的项目筛选，投向具有较高发展潜力的科技型公司，将金融资本转化为实业资本（张玉华、李超，2014）。风险资本跨期资金配置的功能将短期资金转化为高新技术产业的发展所需的长期资金，支持企业研发、产品中试以及科技型成果的产业化。

提高技术创新能力是战略性新兴产业的重要支撑。技术创新提高劳动生产率，改变需求结构，引起产业部门的生产技术变革及催生新产业。主导产业的扩散效应推动相关产业技术能力提升，推动产业向高端化演进。风险投资具有发现新技术、支持技术创新的功能，凭借自身经验对被投企业所处行业发展有更全面的认知和预期，能够有效帮助企业掌握市场需求，形成竞争优势（陈思，2017）。在知识溢出和技术扩散下，风险投资对技术创新的促进作用由单个企业扩展到行业和区域，加速产业集聚。

风险投资具有高风险高收益特征，将能承受高风险的资金投向于创新项目，这些项目往往面临着较高的技术、市场等不确定性。风险投资的投资目的在于获得较高的退出收益，因而在整个投资过程中将合理配置资金和资源。风险投资通过发现新兴产业发展中蕴藏的投资机会，通过自身的分析和评估技术，识别出有增长潜力的企业进行投资（喜济峰、郭立宏，2012）；投后管理是风险投资投资程序中的重要环节，风险投资通过获取董事会席位等方式参与被投企业的管理，以确保资金的合理使用，达到资源的优化配置。专业化的投资也能避免项目投资的盲目性、低效性，从而在产业发展中达到资源的合理配置。

由于风险投资自身的活动特征，在为企业提供增值服务的同时，能为企业提供上下游产业链的服务，资金链、创新链和产业链的链接最终使得风险投资能够助力新兴产业整体能力的提升（杜传忠等，2012）。风险投资通常投资于地理距离较近的企业，降低搜寻成本和信息成本。地理距离的缩短使得风险投资对区域中的被投资企业能更好地监督与管理，降低风险投资与被投企业之间的信息不对称，增强彼此的信任，以此形成的网络关系能加固和扩大区域内企业形成上下游产业链及供应链。产业链纵向上，风险投资的资源优势推进企业之间的合作，有利于降低原材料和中间产品的采购风险及交易成本；产业链横向上，风险投资的信息优势有利于当地企业获取各种各样的外部信息。这种以产业关联为基础形成的集群降低企业经营风险，促进产业集聚发展。

综合以上分析，提出待验证的假说 5 - 1。

假说 5 - 1：风险投资促进本地新兴产业发展集聚。

二、风险投资与邻近地区新兴产业集聚

风险投资对本地区新兴产业发展产生正向的影响，因地理距离相近而对邻近地区新兴产业发展产生空间溢出效应。从风险投资的角度来看，当风险投资对本地区高新技术产业和新兴产业投资时，地理邻近的地区也可能成为风险投资的标的地。地理邻近降低了风险投资开展项目投资的搜寻成本，同时地理邻近提高了信息传递的质量，降低投融资双方的信息不对称，尤其是投资过程中需要的"软"信息，当风险投资家对信息源较为接近时，更容易获得相对准确的信息，降低投资风险（郑威、陆远权，2019）。从产业信息交流来看，风险投资为高新技术

产业和新兴产业发展提供资金支持及增值服务。本地区的技术创新投入、科技成果转化和项目的顺利产出，因知识溢出和技术扩散使得邻近地区同一产业的技术创新型企业或上下游企业首先获益，促进相关产业的创新能力提升。风险投资机构对高新技术的产业发展具有信号传递作用，在地理相近的情况下，邻近地区也会采用相同的政策进行模仿跟进，产业发展之间打破行政区域壁垒，产业之间的高度衔接和依赖促进了产业集聚。

另外，风险投资对本地区的投入可能导致邻近区域要素向本地区集聚。风险投资提升产业的创新能力，进一步调整产业结构各部分的比例。本地区产业的蓬勃发展将吸引邻近地区资本、人才和技术向本地区集聚，起到"虹吸效应"。创新要素向风险投资活跃的地区流动，随着产业创新要素的集聚将进一步吸引更多的风险投资在本地的集聚，形成风险投资与新兴产业的协同集聚。而这种要素的流动可能会引起邻近地区高新技术人才外流，技术创新能力提升减速，使得邻近地区的产业结构在较低的水平上持续，阻滞邻近地区的新兴产业集聚。提出两个竞争性假说。

假说 5 - 2a：风险投资对邻近地区新兴产业集聚具有促进作用。

假说 5 - 2b：风险投资对邻近地区新兴产业集聚具有抑制作用。

第二节　计量模型、变量与数据

一、计量模型

空间经济学认为，地区经济活动会对邻近地区产生影响。风险投资具有明显的空间集聚特征（成程，2019），战略性新兴产业同样表现出空间上的集聚。以新一代信息技术产业为例，国家发改委 2019 年公布的首批国家级战略性新兴产业集群主要分布于北部沿海经济区、东部沿海经济区、长江中游经济区等；工信部 2021 年公布的国家先进制造业集群名单中, 新一代信息技术产业先进制造业集群主要集中在南部沿海经济区、东部沿海经济区。因此, 一个省份新兴产业集聚可能会受到邻近省份风险投资和新兴产业集聚等变量的影响。传统的面板数据模型忽略了空间异质性和空间依赖性, 而空间效应模型将空间因素纳入模型中, 能全面反映风险投资对新兴产业集聚的作用。

常用的面板空间计量模型包括空间滞后模型 (SLM)、空间误差模型 (SEM) 和空间杜宾模型 (SDM)。相比而言, 空间杜宾模型综合考虑了解释变量和被解释变量的空间依赖性, 可避免残差自相关对回归结果的影响。本书构建空间杜宾模型进行实证分析, 公式如下:

$$y = \rho W y + \beta x + \delta W x + \varepsilon \qquad (5-1)$$

其中, ρ 为空间自回归系数, 衡量相邻地区新兴产业发展对本地新兴产业发展的影响。δW 表示相邻地区风险投资及其他控制变量对本地新兴产业发展的影响程度。β 表示本地风险投资及其他控制变量对本地新兴产业发展的影响。W 是空间权重矩阵。空间权重矩阵有邻接权重矩阵、地理距离矩阵和经济地理矩阵, 邻接矩阵衡量空间截面时仅考虑空间是否相邻, 地理距离矩阵以空间距离的远近来衡量空间截面之间的关系更符合现实。本节实证采用地理距离矩阵, 在稳健性检验中以经济地理矩阵进行回归。基于式 (5-1) 对杜宾模型设定如下:

$$y_{it} = \rho W y_{it} + \beta_i x_{it} + \delta \sum_{i=1}^{n} W x_{it} + \varepsilon_{it} \qquad (5-2)$$

式 (5-2) 中, i 表示省份, t 表示年份。

二、变量设定

被解释变量为新兴产业集聚 (ESI)。产业集聚的测度方法包括空间基尼系数、E-G 指数、区位熵等, 相比于其他两种方法, 区位熵能消除地区规模的差异, 其计算公式如下:

$$ESI_i = \frac{EP_i / P_i}{EP / P} \qquad (5-3)$$

式 (5-3) 中, EP_i、P_i 分别表示省份 i 新兴产业就业人数和全部就业人数，EP、P 分别表示全部省份新兴产业就业人数和全部就业人数。风险投资（VC）为核心解释变量。通常来讲，管理资本规模越大，本地区风险投资的活跃度越高，对本地区的投资也会越多。为消除异常值影响，采用取对数值的方法进行处理。

借鉴其他学者对新兴产业集聚影响因素的研究成果，选取以下控制变量：（1）政府干预程度（GOV）。用各省政府财政支出占 GDP 的比重表示。政府支出反映政府投入偏向，政府会分析产业政策，根据区域实际情况进行产业规划，设定特定产业发展目标。（2）对外开放水平（$OPEN$）。对外开放水平可以从产出效应、技术外溢效应和投资增长效应等多个层面对产业集聚产生影响。通过外商投资总额（单位为百万人民币，由当年人民币兑美元平均汇率换算得出）与地区生产总值的比值来衡量对外开放水平。（3）人力资本水平（HUM）。采用平均受教育年限来衡量。取各地区历年受过小学教育、初中教育、高中教育、大专及以上教育的人数，计算各不同教育水平人口数占人口总数的比例，然后分别乘以系数 6、9、12、16 后取加总值。

三、数据来源及描述性统计

选取 2009～2018 年中国 30 个省份（由于数据获取原因，不含西藏和港澳台地区）的数据进行研究，样本量为 300。风险投资的数据来源于历年的《中国创业投资发展报告》，新兴产业集聚计算所需的原始数据主要来源于历年的《中国高新技术产业年鉴》。主要原因在于目前我国缺失战略性新兴产业的专门统计数据，战略性新兴产业以高新技术产业为基础，保证了数据来源的可靠性。政府干预程度、对外开放水平和人力资本水平等其他变量的原始数据来源于国家统计局网站和各省统计年鉴，再经定义方法计算而成。

在对数据进行回归之前，先对数据进行描述性统计分析，如表 5 - 1 所示。新兴产业集聚均值为 0.8247，标准差为 0.9583，最小值为 0.0241，最大值为 4.3855，说明各区域间新兴产业集聚存在着不平衡，广东省新兴产业集聚年度均值最高，为 3.8408，第二是江苏省 3.2061，新疆维吾尔自治区最低，年度均值仅为 0.0544，数据表明部分省份新兴产业集聚规模较大，而部分省份的新兴产业尚未形成一定的集聚状态。风险投资规模的均值为 3.6071，标准差为 1.8570，最小值为 0，说明有地区在某一年度没有获得风投支持，最大值为 7.9722，地区间存在较大的差异。风投规模均值最大的是江苏省达到 7.1081，第二是广东省为 6.5891。控制变量政府干预程度、对外开放水平和人力资本水平的均值分别为 0.1557、0.2041 和 9.0091。

表 5-1　　　　　　　　　各变量描述性统计

变量	指标	均值	标准差	最小值	最大值
新兴产业集聚	ESI	0.8247	0.9583	0.0241	4.3855
风险投资	VC	3.6071	1.8570	0	7.9722
政府干预程度	GOV	0.1557	0.1118	0.0154	1.2727
对外开放水平	OPEN	0.2041	0.2197	0.0264	1.2069
人力资本水平	HUM	9.0091	0.9501	6.0839	12.5760

资料来源：笔者整理。

第三节　实证检验与结果分析

一、变量的相关系数检验

在进行回归之前，对系数进行相关性检验，结果如表 5-2 所示。此外，变量方差膨胀因子（VIF）值为 3.68，说明模型不存在多重共线性问题。

表 5 - 2　　　　　　　　　　　变量相关系数

变量	ESI	VC	GOV	OPEN	HUM
ESI	1.0000				
VC	0.6208 ***	1.0000			
GOV	0.2768 ***	0.4265 ***	1.0000		
OPEN	0.8164 ***	0.5503 ***	0.1221	1.000	
HUM	0.4517 ***	0.4318 ***	0.1160	0.6159 ***	1.000

注：*** 表示在 1% 的水平上显著。
资料来源：笔者整理。

二、空间自相关检验

空间自相关检验分析位置邻近的区域变量取值是否相似。在进行回归之前，对新兴产业发展变量进行 Moran's I 指数检验，检验变量是否存在空间相关性，确保使用空间计量方法的准确性。Moran's I 指数的计算公式如下：

$$I = \frac{\sum_{i=1}^{n} \sum_{j=1}^{n} W_{ij}(y_i - \bar{y})(y_j - \bar{y})}{S^2 \sum_{i=1}^{n} \sum_{j=1}^{n} W_{ij}} \qquad (5-4)$$

式（5 - 4）中，S^2 表示样本方差，y_i，y_j 表示省份 i 和 j 的观测值，W_{ij} 为空间权重矩阵。Moran's I 指数的取值在 [- 1，1] 之间。当 Moran's I 指数大于 0 时表现为空间正相关，Moran's I 小于 0 时表现为空间负相关，Moran's I 指数等于 0 时不存在空间相关性。表 5 - 3 是基于地理距离空间权重矩阵的全局 Moran's I 指数，可以看出，2009 ~ 2018 年新兴产业发展 Moran's I 指数均大于 0，表明新兴产业发展之间存在显著的正向空间关系，各地区新兴产业发展在空间上不是随机的，具有一定的变化规律，呈现出高值与高值、低值与低值相邻的空间聚集状态。

表 5-3　　　　2009~2018 年新兴产业集聚的 Moran's I 值

年份	Moran's I 值	P 值	Z 值
2009	0.136	0.063	1.533
2010	0.181	0.028	1.909
2011	0.177	0.030	1.877
2012	0.172	0.035	1.815
2013	0.189	0.025	1.968
2014	0.150	0.052	1.630
2015	0.151	0.050	1.643
2016	0.229	0.043	1.722
2017	0.157	0.043	1.717
2018	0.181	0.027	1.923

资料来源：笔者整理。

表 5-4 分析了 2009~2018 年风险投资规模的 Moran's I 值，历年的 Moran's I 值均大于 0，且统计意义上显著，表明新兴产业集聚呈现空间正相关性，呈现出高值与高值、低值与低值相邻的空间聚集状态。因此，新兴产业集聚、风险投资规模均具有显著的空间关联性，地理空间上的扩散效应值得重视。

表 5-4　　　　2009~2018 年风险投资的 Moran's I 值

年份	Moran's I 值	P 值	Z 值
2009	0.176	0.012	2.263
2010	0.214	0.004	2.646
2011	0.227	0.003	2.776
2012	0.242	0.002	2.945
2013	0.210	0.004	2.632
2014	0.161	0.018	2.103
2015	0.109	0.061	1.547

年份	Moran's I 值	P 值	Z 值
2016	0.130	0.038	1.771
2017	0.143	0.029	1.901
2018	0.132	0.037	1.781

资料来源：笔者整理。

三、风险投资对新兴产业集聚的总效应

首先对面板数据进行回归，其次利用空间计量模型回归。Wald 检验和 LR 检验均拒绝原假设，表明空间杜宾模型不能退化为空间自相关模型和空间误差模型，采用空间杜宾模型是合理的。回归前先进行 Hausman 检验，普通面板模型和空间杜宾模型都在 1% 显著性水平下拒绝随机效应的原假设，所以选择固定效应模型进行回归。

比较表 5–5 中面板回归结果和空间杜宾回归结果可以看出，R^2 分别为 0.3994 和 0.4227，空间杜宾模型回归结果要好于普通面板回归。空间自相关系数 ρ 为 0.015，且通过 1% 的显著性检验，说明新兴产业集聚存在显著的空间溢出，相邻地区新兴产业集聚也会影响本地区新兴产业集聚，也充分证明了空间杜宾模型的分析比面板回归更为有效。

表 5–5   风险投资对新兴产业集聚的影响

变量	面板回归结果	空间杜宾模型
VC	0.054 *** （0.015）	0.051 *** （0.012）
GOV	0.000 （0.952）	0.013 （0.113）
OPEN	1.304 *** （0.438）	1.116 *** （0.109）
HUM	0.023 （0.028）	0.028 （0.034）

变量	面板回归结果	空间杜宾模型
ρ		0.015*** (0.001)
$W(VC)$		0.013 (0.021)
$W(GOV)$		0.090 (0.135)
$W(OPEN)$		0.537*** (0.198)
$W(HUM)$		−0.384 (0.040)
R^2	0.3994	0.4227
对数似然值		197.7711

注：*** 表示在 1% 的水平上显著，括号里的数值为标准误。
资料来源：笔者整理。

　　根据空间杜宾模型的回归结果，风险投资规模对新兴产业集聚的回归系数是 0.051，在 1% 的水平上显著，说明风险投资对本地区新兴产业集聚产生显著的正向影响，假说 5 - 1 得到验证。风险投资规模越大，支持创新的资金效应越显著，能促进新兴产业的技术创新，也促进新技术在传统产业的推广应用，进而提升技术改进和创新的能力。同时，风险投资的运作会促使资本从低产出部门流向高产出部门，对本地区产业内部资源效率和产业协调性进行调整，吸收更多的新兴产业在本地区集聚。邻近地区的风险投资规模扩大，对本地区新兴产业集聚的回归系数为正，但不显著。

　　从控制变量的回归结果看，政府干预对新兴产业的回归系数为 0.013，表明政府干预对新兴产业发展具有促进作用，但不显著。政府加入财政投入，把握产业政策方向，能提高劳动生产率，加速高技术人才的汇聚，推动技术创新，促进新兴产业的集聚。对外开放水平的回归系数为 1.116，在 1% 的水平上显著。表明对外开放增加了本国与国外的交流，通过引进、消化和吸收，从最初的模仿创新到自主创新，区域的产业结构水平向高端发展。人力资本对新兴产业发展的影响系数为0.028，但不显著，人力资本能通过提升劳动力素质，促使需求结构改变消费品需求影响产业发展前景，促使企业改善技术能力推动产业集聚发展，但这种作用力还不强。

四、空间溢出效应分析

由于空间杜宾模型同时包含解释变量和被解释变量的空间滞后项，解释变量的空间滞后项具有反馈效应，导致模型中各空间滞后项的参数估计值并不能准确地反映出解释变量对被解释变量的影响。因此，借助空间回归模型的偏微分方法，将风险投资对新兴产业集聚的空间溢出效应分解为直接效应、间接效应，以更好地反映解释变量对被解释变量的影响。

表 5 - 6 报告了风险投资和控制变量空间效应的分解结果。其中，直接效应代表着变量对本地区的影响，而间接效应代表着变量对邻近地区的影响。

表 5 - 6 　　　　　　　　　　　空间效应分解

变量	ESI		
	总效应	直接效应	间接效应
VC	0.067 *** (0.012)	0.052 * ** (0.012)	0.015 *** (0.029)
GOV	0.107 (0.122)	0.008 (0.108)	0.009 (0.137)
OPEN	1.735 *** (0.176)	1.169 *** (0.103)	0.566 *** (0.181)
HUM	0.043 (0.032)	0.003 (0.032)	0.039 (0.042)

资料来源：笔者整理。

如表 5-6 所示，风险投资规模对新兴产业集聚影响的总效应、直接效应和间接效应均为正，系数分别为 0.067、0.052 和 0.015，均在 1% 的水平上显著。这意味着风险投资规模扩大，不仅会促进本地区新兴产业集聚，也会促进邻近地区的新兴产业集聚，假说 5-2a 得到验证。风险投资的本地效应是对邻近地区效应的 3.46 倍，说明风险投资规模每提高 1%，对本地新兴产业集聚作用是对邻近地区新兴产业集聚作用的 3.46 倍，原因在于风险投资增加对本地高新技术和新兴产业的支持，会直接引致产业发展，对于邻近地区的影响需要通过知识溢出、技术溢出等间接发生作用。根据空间效应模型分析，直接效应并不等于它们对应的估计系数，其中包含空间反馈效应的影响，即风险投资引起邻近地区的新兴产业集聚，邻近地区又反作用于本地区新兴产业集聚。

五、稳健性检验

本书从两方面进行稳健性检验：一是采用经济地理矩阵替代地理距离矩阵，观察空间权重矩阵的选择对结果的影响；二是采用风险投资机构数替代风险投资规模进行分析，结果如表 5-7 所示。结果表明，本地区的风险投资会促进本地区和邻近区域的新兴产业集聚，不管是替代空间权重矩阵还是替代核心解释变量，估计系数和直接效应、间接效应的结果都显著为正，说明结果是稳健可信的。

表 5-7　　　　　　　　稳健性检验结果

变量	经济地理矩阵结果				风险投资机构数结果			
	SDM 模型	总效应	直接效应	间接效应	SDM 模型	总效应	直接效应	间接效应
VC	0.058 *** (0.012)	0.058 *** (0.012)	0.033 ** (0.016)	0.024 *** (0.009)	0.001 *** (0.000)	0.001 *** (0.000)	0.001 *** (0.000)	0.000 *** (0.000)
GOV	0.062 (0.112)	-0.121 (0.366)	0.052 (0.105)	-0.173 (0.367)	0.071 (0.104)	0.382 *** (0.133)	0.299 ** (0.146)	0.082 (0.096)
OPEN	1.270 *** (0.106)	2.202 *** (0.721)	1.305 *** (0.101)	0.897 (0.709)	1.263 *** (0.108)	1.724 *** (0.321)	1.297 *** (0.104)	0.427 (0.294)

续表

变量	经济地理矩阵结果				风险投资机构数结果			
	SDM 模型	总效应	直接效应	间接效应	SDM 模型	总效应	直接效应	间接效应
HUM	0.014 (0.034)	0.012 (0.032)	0.067 (0.071)	-0.055 (0.068)	0.007 (0.028)	0.051 (0.034)	0.008 (0.026)	0.043 (0.039)
R²	0.364				0.510			
ρ	0.423 *** (0.127)				0.282 ** (0.082)			
对数似然值	198.548				231.633			

注：** 、*** 分别表示在5%、1%的水平上显著，括号里的数值为标准误。
资料来源：笔者整理。

小　结

本章从空间效应视角分析风险投资对新兴产业集聚的影响。在理论分析风险投资对本地和邻近地区新兴产业集聚的基础上，选取2009～2018年中国30个省级单位的面板数据，利用空间杜宾模型研究风险投资对新兴产业发展的影响。研究发现：风险投资能够显著促进新兴产业集聚，并且通过空间溢出效应对邻近区域的新兴产业集聚产生促进作用。

第六章

风险投资与新兴产业创新

风险投资的本质在于通过对技术创新的挖掘，承担高风险，追求高收益。战略性新兴产业的成长离不开创新动力，因此本章从产业创新视角讨论风险投资的作用，以技术创新为核心开展理论分析和中介效应检验。

第一节　理 论 分 析

风险投资的初衷为具有良好发展前景的初创企业提供资金和增值服务（陆瑶等，2017），在帮助企业成长的过程中促进研发投入，加速成果转化和新技术、新产品的问世。美国信息、电子、通信等产业的发展历程表明风险投资是新兴产业发展的孵化器和助推器，获利微薄的新兴产业在风险投资的孕育下快速成长为支柱产业。同时，风险投资将高新技术引入传统产业，引发传统产业的链式反应，原有的市场均衡在新兴产业的发展下被打破，形成战略性新兴产业链，提高产业整体的竞争实力。

风险投资与技术创新的研究由来已久。科图姆和勒纳（2000）研究发现风险投资支持的企业获得更高的专利产出和专利引用率。一些不同国家微观样本也证实了风险投资与企业技术创新之间的正向作用（Engel et al.，2007；Chemmanur et al.，2011）。同样，学者们的研究发现风险投资能提升行业技术创新能力。具有技术筛选和识别能力的风险资本集中于某行业时，加深了对行业发展的认识，能有效把握行业的技术创新的市场需求，为技术创新降低风险，激发创新动力，最终形成行业的技术创新优势。风险投资推动企业制定新产品方案和市场战略，位于同一行业的企业以新产品成为介质，通过学习模仿改进现有技术，开发新技术，行业技术创新能力得以提升（Görg & Greenaway，2004）。风险投资也会通过知识溢出和技术扩散推动行业上下游的合作，推动不同行业的技术创新。

技术创新是新兴产业发展的核心驱动力。安德森和塔什曼（Anderson & Tushman，1990）构建技术变革循环模型，分析循环过程中技术创新—技术突破—产业跨越式发展的机制。国内学者从改善区域产业结构、供需结构、提升劳动生产率和管理效率等方面阐述技术创新促进新兴产业发展的途径（张晖明、丁娟，2004；江三良、纪苗，2019）。也有部分学者基于我国区域差异的客观现实，分析区域技术创新对新兴产业发展的影响。昌忠泽等（2019）通过实证检验发现技术创新显著推动东部和东北部地区新兴产业发展，而中西部地区较少的创新存量和增量成为制约新兴产业快速发展的重要因素。

风险投资通过促进企业技术创新作用于新兴产业发展。风险投资依据其独特的技术甄别能力和风险管理手段，发挥技术筛选的功能。勒纳（1994）认为风险投资的网络资源能为风投决策提供更多信息资源，通过风险资本家、企业家建立多层网络连接，可以筛选出更好的技术解决方案。鲍姆和西尔弗曼（Baum & Silverman，2004）指出，风险投资在筛选被投对象时会着重考察企业的创新能力和技术优势，选择有潜力的初创企业进行投资。因此，风险投资能促使一项特定技术发展为主导技术，有风险投资支持的技术最有可能成为产业发展过程中的主导技术。

风险投资为技术创新提供资金支持。资本是连接金融部门和产业部门的"润滑剂"。如果没有资金支持,经济主体无法将创意转为现实的产品,传统产业也无法开展升级改造,资金支持的缺失制约研发投入,科技成果向市场转化成功率不高。企业融资理论揭示外源融资对企业发展的重要性。风险投资高风险高收益的特征与科技创新初期弱质性、中长期高成长性特征相匹配,能为产业发展提供资金,缓解其发展不同阶段融资约束。因此,风险投资通过资金运用纾解新兴产业发展过程中长期资本的缺失,支持产业研发、中试及市场化。

风险投资具有技术创新集聚功能。风险投资机构的增值效应体现在为创新主体提供获取外部资源的集成平台,帮助创新主体招聘合适人才,把握创新的市场需求,降低技术、组织、市场不确定性,实现资源优化配置(Park & Steensma,2012)。另外,风险投资的介入为新兴产业中不同企业搭建沟通交流渠道,产业上下游之间渗透和联动加强,能加快产业创新要素在产业链上集聚,激发产业创新能力,增强产业核心竞争力(刘娥平等,2018)。技术进步引起各产业部门的生产技术变革,在主导产业扩散效应的作用下推动相关产业向高端化发展。

新兴产业发展依托于落后生产技术的淘汰、高新技术产业的发展壮大,技术创新是新兴产业发展的核心动力。新旧动能转化时期,培育企业自主创新能力,形成高新技术产业的竞争优势,才能实现新兴产业发展。风险投资偏好高成长性,通过技术筛选、资金支持和资源集聚,提高技术创新活动成功概率,增加创新主体的创新意愿和投入,为新兴产业发展创造基础性支撑。风险投资具有技术扩散、知识溢出以及空间集聚特征,使得企业技术创新在中观上呈现出区域技术创新能力的提升,这一质变将有效促进新兴产业发展。因此,将风险投资、技术创新和新兴产业发展纳入统一的框架,风险投资对新兴产业发展具有直接效应,且技术创新在风险投资和新兴产业发展两者之间承担着中介效应。三者关系如图6-1所示。

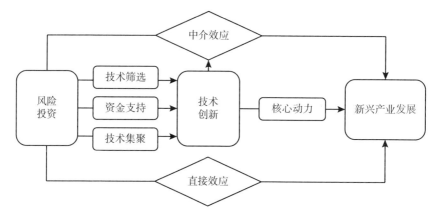

图 6 - 1　技术创新的中介效应

资料来源：笔者绘制。

第二节　研究设计

一、模型设计

基于上述分析，本节讨论风险投资对新兴产业发展的影响及技术创新的中介作用。考虑到我国幅员辽阔，不同地区具有不同的资源禀赋和行政效率，因此除了从全国层面进行总体分析外，将样本分成东、中、西部 3 个区域做进一步分析①，以得出更有针对性的结论。

首先，讨论风险投资对新兴产业发展的影响。影响新兴产业发展因素众多，在控制政府干预程度、对外开放水平、人力资本水平等变量基础上，构建基准回归模型如式（6 - 1）所示。

$$ESI_{it} = \beta_0 + \beta_1 VC_{it} + \sum_{j=2}^{4} \beta_j X_{j\ it} + \varepsilon_{it} \qquad (6-1)$$

---

① 东部：北京、天津、河北、辽宁、上海、江苏、浙江、福建、山东、广东和海南 11 个地区；中部：山西、吉林、黑龙江、安徽、江西、河南、湖北、湖南 8 个地区；西部：四川、重庆、贵州、云南、陕西、甘肃、青海、宁夏、新疆、广西、内蒙古 11 个地区（西藏因数据不全未包含在内）。

式（6-1）中，ESI 为新兴产业发展变量，VC 为风险投资变量，X 为控制变量，i 表示省（区、市），t 表示年份，ε 表示随机扰动项。

其次，为了检验风险投资是否通过技术创新（TEL）促进新兴产业发展，本书参照温忠麟和叶宝娟等（2014）的方法建立中介效应模型如下：

$$ESI_{it} = \beta_0 + \beta_1 VC_{it} + \sum_{j=2}^{4} \beta_j X_{j\ it} + \varepsilon_{0it} \qquad (6-2)$$

$$TEL_{it} = \alpha_0 + \alpha_1 VC_{it} + \sum_{j=2}^{4} \alpha_j X_{j\ it} + \varepsilon_{1it} \qquad (6-3)$$

$$ESI_{it} = \eta_0 + \eta_1 VC_{it} + \eta_2 TEL_{it} + \sum_{j=3}^{5} \eta_j X_{j\ it} + \varepsilon_{2it} \qquad (6-4)$$

上述方程中，式（6-2）表示风险投资对新兴产业发展的总效应，β_1 表示总效应的大小，如果 β_1 显著，表明风险投资对新兴产业发展存在总体的影响。式（6-3）反映风险投资对技术创新的影响效应，以 α_1 来衡量风险投资对技术创新的影响大小。式（6-4）中的系数 η_2 表示在控制解释变量的影响后技术创新对新兴产业发展的效应，η_1 表示在控制中介变量的影响后风险投资对新兴产业发展的直接效应，将式（6-3）代入式（6-4）可以得到技术创新对新兴产业发展的中介效应 $\alpha_1 \eta_2$，即风险投资通过技术创新的中间传导对新兴产业发展的影响程度，这是用以判断技术创新中介效应的关键系数。

根据温忠麟和叶宝娟（2014）提出的判断准则：如果 α_1 和 η_2 均显著，表明在风险投资对新兴产业发展过程中存在技术创新的中介效应，接着判断 η_1 的显著性，η_1 不显著则存在完全中介效应；η_1 显著则存在部分中介效应，中介效应大小为 $(\alpha_1 \cdot \eta_2)/(\eta_1 + \alpha_1 \cdot \eta_2)$。如果 α_1 和 η_2 至少有一个不显著，采用 Sobel 统计量检验中介效应是否显著，统计量计算公式为 $Z = (\alpha_1 \cdot \eta_2)/(\alpha_1^2 \cdot S_2^2 + \eta_2^2 \cdot S_1^2)^{1/2}$，其中，$\alpha_1$ 和 η_2 是技术创新在式（6-3）和式（6-4）的回归系数，S_1 和 S_2 分别是 α_1 和 η_2 的标准误。

二、变量选择

1. 被解释变量为新兴产业发展（ESI）

由于战略性新兴产业概念提出时间较短，我国还未形成系统、权威的战略性新兴产业的统计资料，同时考虑战略性新兴产业是以高新技术产业为基础。因此，从《中国高新技术统计年鉴》选取样本作为战略性新兴产业的营业收入规模。

2. 核心解释变量为风险投资（VC）

现有文献大多设置风险投资有无对企业投资的虚拟变量来分析风险投资的介入对企业技术创新、企业绩效的影响。本书从中观层面分析风险投资的作用，通过手工整理历年《中国创业投资发展报告》，获得除西藏外30个省份风投管理资本规模，衡量区域风险投资规模。

3. 中介变量为技术创新（TEL）

技术创新包含创新投入和创新产出。从区域层面看，R&D经费投入、R&D人员全时当量是常用的衡量创新投入的指标，专利授权数、新产品销售收入和技术市场成交额常用以衡量创新产出。本书研究的是风险投资对新兴产业发展的影响，从产出角度来衡量技术创新能更准确地刻画出风险投资、技术创新、新兴产业发展之间的逻辑关系。因此，选用每万人专利授权量衡量地区技术创新水平。

4. 控制变量

借鉴其他学者对新兴产业发展影响因素的研究成果，本书选取了以下控制变量。

（1）政府干预程度（GOV）。用各地政府财政支出占GDP的比重表示。政府支出反映政府投入偏向，政府会分析产业政策，根据区域实际情况进行产业规划，设定特定产业发展目标。

（2）对外开放水平（OPEN）。对外开放可以从产出效应、技术外溢效应和投资增长效应等多个层面影对新兴产业发展产生影响。本书通过外商投资企业投资总额（单位为百万人民币，由当年人民币兑美元平均汇率换算得出）与地区生产总值的比值来衡量对外开放水平。

（3）人力资本水平（*HUM*）。采用平均受教育年限来衡量。取各地区历年受过小学教育、初中教育、高中教育、大专及以上教育的人数，计算各不同教育水平人口数占人口总数的比例，然后分别乘以系数6、9、12、16后取加总值。高技术劳动力从低生产率部门转向高生产率部门，促进新兴产业的聚集，从而推动促进新兴产业发展。

三、数据来源

选取2009～2018年中国30个省级行政单位（由于数据获取原因，不含西藏自治区和港澳台地区）的平衡面板数据作为样本，样本总量为300份。风险投资的数据来源于历年《中国创业投资发展报告》，新兴产业发展数据来源于历年《中国高新技术统计年鉴》，部分缺失数据用插值法补齐。技术创新、政府干预程度、对外开放等指标所需的原始数据来源于国家统计局网站和各省统计年鉴。本书对非比值和未标准化的数据进行对数处理以减少异方差对估计结果的影响。

第三节　实证结果分析

一、数据描述性统计

在对数据进行回归之前，先对数据进行描述性统计分析，如表6-1所示。新兴产业发展均值为7.1048，标准差为1.7455，对数最小值为2.7080，最大值为10.7525。当前，中国新兴产业发展规模存在区域性的差异。30个省市中2018年战略性新兴产业规模最大的是广东省，营业收入为46747.47亿元，其次是江苏省，战略性新兴产业营业收入规模是26159.56亿元，最小的是陕西省，营业收入为39.17亿元。风险投资管理资本规模均值为3.6071，区域间具有明显差距，最大值为7.9722，最小值为0。2018年风险投资规模排在前列的省市分别为北京市、江苏省、广东省。以万人专利数量衡量的技术创新水平均值为

8.5928，标准差达到10.6085，说明区域技术创新能力差距巨大，万人专利数量最高的是北京市。政府干预程度、对外开放水平、人力资本水平均为新兴产业发展的重要因素，不同区域之间存在一些差异，均值分别为0.1557、0.2041和9.0091。

表6-1 各变量描述性统计

变量	指标	均值	标准差	最小值	最大值
新兴产业发展	*ESI*	7.1048	1.7455	2.7080	10.7525
风险投资	*VC*	3.6071	1.8570	0	7.9722
技术创新	*TEL*	8.5928	10.6085	0.4689	57.3333
政府干预程度	*GOV*	0.1557	0.1118	0.0154	1.2727
对外开放水平	*OPEN*	0.2041	0.2197	0.0264	1.2069
人力资本水平	*HUM*	9.0091	0.9501	6.0839	12.5760

资料来源：笔者根据历年《中国高新技术统计年鉴》《中国创业投资发展报告》整理。

二、变量的相关性分析

为避免多重共线性造成模型估计失真，对主要变量进行 Pearson 系数检验，结果如表6-2所示。被解释变量和解释变量的相关性在0.378~0.662，解释变量间的相关系数小于0.73，说明不存在多重共线性对模型估计系数的影响。利用方差膨胀检验计算得出 VIF 为1.66，进一步证明模型不存在多重共线性问题。

表6-2 Pearson 系数相关性分析

变量	*ESI*	*VC*	*TEL*	*GOV*	*OPEN*	*HUM*
ESI	1.000					
VC	0.662 ***	1.000				
TEL	0.608 ***	0.723 ***	1.000			
GOV	0.378 ***	0.427 ***	0.296 ***	1.000		

变量	*ESI*	*VC*	*TEL*	*GOV*	*OPEN*	*HUM*
OPEN	0.536 ***	0.550 ***	0.666 ***	0.122	1.000	
HUM	0.445 ***	0.432 ***	0.618 ***	0.116	0.616 ***	1.000

注：*** 表示在1%的水平上显著。
资料来源：笔者整理。

三、基准回归结果

根据 Hausman 检验结果采用固定效应模型对样本进行估计，并用稳健标准误进行修正。表6－3报告了风险投资对新兴产业发展影响的基准回归结果。第（1）列为不加控制变量的回归结果，风险投资对新兴产业发展的回归结果为0.350，在1%的水平上显著。第（2）列为加入政府干预、对外开放和人力资本水平后的回归结果，系数为0.138，在1%的水平上显著。模型的拟合程度相较第（1）列有明显的提高。结果表明风险投资规模的提升能够促进新兴产业发展。风险投资规模的提升，为地区带来金融资源，为产业部门发展提供直接的资金支持。这一具有识别能力的高风险金融资本，以独特的甄别手段和盈利模式向具潜力的初创企业提供资金支持并获得股权，解决创业企业的资金问题，加速了新兴产业的发展和传统产业的改造，具有的信号效应和资源配置效应促进资金从落后产业部门向具潜力的产业部门集中，促进新兴产业发展。

表6－3　　　　　　风险投资影响新兴产业发展的基准回归结果

变量	*ESI* （1）	*ESI* （2）
VC	0.350 *** （0.074）	0.138 *** （0.040）
GOV		0.217 （0.427）

变量	*ESI* （1）	*ESI* （2）
OPEN		1. 195 *** （0. 271）
HUM		0. 993 *** （0. 095）
常数项	5. 842 *** （0. 266）	- 2. 707 *** （0. 791）
R²	0. 2385	0. 6497
N	300	300

注： *** 表示在1% 的水平上显著，括号里的数值为标准误。
资料来源：笔者整理。

从控制变量的回归结果来看，政府干预对新兴产业发展起到了正向的作用，但不显著。政府基于宏观经济目的，对新兴产业发展进行系统性规划，调整资源在产业之间和产业部门间的优化配置，进而有效地促进新兴产业发展。对外开放扩大外商投资渠道，增加国内企业国际交流和合作机会，企业部门引进、吸收和消化国外先进管理经验和技术，促进地区新兴产业的发展。人力资本水平显著促进新兴产业的发展。人是创新的核心动力，劳动力素质提高，促进产业从劳动密集型向资本、技术密集型转变，推动新兴产业集聚，有利于促进工业朝集约型、创新型方向发展。

四、技术创新的中介效应分析

以技术创新为中介变量，考察技术创新在风险投资促进新兴产业发展的过程中是否承担中介效应，结果如表6－4所示。遵循中介效应的检验步骤，首先检验风险投资对新兴产业发展的作用，回归系数显示风险投资对新兴产业发展具有显著的促进作用。其次检验风险投资对中介变量技术创新的影响。根据第（2）列结果，风险投资对技术创新的回归系数为 1.701，在 1% 的水平上显著，说明风险投资对地区技术创新具有显著的正向作用。最后在以新兴产业发展为被解释变量的模型中同时纳入风险投资和技术创新变量进行检验。第（3）列结果显示，中介变量技术创新对新兴产业发展的回归系数为 0.007，表明技术创新对新兴产业发展具有促进作用，但不显著；风险投资的回归系数为 0.130，在 1% 的水平上显著，低于第（1）列回归结果 0.138，说明技术创新在风险投资促进新兴产业发展过程中存在中介效应。从经济意义上看，风险投资每提升 1 个单位，技术创新提升 1.701 个单位，技术创新每提升 1 个单位，新兴产业发展能提升 0.010 个单位，即风险投资每提升 1 个单位，通过技术创新促进新兴产业发展 0.017 个单位，中介效应占比 11.57%。Sobel 统计量在 5% 的水平上显著，表明中介效应的检验结果是稳健的。从数值上看，技术创新中介效应占比 11.57%，反映出风险投资对新兴产业发展的直接效应较高，通过技术创新拉动新兴产业发展的比重偏低，技术创新转化为现实生产动力、有效驱动新兴产业发展的作用力有待提升。

表 6-4　　　风险投资影响新兴产业发展的中介效应回归结果

变量	ESI (1)	TEL (2)	ESI (3)
VC	0.138 *** (0.031)	1.701 *** (0.276)	0.130 *** (0.033)
TEL			0.010 (0.007)
GOV	0.217 (0.231)	0.677 (2.050)	0.214 (0.232)
OPEN	1.195 *** (0.276)	-30.997 *** (2.445)	1.338 *** (0.350)
HUM	0.993 *** (0.056)	3.576 *** (0.498)	0.977 *** (0.061)

变量	ESI （1）	TEL （2）	ESI （3）
常数项	-2.707 *** （0.501）	-21.227 *** （4.440）	-2.609 *** （0.522）
R²	0.6497	0.6382	0.6503
N	300	300	300
中介效应	0.1157		
Sobel 检验	显著		

注：***表示在1%的水平上显著，括号里的数值为标准误。
资料来源：笔者整理。

五、地区异质性效应检验

东、中、西部地区存在不平衡，风险投资规模、技术创新能力和新兴产业发展均存在较大差异。为得出针对性的结论，分区域检验风险投资对产业发展的作用和技术创新在这一过程中的中介效应。估计结果如表6-5~表6-7所示。

如表6-5所示，东部地区风险投资对新兴产业发展的回归系数为0.013，并不显著，这与预想的有点出入，但结果表明东部地区风险投资对新兴产业发展的促进作用不明显。根据中介效应回归的第二步可以看出，东部地区风险投资对区域技术创新的回归系数为3.384，在1%的水平上显著，东部地区活跃的风险投资能有效促进研发投入的增加和科技成果产出增加，对技术创新有正向的激励作用。第三步检验结果，风险投资回归系数为0.008，并不显著；技术创新对新兴产业发展也不显著，导致风险投资通过技术创新传导的中介效应不显著。

表 6 - 5 东部地区技术创新的中介效应回归结果

变量	ESI (1)	TEL (2)	ESI (3)
VC	0.013 (0.043)	3.384 *** (0.808)	0.008 (0.046)
TEL			0.006 (0.005)
GOV	1.135 *** (0.419)	11.030 *** (3.325)	1.223 *** (0.426)
OPEN	0.069 (0.237)	3.222 (6.189)	0.217 (0.271)
HUM	0.477 *** (0.091)	1.931 *** (0.519)	0.426 *** (0.102)
常数项	3.370 *** (0.872)	- 62.449 *** (16.470)	3.749 *** (0.934)
R²	0.5682	0.7292	0.5738
N	110	110	110
中介效应	0.7173		
Sobel 检验	不显著		

注：*** 表示在 1% 的水平上显著，括号里的数值为标准误。
资料来源：笔者整理。

中部地区的检验结果如表 6 - 6 所示。中部地区风险投资对新兴产业发展的回归系数 0.149 在 5% 的水平上显著，说明风险投资正向促进新兴产业发展。根据中介效应回归结果第二步可以看出，风险投资对技术创新的回归系数为 0.694，在 1% 的水平上显著。第三步检验风险投资对新兴产业发展的回归系数为 0.080，但不显著。技术创新对新兴产业发展的回归系数为 0.100，在 1% 的水平上显著，说明在中部地区技术创新对新兴产业发展的作用具有明显的影响。中介效应为 46.45%，Sobel 检验表明中介效应显著。中部地区风险投资对新兴产业发展的作用不仅有直接效应，风险投资还促进了技术创新，通过技术创新推动新兴产业的发展。

表 6 – 6 中部地区技术创新的中介效应回归结果

变量	ESI (1)	TEL (2)	ESI (3)
VC	0.149 ** (0.057)	0.694 *** (0.233)	0.080 (0.055)
TEL			0.100 *** (0.024)
GOV	1.366 * (0.819)	11.030 *** (3.325)	0.259 (0.799)
OPEN	7.089 *** (1.524)	3.222 (6.189)	6.766 *** (1.402)
HUM	0.855 *** (0.128)	1.931 *** (0.519)	0.661 *** (0.127)
常数项	– 1.963 * (1.050)	– 17.520 *** (4.262)	– 0.204 (1.054)
R^2	0.7112	0.6261	0.7592
N	80	80	80
中介效应	0.4645		
Sobel 检验	显著		

注：* 、** 、*** 分别表示在10% 、5% 、1% 的水平上显著，括号里的数值为标准误。
资料来源：笔者整理。

　　西部地区的检验结果如表6 – 7 所示。西部地区风险投资对新兴产业
发展的回归系数0.185 在 1% 的水平上显著，表明风险投资增加 1 个单
位，新兴产业发展提升0.185 个单位。第二步检验结果为风险投资对技术
创新的回归系数为0.934，在 1% 的水平上显著。第三步检验风险投资对
新兴产业发展的回归系数为0.082，并不显著；技术创新对新兴产业发
展的促进作用为0.111，在 1% 的水平上显著。中介效应为55.83%，
Sobel 检验表明中介效应显著。与中部地区一致，西部地区风险投资促
进新兴产业发展不仅具有直接效应，同时对技术创新具有明显的促进作
用，风险投资以促进技术创新来提升战略性新兴产业的发展动能。

表6-7　　　　　　　　西部地区技术创新的中介效应回归结果

变量	ESI (1)	TEL (2)	ESI (3)
VC	0.185*** (0.056)	0.934*** (0.196)	0.082 (0.059)
TEL			0.111*** (0.030)
GOV	0.106 (0.348)	3.045** (1.223)	-0.231 (0.336)
OPEN	-0.772 (1.230)	0.683 (4.320)	-0.848 (1.141)
HUM	1.149*** (0.097)	2.475*** (0.340)	0.875*** (0.117)
常数项	-4.337*** (0.779)	-20.156*** (2.734)	-2.102** (0.943)
R²	0.7440	0.6548	0.7828
N	100	100	100
中介效应	0.5583		
Sobel 检验	显著		

注：**、***分别表示在5%、1%的水平上显著，括号里的数值为标准误。
资料来源：笔者整理。

进一步比较东、中、西部三个区域的回归结果发现，风险投资对新兴产业发展具有正向作用，在东部地区表现并不明显，在中西部地区，风险投资规模的增加，提高了新兴产业的规模。风险投资对技术创新的作用，中部最强，西部次之，东部最弱。从三个地区技术创新的中介作用上看，中西部地区显示出技术创新明显的中介效应。一方面源于各地区本身技术创新水平具有较大的差异，技术创新对新兴产业发展的支撑作用不同；另一方面从风投的资金来源进行分析，东部地区的风险投资以民营资本为主，而中西部地区的风险投资以政府背景为主。2018年风投资金中民营资本来源占比较高的地区包括山东省、江苏省、海南省、广东省、天津市等地，而以政府风险投资方式支持创业投资的地区主要包括宁夏回族自治区、贵州省、黑龙江省、湖南省、甘肃省等地。政府背景的风险投资更关注与地方产业政策的关联，加之其他资源的相对缺乏，中西部地区风险投资对新兴产业发展的促进作用较东部地区大。东部地区的风险投资更具有识别创新和支持创新的能力，但资金的边际效应递减。中西部地区的风险投资更能促进技术创新，技术创新转化为新兴产业发展的作用显著。

六、稳健性检验

风险投资向某一地区提供资金与当地产业结构和产业发展水平具有内在的关联性，可能存在内生性问题。本书采用如下方法进行内生性问题检验：（1）风险投资管理资本规模的滞后项作为核心解释变量进行回归；（2）对新兴产业发展进行变量替换，采用各地区新兴产业的利润进行回归，结果如表6-8所示。检验结果均支持风险投资促进新兴产业发展及技术创新在其中起到中介作用的结论。

表6-8   稳健性检验结果

变量	核心解释变量滞后项			新兴产业发展变量替换		
	ESI（1）	TEL（2）	ESI（3）	ESI（1）	TEL（2）	ESI（3）
VC	0.084** (0.033)	1.303*** (0.266)	0.070** (0.034)	0.145*** (0.037)	1.701*** (0.276)	0.121*** (0.276)
TEL			0.011 (0.008)			0.014* (0.008)
GOV	0.084 (0.240)	−1.198 (1.944)	0.097 (0.240)	0.083 (0.272)	0.677 (2.050)	0.074 (0.271)
$OPEM$	0.865*** (0.284)	−31.280*** (2.294)	1.212*** (0.379)	0.371 (0.324)	−30.997*** (2.445)	0.802* (0.409)
HUM	0.956*** (0.060)	3.014*** (0.487)	0.922*** (0.065)	0.827*** (0.066)	3.576*** (0.498)	0.777*** (0.072)

续表

变量	核心解释变量滞后项			新兴产业发展变量替换		
	ESI（1）	*TEL*（2）	*ESI*（3）	*ESI*（1）	*TEL*（2）	*ESI*（3）
常数项	−2.023***（0.556）	−13.846***（4.493）	−1.870***（0.566）	−3.499***（0.589）	−21.227***（4.440）	−3.204***（0.611）
R²	0.5840	0.6562	0.5874	0.5090	0.6382	0.5144
N	270	270	270	300	300	300
中介效应	0.1699			完全中介效应		
Sobel 检验	显著			显著		

注：*、**、***分别表示在10%、5%、1%的水平上显著，括号里的数值为标准误。
资料来源：笔者整理。

小　结

在阐述风险投资、技术创新、新兴产业发展三者作用机制基础上，本节基于2009～2018年的中国30个省份（不含西藏和港澳台地区）面板数据，实证检验风险投资对新兴产业发展的影响以及技术创新的中介效应，并分东、中、西部不同区域进行检验。研究发现，风险投资对新兴产业发展具有显著的促进作用，风险投资通过技术创新能间接作用于新兴产业发展，技术创新具有部分中介效应但占比偏低，仅为11.37%。技术创新的中介效应具有地域差异性，东部地区技术创新中介效应不显著，中西部地区技术创新中介效应显著。

第七章

风险投资与新兴产业全要素生产率

风险投资对新兴产业的支持，不仅应体现在新兴产业规模的扩大，更应该关注全要素生产率提升的作用。党的十九大报告中首次提出了提高全要素生产率的迫切要求，通过技术进步、资源配置优化、规模经济和管理改进等手段来提高生产效率，以更少投入获得更多产出。因此，本章以此进行分析和检验风险投资对战略性新兴产业价值链的支持。

第一节　理论分析与研究假设

一、风险投资与全要素生产率

战略性新兴产业发展依赖于生产方式的转变，传统依靠生产要素投入驱动经济增长的粗放型模式正向集约型模式转变，集约型增长模式的关键在于提升企业的全要素生产率（孙晓华、王昀，2014），提高微观企业的全要素生产率是战略性新兴产业高质量发展的实现路径。

风险投资作为积极的早期投资者，对战略性新兴产业中的创业企业进行投资，能对企业的生产经营和战略决策产生重要影响（Chemmanur et al.，2014）。战略性新兴产业中的创业企业，在发展初期面临着较高的融资约束。在日常经营或是投资决策时，资金受限影响企业的发展。企业全要素生产率的提高需要多措并举，提高企业研发能力，提高企业管理效能等，这些都需要充分的资金支持。风险投资将战略性新兴产业中的创业企业作为投资对象，以注入资金的方式获得股权，能有效地缓解企业的融资约束。在资金的支持下，企业的创新意愿和创新能力显著增强。

然而，创新具有回报获取时间较长、不可逆和不确定程度较高等特征，投资的风险性较高，企业全要素生产率的提高离不开创新。风险投资是一种能承担高风险的长期投资资金，为拥有新兴技术的创业企业提供了试错机制。企业对外融资过程中，特别是对于财务信息不健全的创业企业来说，与资金供给方的信息不对称更明显，影响企业融资的可得性。风险投资的介入向外界传达风投机构对企业成长性和质量评估结果的重要信号，因此能够缓解被投资企业与外部投资者之间的信息不对称，促进上市公司全要素生产率。

不仅如此，风险投资入股参与公司董事会，对公司的管理层行为进行有效监督，提高公司治理效能，也广泛运用自身积累的市场资源、社会资源等帮助企业克服困难，获得广阔的发展空间，逐步实现盈利。基于资源基础理论，风险投资向创业企业提供资金，被投企业与风投机构就形成各项资源的集合体（王雷、王新文，2021）。风险投资凭借专业的服务能力、资源整合能力，能够为被投企业提供资金支持以及提供一系列增值服务，使得企业在激烈的市场竞争中形成资源整合能力的竞争力，从而促进企业生产率的提升。因此提出假说7-1。

假说7-1：风险投资参与有助于提高战略性新兴产业中创业企业的全要素生产率。

二、风险投资异质性与全要素生产率

风险投资的不同特征会对风险投资行为产生不同的影响，因此本节分析风险投资异质性对创业企业全要素生产率的影响，主要从风险投资持股比例、风险投资介入方式进行分析，在此基础上提出研究假设。

风险投资持股比例越高，为企业提供的资金越多，改善了公司的融资约束状况，为企业增加创新投入，提高技术创新能力提供了资金的保证，是企业全要素生产率提升的基础。风险投资持股向外部投资人释放了信息，获得较高的风险投资支持，表明公司质量较高，受到市场认可，有助于企业获得有息债务融资和外部权益融资，有效缓解企业可能存在的投资不足问题（Megginson & Weiss，1991）。风险投资能扩大企业社会网络，提高企业对创新知识的获取和吸收率，促进企业生产效率的提高。

另外，风险投资持股比例高，也意味着风险投资对被投企业拥有更多的控制权，对企业经营决策的参与度增加，影响力也增加。为保证自身高额投资的回报率，持股比例高的风险投资对企业的监督作用力加大，能更好地抑制管理层滥用现金流进行过度投资，有效防止管理层因风险规避可能导致的投资不足（Keuschnigg & Nielsenm，2004），促进企业合理地进行资金配置。风险投资持股比例越高，对企业的经营管理的话语权越高，进而改善企业股权结构、董事会、管理层等决策机制，加强公司治理，影响企业管理团队和薪酬激励制度，构建更为畅通的沟通机制，使得组织各层级的创新项目能根据新情况及时进行微调，促进创业企业全要素生产率的提升。因此提出假说7-2。

假说7-2：风险投资持股比例越高，对创业企业全要素生产率的正向影响越显著。

风险投资运作过程中，采用单独对创业企业进行投资的方式，也有联合不同的风险投资对企业进行投资。联合投资是一种风险投资机构之间的联盟投资，联盟中两家或两家以上风险投资企业合作投资于目标企业并共享投资收益。风险投资投融资市场中信息不对称问题较严重，投资期限较长、风险大，通过联合投资，风险投资可以参与更多项目，分散投资风险，也有利于获得更多的项目流。风险投资的声誉与投资经验对其发展至关重要，通过与富有经验的同行合作，风险投资可以丰富自己的阅历。通过合作分享信息，可以降低项目筛选过程中的信息不对称和逆向选择风险，最终选择出经多方认证的优质项目。联合投资中，一方有机会借助合作者来验证自己的观点，实现双重验证。勒纳（1994）提出联合计入条款通常能够保障风险投资在目标企业的后续轮次股权变动中维持其权益份额。

单独投资和联合投资的风险投资主体数量不同，资源不同，对企业生产效率的影响力不同。李云鹤和王文婷（2015）指出，相对于单独投资，联合投资不仅能增加专利授权量，还能促进影响较大的专利产生。基于社会网络理论，发现联合投资对生产效率的促进作用。联合投资凭借其丰富的资源，能为被投企业营造良好的创新环境，形成一个优势组合，更好地发挥认证监督作用和市场功能，改善治理效果。风险投资采用联合投资方式能通过连接多个不同行业而获得异质性和多元化的资源与信息，此类资源由于其非冗余性特征而被认为更有利于企业效率。此外，联合投资介入方式也能够为被投资企业带来更广泛的社会网络及更多潜在的网络关系和战略合作机会。从被投资企业角度而言，同一行业领域的知识与资源比跨行业领域更容易被转移与共享，联合投资能为企业更好地行业资源的匹配，促进企业吸收和转化，从而提升生产效率。因此基于以上研究梳理，提出假说7－3。

假说7－3：风险投资采用联合投资方式对创业企业全要素生产率的促进作用显著强于独立投资方式。

第二节　研究设计

一、样本选取与数据来源

选取创业板中属于战略性新兴产业上市公司2009～2019年的数据为研究样本，剔除主营业务收入、资产负债率等关键财务数据缺失和明显错误的样本；筛选后共获得629家公司的公司一年度样本数据，共计3950个。其中，有风险投资支持的399家，无风险投资参与企业230家。财务数据来自CSMAR数据库和Wind数据库。风险投资相关指标由手工整理获得。为避免极端值的影响，本节对连续变量进行1%的缩尾处理。

风险投资指标的获取参照吴超鹏等（2012）的做法，若前十大股东的名称中有"风险投资""创业投资""创业资本投资",以及"科技投资"等字样,则判定该企业为有风险投资参与的企业,该风险股东名称与清科数据库、《中国创业投资私募股权投资机构名录》进行对比,如果是风险投资股东,取值为1,否则为0。在对风险投资这一指标进行提取数据时,并没有对风险投资、私募股权投资等概念进行区分,而是把这些统一归类为风险投资。虽然两者在对公司的投资阶段、规模和理念等方面存在一定的差异。但是在现实的投资过程中,私募股权投资和风险投资的界限越来越模糊,很多传统的私募股权投资机构也会介入风险投资项目,而且在国内的相关调研报告中,调研机构一般会将风险投资和私募股权投资统一表述为风险投资。因此本节不对两者进行区分。

二、变量选取

被解释变量为新兴企业全要素生产率:根据鲁晓东和连玉君(2012)的研究,采用OP与LP两种方法对全要素生产率进行估计,基本回归中使用 tfp_op 法衡量,稳健性检验用 tfp_lp。

核心解释变量为风险投资参与(VC)。参照以往学者的做法,以企业十大股东中是否拥有风险投资机构来度量。若有风险投资机构介入,则 VC 为1,否则为0。做风险投资异质性检验时,风险投资持股比例:采用创业板企业前十大股东中风险投资机构的持股比例(vc_share)表示;风险投资介入方式:以创业板上市企业的前十大股东中风险投资数量(vc_num)表示。

控制变量包括:企业年龄(Age):利用报告期年份减去企业成立日年份加1取对数值;企业规模($Size$),用总资产的对数值来衡量;盈利能力(ROE),用企业净利润除以平均股东权益,反映了权益股东的投资收益;偿债能力:资产负债率(Lev)是企业负债与资产的比例,反映出企业资产中以借债形式获得融资的多少,也是企业清算时给予债权人利益保护的程度;成长能力($Growth$):企业的主营业务收入直接反映了企业核心业务盈利水平及其产品或工艺在市场的销售情况,因此利用营业收入增长率衡量企业成长能力；股权集中度（*TOP*）：反映企业所有股东参股分散程度、分布状态的指标，采用企业前五大股东持股比例来衡量（见表 7 - 1）。

表 7 - 1　　　　　　　　　　**变量定义**

变量类型	变量名称	变量代码	变量含义
解释变量	全要素生产率	*tfp_op*	基于半参数方法测算得到
被解释变量	风险投资	*VC*	若有风险投资机构介入，则 *VC* = 1，否则 *VC* = 0
控制变量	企业年龄	*Age*	报告期年份减去企业成立的年份加 1 的对数
	企业规模	*Size*	企业总资产的对数值
	盈利能力	*ROE*	净资产收益率
	偿债能力	*Lev*	资产负债率
	成长能力	*Growth*	营业收入增长率
	股权集中度	*TOP*	企业前五大股东持股比例

资料来源：笔者整理。

三、模型设定

为了验证风险投资及其异质性特征对企业全要素生产率的影响，也就是假说 7 - 1 ~ 假说 7 - 3，建立模型（7 - 1）、模型（7 - 2）与模型（7 - 3），模型设定如下：

$$tfp\_op_{it} = \alpha_0 + \alpha_1 VC_{it} + \alpha_2 Size_{it} + \alpha_3 Age_{it} + \alpha_4 Lev_{it} + \alpha_5 Growth_{it}$$
$$+ \alpha_6 ROE_{it} + \alpha_7 TOP_{it} + \varepsilon_{it} \tag{7 - 1}$$

$$tfp\_op_{it} = \alpha_0 + \alpha_1 VC\_share_{it} + \alpha_2 Size_{it} + \alpha_3 Age_{it} + \alpha_4 Lev_{it} + \alpha_5 Growth_{it}$$
$$+ \alpha_6 ROE_{it} + \alpha_7 TOP_{it} + \varepsilon_{it} \tag{7 - 2}$$

$$tfp\_op_{it} = \alpha_0 + \alpha_1 VC\_num_{it} + \alpha_2 Size + \alpha_3 Age_{it} + \alpha_4 Lev_{it} + \alpha_5 Growth_{it}$$
$$+ \alpha_6 ROE_{it} + \alpha_7 TOP_{it} + \varepsilon_{it} \tag{7 - 3}$$

第三节　实证检验与结果分析

一、描述性统计分析

为了消除离群值对回归结果的影响，先对部分变量进行上下 1% 的缩尾处理。然后对各变量进行描述性统计分析。表 7 - 2 是主要变量的描述性统计结果。

表 7 - 2　　　　　　　　　　　　描述性统计结果

变量	观测值	均值	标准差	最小值	最大值
tfp_op	3950	5.969	1.493	3.230	10.462
VC	3950	0.338	0.473	0	1
tfp_lp	3950	5.969	1.499	3.243	10.466
Size	3950	21.187	0.834	18.679	25.341
Age	3950	2.738	0.334	1.609	3.366
ROE	3950	0.083	0.111	- 0.548	0.485
Lev	3950	0.285	0.166	0.035	0.747
Growth	3950	0.233	0.341	- 0.439	1.726
TOP	3950	0.308	0.125	0.030	0.811

资料来源：笔者整理。

通过以上的统计分析，在最终有效的样本企业中，有风险投资参与的企业有 399 家，无风险投资参与的企业有 230 家。虚拟变量 VC 的均值为 0.338，最大值和最小值分别为 1 和 0，企业全要素生产率（tfp_op）最小值为 3.230，最大值为 10.462，战略性新兴产业中企业的全要素生产率存在一定的差异。企业规模、企业年龄、净资产收益率、资产负债率、营业收入增长率以及股权集中度的均值分别为 21.187、2.738、0.083、0.285、0.233、0.308。

二、相关性分析

对主要变量进行相关性分析，结果如表 7-3 所示。可以看出，风险投资（*VC*）与企业全要素生产率存在着显著的正相关关系，同时模型中各变量之间的相关系数均明显小于 0.65，表明各模型之间不存在多重共线性问题。

表 7-3　　　　　　　　　相关性结果分析

变量	tfp_op	VC	Size	Age	ROE	Lev	Growth	TOP
tfp_op	1							
VC	0.020***	1						
Size	0.616***	-0.051***	1					
Age	0.099***	-0.087***	0.229***	1				
ROE	0.467***	0.061***	-0.128***	-0.131***	1			
Lev	0.102***	-0.002	0.451***	0.174***	-0.143***	1		
Growth	0.264***	0.007	0.119***	-0.069***	0.300***	0.120***	1	
TOP	-0.026	-0.031*	-0.139***	-0.076***	0.134***	-0.036**	0.008	1

注：*、**、***分别表示在10%、5%、1%的水平上显著。
资料来源：笔者整理。

三、回归结果分析

为了验证假说 7-1，通过多元回归分析考察风险投资对被投企业全要素生产率之间的关系。利用 Hausman 检验的结果选用固定效应模型，回归结果如表 7-4 所示。

表 7 - 4 风险投资参与对企业全要素生产率的影响

变量	(1) tfp_op
VC	0.082 * (0.048)
Size	1.286 *** (0.064)
Age	0.608 *** (0.356)
ROE	6.191 *** (0.313)
Lev	- 1.249 *** (0.207)
Growth	0.184 *** (0.049)
TOP	- 0.094 (0.415)
_cons	- 22.704 *** (1.524)
年度效应	控制
行业效应	控制
N	3950
R^2	0.5750

注： * 、*** 分别表示在 10% 、1% 的水平上显著，括号里的数值为标准误。
资料来源：笔者整理。

以风险投资参与为解释变量，企业全要素生产率作为被解释变量，回归结果的 R^2 为 0.5750，表明模型的拟合程度良好，能够较好地解释变量之间的关系。风险投资的回归结果为 0.082，在 10% 的水平上显著，表明风险投资参与能提高企业全要素生产率。风险投资通过股权投资，不仅为企业提供资金，还利用自身资源为企业提供增值服务，从市场、人才、资源等各方面的支持，促进企业全要素生产率的提高。

控制变量方面，企业规模的回归系数为 1.286，在 1% 的水平上显著，说明对于战略性新兴产业中的企业来说，规模对于全要素生产率的提高具有显著的影响，规模越大，企业全要素生产率越高。企业年龄的系数为 0.608，在 1% 的水平上显著，表明战略性新兴产业中企业年龄越长，全要素生产率越高。企业净资产收益率和成长性的回归系数分别为 6.191、0.184，均在 1% 的水平上显著，反映了战略性新兴产业中盈利能力和成长能力对企业的全要素生产率提高有着显著的影响。杠杆率的回归系数为 -1.249，在 1% 的水平上显著，说明杠杆率高不利于企业全要素生产率的提升，股权集中度的回归系数为负，但不显著，表明股权越集中，大股东把持决策，干预管理，并不一定能提升企业的全要素生产率。

四、风险投资异质性回归分析

为了衡量风险投资异质性对企业全要素产生率的影响，本节从风险投资持股比例、风险投资介入方式两个维度进行讨论。结果如表 7 - 5 所示。

表 7 - 5　　　　　风险投资异质性对全要素生产率的影响

变量	tfp_op (1)	tfp_op (2)
VC_share	0.063 ** (0.029)	
VC_num		0.071 * (0.039)
Size	1.283 *** (0.064)	1.282 *** (0.064)
Age	0.605 *** (0.355)	0.607 *** (0.355)

续表

变量	tfp_op (1)	tfp_op (2)
ROE	6.193 *** (0.314)	6.193 *** (0.314)
Lev	-1.237 *** (0.208)	-1.236 *** (0.208)
Growth	0.186 *** (0.049)	0.184 *** (0.049)
TOP	-0.051 (0.413)	-0.056 (0.412)
_cons	-22.680 *** (1.532)	-22.664 *** (1.532)
年度效应	控制	控制
行业效应	控制	控制
N	3950	3950
R^2	0.5744	0.5746

注: * 、 ** 、 *** 分别表示在10% 、5% 、1% 的水平上显著, 括号里的数值为标准误。
资料来源: 笔者整理。

从表 7-5 的回归结果可以看出, 在 5% 的显著性水平下, 在回归 (1) 式中风险投资持股比例 (VC_share) 对企业全要素生产率 (tfp_op) 的回归系数为 0.063, 具有显著的正相关关系, 即风险投资持股比例越高的企业全要素生产率也越高, 主要是由于风险投资的持股比例越高, 对管理层和股东的监督能力也越强, 能降低代理成本。因此假说 7-2 是成立的。

在第 (2) 列回归结果中可以看到风险投资介入方式 (VC_num) 对企业全要素生产率 (tfp_op) 之间的系数为 0.071, 并且在 10% 的水平上有显著的正向影响, 表明风险投资介入方式当为联合投资且数量越多的时候, 则对企业全要素生产率有正向影响, 即风险投资介入的联合投资机构越多, 因此假说 7-3 是成立的。

这与刘刚等（2018）学者的研究结论一致。风险投资介入方式代表了投资于同一家创业板企业的风险投资机构数量，数量越多说明该企业在风投市场更受欢迎，企业未来的发展潜力越大，不仅会给企业带去更多的资金，同时由于各个风险投资机构拥有不同的特质和背景，给企业提供的增值服务也就不同，能够从各个方面弥补企业的不足，从而进一步促进企业的生产效率。

第四节　机制分析与检验

一、机制分析

风险投资投资对象大多为初创企业，企业的特征是轻资产、风险高、面临着技术和市场的不确定性。企业开展创新项目，需要长期持续性地投入大量的资金，一旦资金不足，企业的生产项目将不得不暂停，甚至终止。关于融资约束与企业生产效率之间的关系，许多实证研究都得出了一致的结论，即融资约束会抑制企业的生产活动从而降低企业全要素生产率。例如，周开国等（2017）认为，融资约束不仅会抑制企业自身的内部生产活动，也会减少企业之间的协同创新活动。张璇等（2019）研究发现，融资约束显著抑制企业生产而风险投资可以通过降低企业融资约束帮助企业对外融资，吸引其他外部债权和股权投资者。显然，融资约束是影响企业生产投入的重要因素之一，企业的融资约束程度越高，企业的生产投入水平往往越低，创新产出自然会低，这样企业全要素生产率降低。而风险投资的进入能够有效缓解企业的融资约束，满足企业的资金需求，帮助企业获得更多的资源，从而促进企业的生产效率。由此提出假说7-4。

假说7-4：风险投资可以通过降低融资约束提高被投企业的全要素生产率。

研发活动是影响科技类企业创新、生产甚至关系到创业企业存亡的重要因素。研发投入作为企业创新的主要载体，理应随着强度的加深，技术、知识存量不断累积，科技水平不断更新，最终将提升企业全要素生产率。因此，风险投资通过研发投入路径对企业全要素生产率产生影响。

风险投资与企业研发投入之间存在一定的相关关系。苟燕楠和董静（2014）认为风险投资的特征决定了其投资对象为高科技企业，而高科技企业中研发投入是其高额收益的重要动力来源，风险投资入股企业后会比较看重企业新技术和产品的研发。戴浩和柳剑平（2018）采用创业板 2011～2016 年 251 家科技型中小企业数据，从研发费用和技术人员两个方面的投入检验企业创新投入的中介作用。实证研究发现：研发费用促进了政府补助对企业成长的积极影响，技术人员投入在政府补助对企业成长的影响中中介作用不明显。张广胜（2020）认为研发投入对企业全要素生产率有促进作用。风险投资对企业研发投入的影响主要体现在以下几个方面：第一，风险投资参与直接增加企业的内部资金来源，使得被投资的企业有更多的资金用于投资与和研发相关的人力和设备等研发支出。第二，风险投资的认证和倡导作用还可以帮助被投资企业增加企业的外部资金来源，为企业的研发投入支出提供资金支持。第三，风险投资还可以监督被投资企业研发活动。风险投资作为一种权益性投资，更看重企业的长期发展潜力，会对企业的研发活动进行监管，此外风投机构丰富的投资经验还可以为企业的研发活动提供指导，帮助企业选择正确的研发方向和项目等，以降低研发支出回报的不确定性。因此，风险投资可以为企业的研发活动提供资金支持，企业研发又可以为企业带来内部增长动力，提高企业全要素生产率。基于上述分析，提出假说 7－5。

假说 7－5：风险投资通过提高企业研发投入提高被投企业的全要素生产率。

二、机制检验模型构建

衡量融资约束的方法有：KZ 指数法、WW 指数法、SA 指数法。本节选用企业规模和企业年龄两个随时间变化不大且具有外生性的变量构建了 SA 指数,解决内生性问题(鞠晓生等,2013)。模型如下:

$$SA = 0.043\,size^2 - 0.04Age - 0.737\,size \qquad (7-4)$$

其中,$Size$ 是指企业资产规模,Age 指企业年龄。SA 一般为负数,指数绝对值越大,说明企业所受融资约束程度越低。回归过程中取 SA 的绝对值。

另一个中介变量为研发投入。学者们较常用的方法包括研发支出的自然对数、研发投入占企业各种利润的比值、研发支出与营业收入比值、研发支出与各项资产的比值等方式,选取研发支出的自然对数来衡量研发投入。

本节选用中介效应模型来考察风险投资影响战略性新兴产业全要素生产率的机制。中介变量是自变量对因变量产生影响的媒介,如研究自变量 X 对因变量 Y 的影响时,若 X 通过变量 M 来影响 Y,则 M 即为中介变量。而中介效应(间接效应)指的是自变量通过中介变量影响因变量的显著程度。经典的中介效应检验方法是由巴伦和肯尼(Baron & Kenny,1986)提出的依次检验法。可用下列回归方程来描述变量之间的关系。

$$Y = cX + e_1 \qquad (7-5)$$

$$M = aX + e_2 \qquad (7-6)$$

$$Y = c'X + bM + e_3 \qquad (7-7)$$

其中,式(7-5)的系数 c 为自变量 X 对因变量 Y 的总效应。式(7-6)的系数 a 为自变量 X 对中介变量 M 的效应。式(7-7)的系数 b 是在控制了自变量 X 的影响后中介变量 M 对因变量 Y 的效应,系数 c' 是在控制了中介变量 M 的影响后自变量 X 对因变量 Y 的直接效应;$e_1 \sim e_3$ 是回归残差。对于这样的中介模型,中介效应等于间接效应,即等于系数乘积 ab,它的总效应和直接效应有下面的关系:

$$c = c' + ab \qquad (7-8)$$

中介效应的检验方法众多,且在统计检验错误和检验功效方面各有优劣。温忠麟和叶宝娟(2014)在前人研究的基础上,客观全面地使用 Sobel 检验，得到更加准确的检验和估计，应用较为普遍。为实证考察风险投资对企业全要素生产率的影响以及融资约束、研发投入在这一影响机制中发挥的作用，在上述模型的基础上构造以下两组实证模型：

模型（7-9）、模型（7-10）主要检验融资约束在风险投资影响企业全要素生产率的中介传导作用，模型设定如下：

$$SA_{it} = \beta_0 + \beta_1 VC_{it} + \beta_2 Size_{it} + \beta_3 Age_{it} + \beta_4 Lev_{it} + \beta_5 Growth_{it}$$
$$+ \beta_6 ROE_{it} + \beta_7 TOP_{it} + \varepsilon_{it} \qquad (7-9)$$

$$tfp\_op_{it} = \delta_0 + \delta_1 VC_{it} + \delta_2 SA_{it} + \delta_3 Size_{it} + \delta_4 Age_{it} + \delta_5 Lev_{it}$$
$$+ \delta_6 Growth_{it} + \delta_7 ROE_{it} + \delta_8 TOP_{it} + \varepsilon_{it} \qquad (7-10)$$

模型（7-11）、模型（7-12）主要检验研发投入在风险投资影响企业全要素生产率的中介传导作用，模型设定如下：

$$\ln RD_{it} = \beta_0 + \beta_1 VC_{it} + \beta_2 Size_{it} + \beta_3 Age_{it} + \beta_4 Lev_{it} + \beta_5 Growth_{it}$$
$$+ \beta_6 ROE_{it} + \beta_7 TOP_{it} + \varepsilon_{it} \qquad (7-11)$$

$$tfp\_op_{it} = \delta_0 + \delta_1 VC_{it} + \delta_2 \ln RD_{it} + \delta_3 Size_{it} + \delta_4 Age_{it} + \delta_5 Lev_{it}$$
$$+ \delta_6 Growth_{it} + \delta_7 ROE_{it} + \delta_8 TOP_{it} + \varepsilon_{it} \qquad (7-12)$$

三、机制检验实证结果

采用 SA 指数度量企业的融资约束程度，并参考温忠麟和叶宝娟（2014）的检验方法，首先进行 Sobel-Goodman 中介效应检验，其次对模型进行回归分析，Sobel-Goodman 中介效应检验结果及中介效应回归结果如表7-6和表7-7所示。

表7-6　　　　　　　　以 *SA* 为中介变量的中介效应检验结果

中介效应检验	Coef	Std Err	Z	P > Z
Sobel	0.002	0.0011	1.945	0.0519
Goodman-1（Aroian）	0.002	0.0010	2.319	0.0324
Goodman-2	0.002	0.0010	2.319	0.0519

资料来源：笔者整理。

由表 7 - 6 可以看出，P 值显著，因此可见存在中介效应。回归结果见表 7 - 7 所示。

表 7 - 7　　　　　　　以 *SA* 为中介变量的中介效应回归结果

变量	*tfp_op* （1）	*SA* （2）	*tfp_op* （3）
VC	0.082 * （0.048）	- 0.003 * （0.018）	0.078 * （0.047）
SA			- 1.485 ** （0.697）
Size	1.286 *** （0.064）	- 0.086 *** （0.006）	1.417 *** （0.092）
Age	0.608 *** （0.356）	- 0.007 （0.027）	0.620 ** （0.353）
ROE	6.191 *** （0.313）	0.080 *** （0.015）	6.054 *** （0.332）
LEV	- 1.249 *** （0.207）	0.071 *** （0.014）	- 1.337 *** （0.208）
Growth	0.184 *** （0.049）	- 0.022 *** （0.003）	0.217 *** （0.051）
TOP	- 0.094 （0.415）	- 0.017 （0.033）	- 0.091 （0.413）
_cons	- 22.704 *** （1.524）	- 1.670 *** （0.121）	- 19.010 *** （1.701）
年度效应	控制	控制	控制
行业效应	控制	控制	控制
N	3950	3950	3950
R²	0.5742	0.9523	0.5770

注：*、**、*** 分别表示在 10%、5%、1% 的水平上显著，括号里的数值为标准误。
资料来源：笔者整理。

由表7-7可以看出，加入融资约束中介变量以后，第（2）列结果显示风险投资与融资约束在1%的置信水平下显著为负，这表明风险投资的介入会使得企业的融资约束降低，这一结果初步验证了假说7-4。第（3）列中，在风险投资影响全要素生产率的模型中加入融资约束变量后发现，风险投资的系数为正，而融资约束的系数为负。并且，风险投资的系数由不加入中介变量的0.082下降到0.078，这说明融资约束在风险投资促进企业全要素生产率的过程中起到了部分中介效应，这一结果也验证了假说7-4。

同样，以研发投入为中介变量进行检验，Sobel-Goodman中介效应检验结果如表7-8所示。P值显著，因此可见存在中介效应。

表7-8　　　　　　　以 ln*RD* 为中介变量的中介效应检验结果

中介效应检验	Coef	Std Err	Z	P > Z
Sobel	0.006	0.0024	2.434	0.0149
Goodman-1（Aroian）	0.006	0.0025	2.393	0.0167
Goodman-2	0.006	0.0024	2.476	0.0132

资料来源：笔者整理。

以研发投入为中介变量的回归结果如表7-9所示。风险投资与融资约束在1%的置信水平下显著为正，这表明风险投资介入会使得企业的研发投入增强，这一结果初步验证了假说7-5。第（3）列回归结果中，在风险投资影响全要素生产率的模型中加入研发投入变量后发现，风险投资的系数为正，且研发投入的系数也显著为正。并且，风险投资的系数由不加入中介变量的0.082略微下降到0.080，这说明研发投入在风险投资促进企业全要素生产率的过程中起到了很强的中介效应，这一结果也验证了假说7-5。

表 7 – 9   **以 lnRD 为中介变量的中介效应回归结果**

变量	tfp_op （1）	lnRD （2）	tfp_op （3）
VC	0.082 * (0.048)	0.185 (0.226)	0.080 * (0.048)
lnRD			0.009 ** (0.004)
$Size$	1.286 *** (0.064)	0.240 (0.318)	1.291 ** (0.064)
Age	0.608 *** (0.356)	− 2.583 (2.205)	0.593 * (0.356)
ROE	6.191 *** (0.313)	− 5.754 *** (0.914)	6.117 *** (0.315)
Lev	− 1.249 *** (0.207)	− 2.908 *** (1.093)	− 1.257 *** (0.206)
$Growth$	0.184 *** (0.049)	− 1.478 *** (0.236)	0.170 *** (0.050)
TOP	− 0.094 (0.415)	− 2.183 (2.300)	− 0.146 (0.415)
$\_cons$	− 22.704 *** (1.524)	4.639 (5,991)	− 21.511 *** (1.358)
年度效应	控制	控制	控制
行业效应	控制	控制	控制
N	3950	3950	3950
R^2	0.5742	0.0752	0.5760

注：* 、** 、*** 分别表示在10%、5%、1%的水平上显著，括号里的数值为标准误。
资料来源：笔者整理。

四、内生性问题及解决

首先，为解决模型的内生性问题，对解释变量进行了筛选，并经过初步的回归分析排除了部分显著性不强并可能存在较大内生性风险的解释变量，最终确定了目前的模型变量。

其次，根据以往学者的做法，采用自变量的滞后一期作为工具变量来解决内生性问题。以滞后一期解释变量代入模型作为工具变量，风险投资参与、风险投资异质性和企业全要素生产率正相关，说明结果有一定可靠性。内生性检验具体结果如表 7 – 10 所示。在 5% 的显著性水平下，在第（1）列中风险投资参与（VC）对滞后一期解释变量具有显著的正向影响。在第（4）列中融资约束（SA）对滞后一期解释变量具有显著的负向影响，因此融资约束（SA）在风险投资（VC）对滞后一期解释变量的影响中起到负向中介作用。在第（6）列中，研发投入（lnRD）对滞后一期解释变量具有显著的正向影响，因此研发投入（lnRD）在风险投资（VC）对滞后一期解释变量的影响中起到正向中介作用。在第（2）列中风险投资持股（VC_share）对滞后一期解释变量具有显著的正向影响。在第（3）列中风险投资介入方式（VC_num）对滞后一期解释变量具有显著的正向影响。

表 7 – 10 内生性检验结果

变量	基准回归	VC_share	VC_num	以 SA 为中介变量		以 lnRD 为中介变量	
	tfp_op (1)	tfp_op (2)	tfp_op (3)	SA (4)	tfp_op (5)	$lnRD$ (6)	tfp_op (7)
VC	0.030** (0.012)			– 0.002** (0.001)	0.027** (0.012)	0.332 (0.262)	0.028** (0.013)
VC_share		0.160** (0.078)					
VC_num			0.085* (0.047)				
SA					– 1.343*** (0.125)		
$lnRD$							0.008* (0.005)

续表

变量	基准回归	VC_share	VC_num	以 SA 为中介变量		以 lnRD 为中介变量	
	tfp_op （1）	tfp_op （2）	tfp_op （3）	SA （4）	tfp_op （5）	lnRD （6）	tfp_op （7）
Size	1.258*** （0.077）	1.257*** （0.077）	1.257*** （0.078）	0.059*** （0.006）	1.337*** （0.104）	0.597 （0.440）	1.263*** （0.077）
Age	0.706 （0.471）	0.708 （0.469）	0.710 （0.471）	−0.014 （0.030）	0.686 （0.471）	−4.425 （3.665）	0.679 （0.472）
ROE	6.090*** （0.351）	6.094*** （0.352）	6.096*** （0.351）	−0.005 （0.012）	6.083*** （0.358）	−5.416*** （1.050）	6.045*** （0.354）
Lev	−1.270*** （0.261）	−1.268*** （0.262）	−1.260*** （0.262）	0.003 （0.012）	−1.266*** （0.263）	−3.346** （1.441）	−1.302*** （0.262）
Growth	0.203*** （0.054）	0.204*** （0.054）	0.202*** （0.054）	0.015*** （0.003）	0.224*** （0.055）	−1.740*** （0.317）	0.189*** （0.055）
TOP	−0.368 （0.436）	−0.365 （0.436）	−0.369 （0.435）	−0.049 （0.031）	−0.434 （0.434）	−3.282 （2.509）	−0.420 （0.437）
_cons	−22.263*** （1.895）	−22.259*** （1.898）	−22.243*** （1.899）	2.185*** （0.140）	−19.328*** （2.785）	8.893 （7.277）	−22.205*** （1.900）
年度效应	控制	控制	控制	控制	控制	控制	控制
行业效应	控制	控制	控制	控制	控制	控制	控制
N	3321	3321	3321	3321	3321	3315	3315
R^2	0.5619	0.5619	0.5622	0.9549	0.5630	0.0731	0.5627

注：*、**、***分别表示在10%、5%、1%的水平上显著，括号里的数值为标准误。
资料来源：笔者整理。

五、稳健性检验

为了进一步证明实证检验结果的准确性，选择替换被解释变量的方法重新进行实证回归，利用 *tfp_lp* 代替 *tfp_op* 进行稳健性检验，实证结果没有方向和显著性的变化，说明实证结果具有稳健性。稳健性检验结果如表7–11所示。

表 7 - 11　　　　　　　　　　　稳健性检验结果

变量	基准回归 tfp_lp (1)	VC_share tfp_lp (2)	VC_num tfp_lp (3)	以 SA 为中介变量 SA (4)	以 SA 为中介变量 tfp_lp (5)	以 lnRD 为中介变量 lnRD (6)	以 lnRD 为中介变量 tfp_lp (7)
VC	0.078** (0.038)			−0.003*** (0.001)	0.073* (0.041)	0.180* (0.094)	0.076* (0.040)
VC_share		0.157* (0.094)					
VC_num			0.027* (0.015)				
SA					−1.761** (0.749)		
lnRD							0.013*** (0.004)
Size	1.241*** (0.065)	1.238*** (0.065)	1.237*** (0.065)	0.086*** (0.006)	1.393*** (0.098)	0.254 (0.322)	1.246*** (0.065)
Age	0.937*** (0.360)	0.927** (0.359)	0.933*** (0.359)	0.008 (0.027)	0.951*** (0.352)	−2.583 (2.205)	0.913** (0.360)
ROE	6.223*** (0.322)	6.223*** (0.323)	6.225*** (0.323)	−0.080*** (0.015)	6.083*** (0.338)	−5.835*** (0.935)	6.147*** (0.324)
Lev	−1.207*** (0.212)	−1.197*** (0.213)	−1.195*** (0.213)	−0.071*** (0.014)	−1.332*** (0.213)	−2.834*** (1.078)	−1.242*** (0.211)
Growth	0.165*** (0.049)	0.167*** (0.049)	0.166*** (0.049)	0.022*** (0.003)	0.204*** (0.050)	−1.479*** (0.234)	0.147*** (0.050)
TOP	−0.180 (0.397)	−0.127 (0.396)	−0.139 (0.395)	0.017 (0.033)	−0.150 (0.395)	−2.258 (2.312)	−0.201 (0.394)
_cons	−22.628*** (1.552)	−22.617*** (1.557)	−22.601*** (1.558)	1.496*** (0.127)	−19.993*** (1.788)	9.505* (5.430)	−22.570*** (1.549)
N	3950	3950	3950	3950	3950	3950	3950
年度效应	控制	控制	控制	控制	控制	控制	控制
行业效应	控制	控制	控制	控制	控制	控制	控制
R^2	0.5702	0.5697	0.5698	0.9523	0.5731	0.0752	0.5719

注：*、**、*** 分别表示在 10%、5%、1% 的水平上显著，括号里的数值为标准误。
资料来源：笔者整理。

从表 7 – 11 中可以看出，风险投资对全要素生产率回归模型的 R^2 都在 0.5 以上，这说明模型的拟合优度尚可，变量的选择比较合适。从各变量结果来看，所有变量均通过了显著性检验。在 5% 的显著性水平下，在第（1）列中风险投资参与（VC）对 tfp_lp 具有显著的正向影响，风险投资参与对企业全要素生产率具有促进作用；在第（4）列中融资约束（SA）对 tfp_lp 具有显著的负向影响，因此融资约束（SA）在风险投资（VC）对 tfp_lp 的影响中起到负向中介作用；在第（6）列中，研发投入（lnRD）对 tfp_lp 具有显著的正向影响，因此研发投入（lnRD）在风险投资（VC）对 tfp_lp 的影响中起到正向中介作用；在第（2）列中风险投资持股（VC_share）对 tfp_lp 具有显著的正向影响；在第（3）列中风险投资介入方式（VC_num）对 tfp_lp 具有显著的正向影响，这与前面回归结果一致。

小　结

本章从全要素生产率视角，选取创业板中属于战略性新兴产业的公司 2009 ~ 2019 年的数据，实证检验风险投资对战略性新兴产业全要素生产率的影响。研究发现：风险投资参股对战略性新兴产业全要素生产率有显著的促进作用，且持股比例高、联合投资这一介入方式的影响更大。机制检验发现风险投资通过缓解被投企业的融资约束和增加研发投入，促进新兴企业全要素生产率的提高。

第八章

政府风险投资与新兴产业发展

风险投资的资金来源逐渐多样化,近年来,政府出资、国有企业注资是风险投资逐渐壮大的重要资本来源,以 2020 年的数据来看,政府出资接近风险投资总体规模的 1/3。政府的资金具有扶持产业的性质,加大企业创新能力,培育新兴产业。因此,本章从企业创新投入视角分析政府背景风险投资对新兴产业的支持情况。

第一节 政府风险投资的典型事实

政府风险投资是指政府通过单独出资或与社会资本共同出资设立的、采用股权投资等市场化方式运作的、承担政府政策目标的风险投资。近年来,各国政府不断加大政府风险投资的力度,直接或间接地为中小企业提供股权融资(Brander et al.,2015)。在中国,是由各级政府通过预算安排、单独出资或与社会资本共同出资设立的、采用股权投资的风险投资机构,其投资形式在 1999 年之前以直接投资为主,由政府独立出资成立风险投资公司。1999 年 8 月,上海市政府成立了第一家地方政府的国有独资创业投资机构——上海创业投资有限公司。1999年之后,政府出资以参股为主,政府引导基金也成为政府支持风险投资发展的重要举措。2002 年中国设立了第一家政府出资的风险投资引导基金"中关村政府引导基金"。以政府引导基金为代表,进行政府风险投资发展的分析。

一、数量和规模不断增长，区域分布不平衡

2011～2019 年政府引导基金成立的数量和规模如图 8－1 所示。从规模上看，2011～2017 年呈增长状态，2015 年前政府出资缓慢增长。2015～2017 年，政府风险投资呈现快速增长，特别是 2016 年，与 2015 年相比规模增长速度明显；2017 年有 267 支引导基金成立并且体量达 34064.35 亿元，但是增速放缓，增长率仅为 3.45%，且 2017 年引导基金的成立数量明显低于 2016 年。从 2018 年开始，政府风险投资发展速度趋于平缓，无论从规模上还是数量上都是呈现一定程度的下降，2019 年 12 月新增规模仅为 8894.42 亿元，增长继续放缓，这可能与国家积极倡导政府引导基金转型有关。

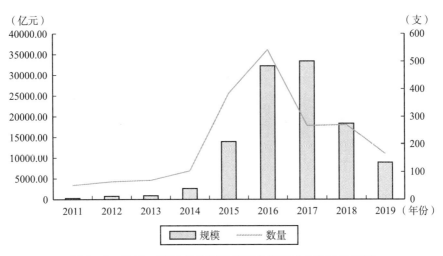

图 8－1 2011～2019 年我国政府风险投资成立数量及规模

资料来源：清科私募通。

据清科创业研究中心统计，截至 2021 年底，我国已累计设立 1988 支政府引导基金，认缴规模约 6.16 万亿元。而根据中国证券投资基金业协会数据，截至 2021 年底，我国私募股权、创业投资基金存量规模为 13.16 万亿元。这意味着，目前存续备案的私募股权类基金中，有近

一半的出资体量源自政府引导基金。

从图8-2和图8-3可见，在地区分布上，截至2019年12月，京津冀地区体量达18504.48亿元且在总体规模中占比为15%，市场份额与长三角、珠三角、京津冀和东北地区相比最高，已拥有487支政府风险投资，在总体数量中占比9%；长三角地区政府风险投资的规模为16614.42亿元，且在总体规模中占比为14%，市场份额仅次于京津冀地区的15%；珠三角地区目前已有204支政府风险投资且在总体数量

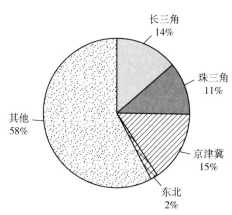

图8-2　截至2019年12月政府风险投资地域分布（规模）

资料来源：清科私募通。

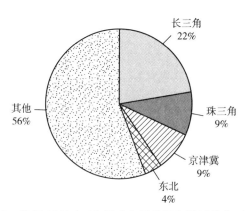

图8-3　截至2019年12月政府风险投资地域分布（数量）

资料来源：清科私募通。

中占比9%，数量仅居于长三角地区之后，与京津冀相同；东北地区政府风险投资规模为1927.94亿元，体量较少，在总体规模中占比为2%；其他地区引导基金体量达到69740.74亿元且在总体规模中占比58%，累计已拥有1216支，在总体数量中占比56%。

二、管理模式日愈专业化、市场化

我国最早设立政府风险投资的区域管理模式，主要为财政部门人员兼职担任，这种管理模式由于投资效率低，随着市场竞争加剧逐渐被淘汰。目前政府风险投资进入到第二代管理模式，通过市场化聘用和相应激励手段招入专业化基金管理团队来管理。管理人具备突出业绩、丰富经验以及极强专业性知识。以深创投为例，采用第二代管理模式，所管理的基金体量庞大至百亿级别乃至千亿级别。清科集团通过对引导基金总规模、累计和当期投资VC/PE子基金数量及金额、累计和当期参股子基金总规模、累计退出金额和回报水平共计九项指标综合评选出"2020年中国政府引导基金30强"。排名在前10位的政府引导基金及管理机构如表8-1所示。

表8-1　　　　　　　　2020年政府引导基金榜单前10位

序号	政府引导基金名称	管理机构名称
1	深圳市政府投资引导基金	深圳市创新投资集团有限公司
2	山东省新旧动能转换基金	山东省新动能基金管理有限公司
3	湖北省长江经济带产业引导基金合伙企业（有限合伙）	湖北省长江经济带产业基金有限公司
4	天津市海河产业基金合伙企业（有限合伙）	天津市海河产业基金管理有限公司
5	江苏省政府投资基金（有限合伙）	江苏金财投资有限公司
6	厦门市产业投资基金	厦门市创业投资有限公司
7	南京市政府投资基金	南京市创新投资集团
8	广州市新兴产业发展引导基金	广州市新兴产业发展基金管理有限公司

序号	政府引导基金名称	管理机构名称
9	杭州市创业投资引导基金	杭州高科技创业投资管理有限公司
10	安徽省高新投母基金	安徽省高新技术产业投资有限公司

资料来源：清科集团网站。

为了促进战略性新兴产业发展，专业化政府基金也逐步成立。2018年6月，国家发改委与中国建设银行签署了关于共同发起设立战略性新兴产业发展基金的战略合作备忘录，设立国家级战略性新兴产业发展基金，基金目标规模约3000亿元。2020年4月，广东省战略性新兴产业发展基金完成设立，按照"引导基金—子基金集群—项目基金"的三层架构体系搭建，目标规模200亿元。清科数据显示，2021年新设立的产业政府引导基金投资领域比较集中，多以高端制造、生物医药、新能源等战略性新兴产业为主。

三、政府风险投资管理方式不一

如图8-4所示，政府风险投资管理方式不一，主要方式有适当比例跟投、不会加入基金决策委员会、不跟进投资、不介入基金事务、希望加入基金决策委员会等，其中适当比例跟投占比最高，达42.11%。而基金是否跟投的关键取决于母基金和其子基金之间的份额协商能力、谈判能力的高低；与之相反，有5.26%的基金选择不会跟投，愿意下放给子基金更多的投资决策权；其中也有10.53%的政府风险投资表示不会介入任何基金管理事务；决策委员会作为基金公司的最高决策机构，拥有基金决策的灵魂，然而却有21.05%的政府风险投资在投资后不愿加入决策委，更多地放权给子基金和企业，而政府风险投资表示愿意加入决策委的占比也为21.05%。对于不同的政府风险投资基金，对于基金的管理方式存在差异，所希望拥有的决策权力也有所不同。

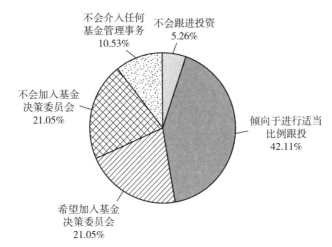

图 8 - 4　政府风险投资在投资管理中的角色

资料来源：投中研究院调研报告。

第二节　理论分析与假设提出

鉴于创新对于新兴产业发展的核心作用，本节从创新投入角度分析政府背景风险投资对新兴产业发展的影响。一方面，考虑政府风险投资对企业创新投入的总体影响；另一方面，考虑政府风险投资通过何种途径影响企业创新投入。

一、政府风投影响企业创新投入的假设提出

目前大多数学者基于资源基础理论和认证效应理论认为政府风险投资对企业创新有促进效应。政府风险投资进入企业后会对企业创新效率有改善作用（Bertoni & Tykvova，2015）。政府风险投资参股可以帮助企业改善融资困境，并通过对企业经营进行监督、对市场其他投资者产生认证效应的方式影响企业的经营和创新。

企业创新是高风险高投入的活动，创新投入首先需要资金支持，政府风险投资参股企业为企业提供资金支持。众多中小企业由于业务风险

高、规模小以及难以准确量化,会在一定程度上阻碍日常创新投入。但政府风险投资可以为企业提供自有资金支持,同时也可以为企业吸引来外部资金的支持。其次,缓解企业与外部投资者之间的信息不对称。市场中信息披露制度尚不完善,但是政府风险投资将资金注入企业,为企业成长和质量评估带来了认证效应,因此能够缓解被投资企业与投资者之间的信息不对称,为企业带来许多经营性便利,促进企业创新投入。最后,根据资源基础理论,企业与政府风险投资机构都是各项资源的集合体,企业在成长初期往往由于资源不足陷入发展困境,而政府风险投资的各项资本及资源整合能力远远强于企业,能够为其提供资源支持,帮助企业发展壮大,促进企业创新投入的提升,因此提出假设8-1。

假设8-1:政府风险投资对企业创新投入有正向影响。

二、政府风投影响创新投入中介效应的假设提出

(一)融资约束的中介效应分析

资源基础理论指出,资金是影响企业创新的重要资源。迈尔斯和迈勒夫(1984)的融资优序理论认为,企业创新融资优先考虑内源融资,内源融资在用于投资时受到的约束较少。当内源融资无法满足企业发展需求时,企业只能寻求外源融资。然而,由于我国金融市场信贷资源配置的选择性偏好和企业创新投资的自身属性特征,导致企业陷入融资约束困境。加之地方政府长期存在的基于区域间竞争的投资拉动需求,将本已稀缺的银行信贷资源进一步引向地方政府融资平台、存量房地产等土地财政部门及产能过剩的重资产行业,大量信贷资源被隐形债务占据,导致初创企业很难获得信贷融资。周煜皓和张盛勇(2014)认为企业创新投资在重重信贷配置的挤压下经受着更高程度的融资约束,制约企业创新水平的提升。

融资约束会抑制企业的创新投入,研发投入存在融资约束,比一般投资面临更严重的外部融资困难(Himmelberg & Petersen,1994)。企业开展创新项目,需要长期持续性地投入大量资金,一旦资金不足,企业生产项目将不得不暂停,甚至终止。张璇等(2019)研究发现,企业

的融资约束程度严重地抑制了我国企业的创新投入。周开国等（2017）认为，融资约束不仅会阻碍企业自身的内部生产活动，也会减少企业之间的协同创新活动。而政府风险投资参股可以通过降低企业融资约束，帮助企业对外融资，吸引其他外部债权和股权投资者从而提高企业的创新投入。因此，在政府风险投资与企业创新投入之间存在某种作用机制，即政府风险投资通过降低企业的融资约束，帮助企业获得更多的资源，从而促进企业提高创新投入。由此提出假设 8 - 2。

假设 8 - 2：政府风险投资通过降低企业融资约束促进企业创新投入增加。

（二）政府补助的中介效应分析

政府补助是指政府为促进企业展开创新活动所给予企业的补贴优惠政策，通过给予补贴的形式减轻企业创新资金的压力，进而促进被补助企业的创新投入。首先，企业获得政府补助，表明企业的新项目通过了政府的技术审查，获得了政府的认可和支持，并且大多数获得补助的企业创新项目均属于政策鼓励与扶持发展范围，这说明这些创新项目有前景及潜力。政府补助降低了企业创新项目的失败风险，企业就会更安心地加大创新投入。其次，企业获得政府补助之后，作为一种被政府认证的信号，也会对各科研单位与研究机构产生影响，促进产学研的合作，保证企业的创新项目难题顺利被攻克。最后，即使企业的创新项目最终失败了，政府补助亦可以看作是对创新失败损失的某种补贴，从而可以相对减少企业的损失，降低企业的风险厌恶程度，使得企业在加大创新投入上没有后顾之忧。严若森和吴梦茜（2020）通过研究发现，政府补助力度越大，企业创新意愿就越明显，企业在创新研发上投入的金额就越多。

企业的政治关联是影响政府补助是否投入的一大因素，企业有政府背景，地方政府就越愿意向该企业投入政府补助，该企业获得的财政补助资金就越多。政府风险投资的参股，会给企业带来政府背景上的关联，将帮助企业提高获得政府补助的概率。综上所述，政府风险投资可以为企业提高政府补助，从而为企业研发活动提供资金支持，企业研发又可以为企业带来内部增长动力，提高企业创新投入。企业通过政府补助形成新的技术优势，并将这种技术优势投入市场，最终为企业带来收益。基于上述分析，提出假设 8 - 3。

假设 8 - 3：政府风险投资通过提高企业政府补助促进企业创新投入增加。

三、政府风投影响创新投入异质性效应的假设提出

（一）企业生命周期的影响

海尔瑞（Haire）在 1959 年提出企业生命周期理论。企业处于不同的生命周期，面临的外部市场发展环境和内部决策环境等都存在显著差异，企业创新投入的发展计划不同，企业创新投入上也会存在较大的差异。狄金森（Dickinson，2011）在总结前人的研究基础上，将生命周期分为三阶段，即成长期、成熟期以及衰退期。考虑到我国战略性新兴产业的发展历程，新兴产业发展周期主要包括初创期、发展期、成熟期和持续期四个阶段。

新兴产业初创阶段具有轻资产、投入周期长、高风险、预期不稳等特征，企业现金流不稳定，对外的融资能力不足。新兴产业处于发展期，需要资金用于产品批量开发和市场推广，技术风险相对下降，市场风险突出。处于初创和发展阶段的新兴产业以技术获得成功、在市场中扎根为目标，通过增强核心竞争力以求占据一席之地。此阶段的企业十分渴望得到外部资金的注入，但巨大的资金缺口及有限的筹资能力往往让企业力不从心，从而兼顾不到企业的创新投入，面临着严重的创新问题。因此，政府风险投资的参股能解决企业的资金不足问题，提高企业创新投入水平。

新兴产业在成熟期和持续期阶段，技术风险和市场不确定性大大下降，企业的盈利能力增强。市场占有率也处于该企业的顶峰时期，拥有丰厚的盈余累积。雄厚的财务能力和不断增长的经营现金流使得企业放缓了扩张的速度，从而更有精力和时间考虑创新活动的研发及投入。因此，这让处于成熟期和持续期的企业更有动力不断加大创新投入。政府

风险投资参股，对于成熟期的企业来说，资金的需求是一方面，政府风险投资参股更有利于企业获得其他方面的支持，进一步促进企业创新投入。

基于以上分析，提出假设8-4。

假设8-4：政府风险投资对不同生命周期的企业创新投入具有不同程度的影响。

（二）企业产权性质的影响

企业产权性质不同，其公司治理、信息质量、企业价值和研发投入必然存在着差异（辛清泉、谭伟强，2009；徐明东、田素华，2013）。国有企业中，存在着复杂的委托代理关系。周黎安和罗凯（2005）基于委托代理理论认为，在国有企业中，一般"代理股东"由政府以及政府代理机构担任，存在着很长的代理链条使得其无法脱身，弱化了监督管理机制。监督机制的缺乏使得国有企业的高层管理者在进行投资决策时，会存在偏颇和利己的现象，并视自己的收益决定投资选择。这容易使国有企业的投资较为保守，而在获得政府风险投资的投资时，利用效率并不高。刘和旺等（2015）基于政策迎合理论角度分析后，发现国有企业在国家政策实施中被迫承担着排头兵的责任，因此在推进创新投入的过程中，难以自发开展创新活动，很难主动将政府风险投资带来的融资应用于创新投入。

非国有企业中管理者和所有者存在重合关系，代理关系相对较弱。在非国有企业中，股权集中和管理机构冗余问题弱于国企，管理者往往会以股东利益最大化为其经营目标。当企业出现危机或者亏损的时候，管理者就会成为风险偏好者，选择扩大投资规模，进行创新研发力图挽救企业和度过危机。如果冒险创新成功，那就将扭亏为盈，但如果不冒险创新那么就不利于企业的长远发展。非国有企业由于所处的环境竞争激烈及其追逐利润的天性，对政府风险投资的需求较国有企业更为迫切。除此之外，非国有企业还具备机制灵活、市场嗅觉敏锐和经营高效的特点。因此，在获得政府风险投资投资的时候，非国有企业会为了自身发展极力抓住机会进行企业创新投入。基于以上分析，提出假设 8 - 5。

假设 8 - 5：政府风险投资对不同产权性质企业的创新投入具有不同程度的影响。

第三节 研 究 设 计

一、样本选取与数据来源

本节选取创业板中战略性新兴产业的企业为研究对象。成立于 2009 年的创业板定位于服务具有较大的发展潜力但尚没未达到主板上市标准的创新型企业。这一版块中战略性新兴产业的数量较多，且研发活动、产品和技术的创新性对这些企业的生存及发展尤为重要，另外，创业板中较多企业受到风险投资的支持，故选取创业板上市企业为研究对象。

企业创新投入、融资约束和政府补助以及控制变量的数据均取自 CSMAR 数据库和 WIND 数据库。政府风险投资的识别参考了吴超鹏等（2012）和王晗等（2018）的做法。整理出创业板上市公司十大股东中风险投资的名录，将十大股东中包含政府机构如："国务院""国资委""政府""管委会""财政局""科技局"等持股但并未达到控股程度且通过委托给非政府机构管理的基金归类为政府风险投资，共得到 203 家政府风险投资的企业。样本时间为：2009 ~ 2019 年，并按如下标准进行筛选：（1）剔除财务数据缺失的样本。（2）剔除创业板中 ST、*ST 的企业、金融、房地产企业。（3）剔除融资约束、政府补助等数据未完全披露的企业，以避免分析结果出现误差。筛选后共获得 629 个样本，其中政府风险投资企业 203 家，无政府风险投资的企业 426 家，企业全样本为 3950 条数据。

二、变量选取与模型设定

（一）变量选取

被解释变量为企业创新投入（RD）：参考邹双和成力为（2019）的做法，以研发支出来衡量企业创新投入，实证中取其对数值。

解释变量为政府风险投资（GVC）：以是否拥有政府风险投资的虚拟变量来度量政府风险投资。若有政府风险投资参与，则 $GVC = 1$，否则 $GVC = 0$。

中介变量为融资约束（SA）和政府补助（SUB）：融资约束借鉴魏志华等（2014）的研究，通过 SA 指数来衡量。政府补助参考陈涛和赵婧君（2020）的做法，以政府补助金额的自然对数来衡量。

选取控制变量如表 8-2 所示。

表 8-2　　　　　　　　　　　　变量定义

变量类型	变量名称	变量代码	变量含义
解释变量	企业创新投入	RD	以研发支出的对数值来衡量
被解释变量	政府风险投资	GVC	若有政府风险投资参与，则 $GVC = 1$，否则 $GVC = 0$
中介变量	融资约束	SA	用 SA 指数用来度量融资约束程度
	政府补助	SUB	政府补助的对数
控制变量	企业规模	$Size$	企业年末资产的对数
	企业年龄	Age	报告期年份减去企业成立的年份加 1 的对数
	盈利能力	ROE	净资产收益率
	偿债能力	Lev	资产负债率
	成长能力	$Growth$	营业收入增长率
	股权集中度	TOP	企业第一大股东持股比例

资料来源：笔者整理。

企业规模（$Size$）：企业规模体现一个企业的经济发展能力。一般来说，规模大的企业，拥有良好的盈利能力，但规模的扩大也会带来一些影响企业成长及创新效率的问题。企业规模采用期末总资产进行衡量，并在实证时进行对数化处理。

企业年龄（Age）：企业年龄对于企业的创新能力、创新产出都会带来较大影响，成立时间越长，过去试错的机会也就越多，投入在技术研发的时间就越长，经验也就越丰富，从而能够提升创新活动的产出与效率。取企业年龄 +1 的对数进行衡量。

盈利能力（ROE）：盈利能力越高代表净利润就越高，只有企业盈利水平强，才能支持公司源源不断地进行研发创新，促进创新投入的提升。选用净资产收益率来衡量。

偿债能力（Lev）：资产负债率是企业负债与资产的比例，反映企业资产中以借债形式获得融资的规模，也是企业清算时给债权人利益保护的程度。该比率可以衡量企业债务资产比，值越大表示财务风险就越大，对于企业创新投入有着负向的影响，以企业的资产负债率来衡量。

成长能力（Growth）：该值能直接反映企业核心业务盈利水平及其产品或工艺在市场的销售情况，是企业良好财务能力的重要表现，企业持续进行技术与研发工作所需要的资金投入离不开其自身财务的支持，所以不断增长的企业成长能力有助于企业研发投入的增加，以营业收入增长率来反映企业成长能力。

股权集中度（TOP）：该值反映企业的股东参股分散程度，它也体现了公司稳定性，控制权的强弱及公司结构的平衡。以企业第一大股东持股比例来衡量。

（二）模型设定

为了验证政府风险投资对企业创新投入的影响，参考温忠麟和叶宝娟（2014）的方法构建以下递归（Recursive）模型，首先构建基本模型（8 - 1）以检验假设 8 - 1。

$$RD_{it} = \alpha_0 + \alpha_1 GVC_{it} + \alpha_2 control_{it} + \alpha_3 year_{it} + \alpha_4 industry_{it} + \varepsilon_{it}$$

$$(8 - 1)$$

为检验融资约束在政府风险投资影响企业创新投入的中介传导作用，验证假设 8 - 2，设定的模型如下：

$$SA_{it} = \beta_0 + \beta_1 GVC_{it} + \beta_2 control_{it} + \beta_3 year_{it} + \beta_4 industry_{it} + \varepsilon_{it}$$

$$(8-2)$$

$$RD_{it} = \delta_0 + \delta_1 GVC_{it} + \delta_2 SA_{it} + \delta_3 control_{it} + \delta_4 year_{it} + \delta_5 industry_{it} + \varepsilon_{it}$$

$$(8-3)$$

为检验政府补助在政府风险投资影响企业创新投入的中介传导作用，验证假设 8 - 3，模型设定如下：

$$SUB_{it} = \mu_0 + \mu_1 GVC_{it} + \mu_2 control_{it} + \mu_3 year_{it} + \mu_4 industry_{it} + \varepsilon_{it}$$

$$(8-4)$$

$$RD_{it} = \varphi_0 + \varphi_1 GVC_{it} + \varphi_2 SUB_{it} + \varphi_3 control_{it} + \varphi_4 year_{it} + \varphi_5 industry_{it} + \varepsilon_{it}$$

$$(8-5)$$

为了进一步检验不同企业生命周期以及不同企业产权性质角度下政府风险投资和企业创新投入之间的关系，分别探究初创成长期、成熟持续期这两个不同的生命周期阶段，政府风险投资对企业创新投入的影响。基于产权异质性把样本划分为：国有企业及非国有企业，并对政府风险投资能否影响企业创新投入进行检验。

生命周期理论由海尔瑞最先在 1959 年提出，并将其引入企业的相关研究中。通过研究发现，不同生命周期的企业会受到不同风险的威胁。从此以后，许多学者都对生命周期理论进行了大量的研究。近些年，狄金森（2011）在前人研究的基础上，利用融资活动现金流、投资活动现金流和经营活动现金流构建了目前使用最广的划分企业生命周期的指标。这些指标综合反映了企业的经营、成长、风险等方面的情况，其构建的指标代理变量，克服了以往指标单一性的弊端。因此，结合创业板战略性新兴产业上市公司的特征，参考其做法，通过现金流组合法将企业发展划分为初创成长期、成熟持续期两个阶段。如表 8 - 3 所示，为这两个时期的现金流分布特征。

表 8 – 3　　　　　　企业不同生命周期的现金流特征组合

现金流净额	初创成长期		成熟持续期					
	初创期	成长期	成熟期	持续期	持续期	持续期	持续期	持续期
经营现金流净额	–	+	+	–	+	+	–	–
投资现金流净额	–	–	–	–	+	+	+	+
筹资现金流净额	+	+	+	–	–	–	+	–

资料来源：笔者整理。

三、描述性统计分析

首先，对各变量做1%的Winsorise处理以消除离群值，避免影响回归结果。各变量的描述性统计结果如表8-4所示。

表 8 – 4　　　　　　　　描述性统计结果

变量	观察值	平均值	标准差	最小值	最大值
RD	3939	17.538	0.943	15.407	20.184
GVC	3950	0.192	0.247	0	1
Size	3950	21.19	0.834	18.68	25.34
Age	3950	2.738	0.334	1.609	3.367
ROE	3950	0.083	0.111	– 0.548	0.485
Lev	3950	0.286	0.167	0.035	0.747
Growth	3950	0.234	0.341	– 0.440	1.727
TOP	3950	0.309	0.126	0.030	0.812

资料来源：笔者整理。

通过以上的统计分析，在最终有效的629家样本企业中，有政府风险投资的企业有203家，无政府风险投资的企业有426家，政府风险投资的标准差为 0.247，平均值为 0.192，表明政府风险投资对于创业板战略性新兴产业在十大股东中占比不高。在企业创新投入方面，平均值为 17.538，标准差为 0.943，企业创新投入存在着一定的差距。

控制变量中，企业规模、年龄、盈利能力、偿债能力、成长能力以及企业股权集中度的均值分别为 21.19、2.738、0.083、0.286、0.234、0.309，其中企业规模的差值较大，标准差为 0.834。盈利能力和成长能力有负值，说明企业的盈利和营业收入参差不齐，相差较大。负债能力和股权集中度相差较大且都为正，其中负债能力最小为 3.5%，最大为 74.7%，部分企业的资产负债率较高。

剔除缺失值后，根据生命周期和产权性质将样本划分。生命周期样本中，初创成长期企业 1669 个样本，成熟持续期企业 2270 个样本；产权性质样本中，国有企业 472 个样本，非国有企业 3467 个样本。生命周期异质性统计结果见表 8-5，企业产权异质性统计结果如表 8-6 所示。

表 8-5   初创成长期和成熟持续期企业的描述性统计结果

阶段	变量	观察值	平均值	标准差	最小值	最大值
初创成长期	RD	1669	17.5266	0.9416	15.3329	21.8192
	GVC	1670	0.2258	0.2735	0	1
	Size	1670	21.1824	0.8593	18.6794	25.3418
	Age	1670	2.6315	0.3297	1.3862	3.4965
	ROE	1670	0.0884	0.1019	-0.5483	0.4851
	Lev	1670	0.3043	0.1651	0.0350	0.7471
	Growth	1670	0.2502	0.3394	-0.4395	1.7265
	TOP	1670	0.3083	0.1260	0.0698	0.8118

续表

阶段	变量	观察值	平均值	标准差	最小值	最大值
成熟 持续期	RD	2270	17.5479	0.9447	14.1612	21.2237
	GVC	2280	0.1649	0.2251	0	1
	Size	2280	21.1918	0.8156	18.8108	24.1021
	Age	2280	2.6502	0.3367	1.3862	3.7376
	ROE	2280	0.0798	0.1174	-0.5483	0.4851
	Lev	2280	0.2718	0.1667	0.0351	0.7471
	Growth	2280	0.2212	0.3422	-0.4395	1.7265
	TOP	2280	0.3093	0.1259	0.0300	0.8110

资料来源：笔者整理。

表 8-6　　　　国企与非国企性质的描述性统计结果

阶段	变量	观察值	平均值	标准差	最小值	最大值
国企	RD	472	17.5941	0.9085	15.4072	20.1843
	GVC	472	0.4021	0.3619	0	1
	Size	472	21.4123	0.8828	19.1027	24.9337
	Age	472	2.6965	0.3326	1.3862	3.5263
	ROE	472	0.0731	0.1087	-0.5483	0.4401
	Lev	472	0.3224	0.1631	0.0350	0.7470
	Growth	472	0.2256	0.3426	-0.4395	1.7265
	TOP	472	0.3065	0.1155	0.0300	0.6626
非国企	RD	3467	17.5314	0.9479	14.1612	21.8192
	GVC	3478	0.1609	0.2244	0	1
	Size	3478	21.1574	0.8229	18.6794	25.3418
	Age	3478	2.6349	0.3334	1.3862	3.7376

续表

阶段	变量	观察值	平均值	标准差	最小值	最大值
非国企	*ROE*	3478	0.0849	0.1115	− 0.5483	0.4851
	Lev	3478	0.2805	0.1667	0.0351	0.7470
	Growth	3478	0.2346	0.3411	− 0.4395	1.7265
	TOP	3478	0.3092	0.1273	0.0558	0.8118

资料来源：笔者整理。

如表 8 – 5 所示，企业创新投入的均值在成熟持续期为 17.5479，初创成长期为 17.5266，表明成熟持续期企业的创新投入略高于初创成长期，但初创成长期最小值与最大值均大于成熟持续期企业；初创成长期政府风险投资均值为 0.2258，成熟持续期政府风险投资均值为 0.1649，表明在创业板战略性新兴企业中更多初创成长期企业获得政府风险投资的青睐。

在控制变量中，不同生命周期，企业规模差距不大。企业年龄差距也不明显。企业的股权集中度初创成长期和成熟持续期分别为 0.3083 和 0.3093，差距较小。而从企业盈利能力均值上看，初创成长期企业的盈利能力强，均值为 0.0884，成熟持续期企业的盈利能力明显低于初创成长期，均值为 0.0798；从资产负债率来看，初创成长期的资产负债率为 0.3043，成熟持续期的资产负债率为 0.2718，初创成长期相对于成熟持续期而言，现金流和留存收益与成熟持续期企业相比要少，具有更高的负债率；从企业的成长能力均值看，初创成长期的成长能力为 0.2502，成熟持续期的成长能力为 0.2212，显示出初创成长期具有更好的成长性。

如表 8 – 6 所示的描述性统计所示，企业创新投入均值在国有企业高于非国有企业，分别为 17.5941 和 17.5314；国有企业获得政府风险投资支持的均值为 0.4021，明显高于非国有企业的 0.1609，国有企业更容易获得政府风险投资的支持。控制变量中，国有企业与非国有企业

的企业规模均值分别为 21.4123 和 21.1574，企业年龄分别为 2.6965
和 2.6349，股权集中度分别为 0.3065 和 0.3092，这些变量在国企和非
国企中相差不大。从净资产收益率的均值上看，非国有企业为 0.0849，
大于国有企业的 0.0731，非国有企业的盈利能力更强。从企业的资产
负债率来看，国有企业为 0.3224，非国有企业为 0.2805，国有企业的
负债高于非国有企业；企业成长能力均值也差别，非国有企业为
0.2346，而国有企业为 0.2256，非国有企业的成长性更高。

四、相关性分析

从表 8-7 的 Pearson 相关性结果可以看出，模型中各变量之间的相
关系数均明显较低；计算方差膨胀因子也就是 VIF 值，结果显示最大值
为 1.73，均值为 1.32，远远小于 10 的临界值。说明各个变量之间不存
在多重共线性。政府风险投资（GVC）与创新投入（RD）存在显著的
正相关关系，同时各变量之间也显著相关。

表 8-7 相关性结果分析

变量	RD	GVC	Size	Age	ROE	Lev	Growth	TOP
RD	1							
GVC	0.046***	1						
Size	0.738***	0.053***	1					
Age	0.244***	0.049***	0.229***	1				
ROE	0.042***	0.001	-0.128***	-0.131***	1			
Lev	-0.330***	0.028*	0.451***	0.174***	-0.143***	1		
Growth	0.083***	-0.018	0.119***	-0.069***	0.300***	0.120***	1	
TOP	-0.183***	-0.092***	-0.139***	-0.076***	0.134***	-0.036*	0.008	1

注：*、***分别表示在 10%、1% 的水平上显著。
资料来源：笔者整理。

表 8-7 列出了主要变量的相关系数，其中企业创新投入与政府风险投资之间为显著正相关关系，相关系数为 0.046，为假设提供了初步支持。各控制变量除企业规模与研发投入的相关系数大于 0.7 之外，其余变量之间的系数大部分都小于 0.5，各控制变量与政府风险投资（GVC）之间的系数都小于 0.1，因此可以判断出不存在多重共线性问题。

第四节　实证结果分析

一、基准回归结果分析

为了验证假设 8-1，同时增强模型估计结果的稳定性和可靠度，利用面板数据混合效应模型、固定效应模型和随机效应模型三种检验，根据 Hausman 检验结果显示应拒绝原假设，因此选择固定效应模型，因此后续分样本检验都将使用固定效应模型。将随机效应模型作为稳健性检验之一，相关的回归结果如表 8-8 所示。

表 8-8　　　　政府风险投资对企业创新投入的影响

变量	(1) FE	(2) RE
GVC	0.089 * (0.047)	0.064 * (0.037)
Size	0.640 *** (0.032)	0.679 *** (0.015)
Age	0.086 *** (0.010)	0.007 (0.007)
ROE	0.185 ** (0.092)	0.236 *** (0.061)

变量	（1） FE	（2） RE
Lev	0.454 *** （0.093）	0.392 *** （0.059）
Growth	0.009 （0.021）	0.004 （0.017）
TOP	− 0.500 * （0.270）	− 0.367 *** （0.109）
时间效应	控制	控制
行业效应	控制	控制
_cons	3.675 *** （0.670）	1.452 ** （0.589）
N	3939	3939
R^2	0.7749	0.7744

注：*、**、*** 分别表示在 10%、5%、1% 的水平上显著，括号里的数值为标准误。
资料来源：笔者整理。

政府风险投资与战略性新兴产业企业创新投入的基准回归结果如表 8 - 8 所示。根据 Hausman 检验结果，以（1）式固定效应模型结果进行分析。R^2 为 0.7749，表明模型模拟程度良好，能够较好地解释变量之间的关系。政府风险投资与企业创新投入在 10% 的置信水平下显著正相关，且相关系数为 0.089，这意味着政府风险投资介入企业后，对企业的创新投入能够起到有效的促进作用，验证假设 8 - 1，即政府风险投资能够有效地提高企业创新投入。作为政府间接资助方式的政府风险投资给企业带来资金，企业借助其给予的认证效应获得了稳定的人力、财力和资源整合能力，解决了经营与资金上的难题，促进了企业创新投入。不仅如此，政府风险投资在一定程度上帮助企业管理决策及提高公司治理水平，从而有效地保证了企业专款专用，限制企业滥用创新资金或者将创新资金挪作他用的行为，提升了资源开发利用效率，进而有更强的能力提高自身的研发投入。

二、中介效应分析

（一）融资约束的中介效应

采用 SA 指数来衡量企业的融资约束。检验政府风险投资是否通过缓解企业的融资约束这一中介机制给企业创新投入所带来的影响。

借鉴温忠麟和叶宝娟（2014）的做法，先判断在加入中介变量以后模型是否显著，若不显著则为完全中介效应，若显著且系数小于没有加入中介变量前的系数则为部分中介效应，其次考察 Sobel 检验结果的 P 值是否显著。

根据前文所述，融资约束的衡量上采用 SA 指数模型，由表 8 - 9 可以看出，P 值显著，因此初步判定存在中介效应。

表 8 - 9　　　以 *SA* 为中介变量的 Sobel - Goodman 中介效应检验结果

Coef	Std	Err	Z	P > |Z|
Sobel	0.00775	0.00367	2.110	0.0348
Goodman - 1	0.00775	0.00372	2.079	0.0376
Goodman - 2	0.00775	0.00361	0.144	0.0320

资料来源：笔者整理。

由表 8 - 10 可以看出，模型（1）式中，政府风险投资与企业创新投入在 1% 的置信水平下显著，且系数为 0.089。在加入中介变量（*SA* 指数）后，模型（2）式中显示政府风险投资的系数为 - 0.019，与 *SA* 指数显著负相关，表明政府风险投资的介入能显著缓解企业的融资约束。在模型（3）式中，政府风险投资的回归系数为 0.073 且在 5% 的置信水平下显著，此时融资约束的系数为 - 0.918，且在 1% 的置信水平下显著；政府风险投资影响创新投入的模型里加入融资约束变量后发现，政府风险投资的系数由不加入中介变量的 0.089 变成 0.073，小于不加入融资约束前政府风险投资的系数，初步判断为融资约束在此模型中起到了部分中介作用。Sobel 检验结果（Z = 2.110，

P < 0.05）也证实了政府风险投资与融资约束的显著相关性，这表明政府风险投资参股能缓解企业的融资约束。按照中介效应检验程序可以得出：融资约束在政府风险投资对企业创新投入的过程中起到了部分中介效应，中介效应存在，这一结果也验证了假设 8 – 2。

表 8 – 10　　　　　　　以 *SA* 为中介变量的中介效应回归结果

变量	（1） *RD*	（2） *SA*	（3） *RD*
GVC	0.089 * （0.047）	– 0.019 *** （0.006）	0.073 * （0.043）
SA			– 0.918 *** （0.293）
Size	0.640 *** （0.032）	0.086 *** （0.006）	0.719 *** （0.045）
Age	0.086 *** （0.010）	0.008 （0.027）	– 0.090 （0.223）
ROE	0.185 ** （0.092）	– 0.081 *** （0.015）	0.108 （0.093）
Lev	0.454 *** （0.093）	– 0.071 *** （0.014）	0.391 *** （0.094）
Growth	0.009 （0.021）	0.022 *** （0.003）	0.029 （0.021）
TOP	– 0.500 * （0.270）	0.015 （0.033）	– 0.491 * （0.278）
时间效应	控制	控制	控制
行业效应	控制	控制	控制
_cons	3.675 *** （0.670）	1.494 *** （0.127）	4.955 *** （0.736）
N	3939	3950	3939
R^2	0.7749	0.9525	0.7771

注：＊、＊＊、＊＊＊分别表示在10％、5％、1％的水平上显著，括号里的数值为标准误。
资料来源：笔者整理。

（二）政府补助的中介效应

检验政府风险投资是否通过政府补助这一中介机制影响企业创新投入，结果如表 8 - 11 所示。Sobel - Goodman 中介效应检验结果显示 P 值显著，因此初步判定存在中介效应。

表 8 - 11　　　　　以 *SUB* 为中介变量的 Sobel - Goodman 中介效应检验结果

Coef	Std	Err	Z	P > |Z|
Sobel	0.00208	0.00110	1.88269	0.0602
Goodman - 1	0.00208	0.00115	1.80086	0.0722
Goodman - 2	0.00208	0.00105	1.97348	0.0488

资料来源：笔者整理。

由表 8 - 12 可以看出，加入政府补助中介变量以后，模型（2）式中显示政府风险投资的回归系数为 0.441，在 10% 的置信水平下显著，这表明政府风险投资会提高政府补助，在模型（3）式中，政府风险投资的系数为 0.072 且在 10% 的水平上显著，政府补助的系数为 0.004 且显著。而政府风险投资的系数由不加入中介变量的 0.089 变动到 0.072，说明政府补助在此模型中起到了部分中介作用，Sobel 检验结果（Z = 1.882，P < 0.1）也证实了在加入政府补助的中介效应下政府风险投资对企业创新投入显著相关，这表明政府风险投资通过提高企业政府补助促进企业创新投入。政府补助在政府风险投资促进企业创新投入的过程中起到了部分中介效应，中介效应存在，这一结果也验证了假设 8 - 3。

表 8 - 12　　　　　以 *SUB* 为中介变量的中介效应回归结果

变量	(1) RD	(2) SUB	(3) RD
GVC	0.089 * (0.047)	0.441 * (0.265)	0.072 * (0.038)

变量	(1) RD	(2) SUB	(3) RD
SUB			0.004 * (0.002)
Size	0.640 *** (0.032)	0.833 *** (0.120)	0.636 *** (0.032)
Age	0.086 *** (0.010)	- 1.188 * (0.694)	- 0.093 (0.222)
Lev	0.185 ** (0.092)	0.310 (0.484)	0.179 * (0.092)
Growth	0.454 *** (0.093)	0.674 (0.506)	0.450 *** (0.093)
ROE	0.009 (0.021)	- 0.367 *** (0.142)	0.011 (0.022)
TOP	- 0.500 * (0.270)	- 0.924 (0.919)	- 0.488 * (0.266)
时间效应	控制	控制	控制
行业效应	控制	控制	控制
_cons	3.675 *** (0.670)	0.761 (2.695)	3.598 *** (0.662)
N	3939	3944	3939
R^2	0.7749	0.1380	0.7751

注：＊、＊＊、＊＊＊分别表示在10%、5%、1%的水平上显著，括号里的数值为标准误。
资料来源：笔者整理。

三、异质性效应分析

（一）企业生命周期的异质性效应

为了进一步衡量政府风险投资对战略性新兴产业企业创新投入的影响，本节讨论初创成长期和成熟持续期两个不同生命周期的企业中政府风险投资对企业创新投入的影响。根据 Hausman 检验显示拒绝原假设，因此选择固定效应模型，结果如表 8 - 13 所示。

表 8 - 13　　　　初创成长期和成熟持续期企业的实证结果分析

变量	初创成长期 RD	成熟持续期 RD
GVC	0.040 (0.090)	0.130* (0.072)
Size	0.581*** (0.049)	0.676*** (0.041)
Age	0.334 (0.315)	-0.410 (0.294)
ROE	0.227 (0.164)	0.146 (0.110)
Lev	0.425*** (0.132)	0.493*** (0.129)
Growth	0.016 (0.036)	0.006 (0.027)
TOP	-0.440 (0.395)	-0.532 (0.357)
时间效应	控制	控制
行业效应	控制	控制
_cons	3.793*** (1.139)	3.576*** (0.807)
N	1669	2270
R²	0.7986	0.7595

注：*、***分别表示在10%、1%的水平上显著，括号里的数值为标准误。
资料来源：笔者整理。

　　战略性新兴产业中初创成长期和成熟持续期企业的回归结果如表 8 - 13 所示。对初创成长期企业来说，政府风险投资对企业创新投入无显著性影响，这表明我国政府风险投资对初创成长期企业的投资并没有影响到企业的创新投入，尽管相较于成熟持续期，初创成长期获得政府风险投资的投资强度较高，但对于盈利和现金流量不足的企业，可能用于研发投入的资金相对较少；而对成熟持续期企业来说，二者存在显著正相关关系且系数为0.130，这表明成熟持续期阶段的企业，政府风险投资增加对企业的投资，能有效促进企业增加创新投入。假设8-4得到验证。

原因主要在于：一方面，相比初创成长期企业，成熟持续期企业在治理、经营以及财务上有较为成熟的体系。企业发展到一定的规模，组织结构比较稳固，经营风险较低，加之前期的经营积累，有充裕的现金流。此外能吸引大量投资者的青睐，融资方式更加广泛。此时的企业为获得更强的市场竞争力，会加大研发投入，面对政府风险投资带来的资金，能够物尽其用，因此政府风险投资在一定程度上会促进研发投入。另一方面，初创成长期企业组织结构相对简单，没有较为完善的内部管理制度。由于自身资源的限制，企业规模较小，占有的市场份额小，资金大多流向经营与发展，以抢占市场份额，立稳脚跟为首要任务，因此政府风险投资带去的资金不足以对其创新投入有立竿见影的影响。因此，成长期的企业进行创新研发的可能性相比成熟期企业更小。

（二）企业产权性质的异质性效应

按企业性质分组，将其划分为国有和非国有企业，研究政府风险投资对两种不同产权性质的企业创新投入的影响。根据 Hausman 检验显示拒绝原假设，因此选择了固定效应模型，回归结果如表8-14所示。

表8-14　　　　　　　　　　不同企业性质的实证结果分析

变量	国企 RD	非国企 RD
GVC	0.107 (0.191)	0.096 * (0.049)
Size	0.700 *** (0.073)	0.633 *** (0.036)

续表

变量	国企 RD	非国企 RD
Age	0.190 (0.406)	−0.177 (0.243)
ROE	0.368 (0.268)	0.152 (0.097)
Lev	0.332 (0.228)	0.467*** (0.102)
Growth	−0.050 (0.052)	0.017 (0.023)
TOP	−0.480 (0.457)	−0.540* (0.315)
时间效应	控制	控制
行业效应	控制	控制
_cons	1.624 (1.438)	3.926*** (0.726)
N	472	3467
R^2	0.7998	0.7733

注：*、***分别表示在10%、1%的水平上显著，括号里的数值为标准误。
资料来源：笔者整理。

如表8−14所示，在国有企业样本中政府风险投资与企业研发投入的回归系数为0.107，但不显著，这表明了我国政府风险投资对国有企业研发投入具有不显著的正向影响；而对非国有企业来说，政府风险投资对企业创新投入存在显著的正向相关关系，系数为0.096，表明政府风险投资对非国有企业创新投入的提高存在显著促进性，即政府风险投资能有效促进非国有企业的创新投入，而在国有企业中这种促进作用不显著，两者存在差异，假设8−5得到验证。

可能的原因在于：首先，国有企业的规模庞大，资金实力雄厚使得其对政府风险投资的资金支持并不渴求，这也导致了风投资金的利用率相比非国有企业较低。而非国有企业需要通过增强竞争力来更好地生存发展，因此在研发投入方面需求大，当得到政府风险投资的支持时，能有效进行资金配置，提高资金使用效率。其次，国有企业相比非国有企业有着严重的委托代理问题、股权集中及管理机构冗余问题，国企激励监督机制效率低下，也很大程度上弱化了企业创新的动力和积极性。而对非国有企业来说，产权关系和面临的生存危机与国有企业不同，创新激励也就更加激烈，当面对政府风险投资的支持时，更有意愿来增强企业研发投入。

四、稳健性检验与内生性检验

（一）针对主回归结果做稳健性检验和内生性检验

首先，以企业创新研发投入强度替代研发投入的绝对值进行稳健性检验；其次，使用工具变量法，利用政府风险投资滞后一期作为工具变量进行内生性检验，检验结果发现以上实证结果是可靠的。稳健性检验结果如表 8 – 15 所示，内生性检验结果如表 8 – 16 所示。

表 8 – 15　　　　　　　　稳健性检验—替换被解释变量

变量	基准回归	以 SA 为中介变量		以 SUB 为中介变量	
	RD （1）	SA （2）	RD （3）	SUB （4）	RD （5）
GVC	0.389 * （0.227）	− 0.019 *** （0.006）	0.385 * （0.230）	0.441 ** （0.176）	0.387 ** （0.151）
SA			− 0.178 *** （0.037）		
SUB					0.005 ** （0.002）
$Size$	0.009 （0.198）	0.086 *** （0.006）	− 0.006 （0.271）	0.833 *** （0.120）	0.009 （0.197）
Age	1.615 （1.802）	0.008 （0.027）	1.617 （1.803）	1.188 * （0.694）	1.606 （1.805）

续表

变量	基准回归	以 *SA* 为中介变量		以 *SUB* 为中介变量	
	RD （1）	*SA* （2）	*RD* （3）	*SUB* （4）	*RD* （5）
ROE	1.289 *** （0.153）	-0.022 *** （0.003）	1.293 *** （0.156）	0.367 *** （0.142）	1.287 *** （0.153）
Lev	-5.470 *** （0.739）	-0.081 *** （0.015）	-5.455 *** （0.764）	0.310 （0.484）	-5.476 *** （0.739）
Growth	-2.606 *** （0.802）	-0.071 *** （0.014）	-2.593 *** （0.836）	0.674 （0.506）	-2.620 *** （0.801）
TOP	-0.815 （1.781）	0.015 （0.033）	-0.817 （1.780）	-0.924 （0.919）	-0.771 （1.781）
时间效应	控制	控制	控制	控制	控制
行业效应	控制	控制	控制	控制	控制
_*cons*	11.603 ** （4.920）	1.494 *** （0.127）	11.335 ** （5.666）	0.761 （2.695）	11.643 ** （4.924）
N	3939	3950	3939	3944	3933
R^2	0.1029	0.9525	0.1029	0.1380	0.1030

注：* 、** 、*** 分别表示在10% 、5% 、1% 的水平上显著，括号里的数值为标准误。
资料来源：笔者整理。

表 8 - 16　　　　　　　　内生性检验—工具变量

变量	基准回归	以 *SA* 为中介变量		以 *SUB* 为中介变量	
	RD （1）	*SA* （2）	*RD* （3）	*SUB* （4）	*RD* （5）
GVC	0.013 * （0.007）	-0.010 * （0.005）	0.009 * （0.005）	0.420 * （0.245）	0.011 * （0.006）
SA			-0.416 ** （0.163）		
SUB					0.004 * （0.002）

变量	基准回归	以 SA 为中介变量		以 SUB 为中介变量	
	RD（1）	SA（2）	RD（3）	SUB（4）	RD（5）
Size	0.709 *** (0.037)	0.059 *** (0.006)	0.734 *** (0.044)	0.919 *** (0.148)	0.703 *** (0.037)
Age	−0.046 (0.262)	−0.014 (0.030)	−0.051 (0.264)	−1.227 (0.960)	−0.038 (0.263)
ROE	0.231 ** (0.115)	0.003 (0.012)	0.232 ** (0.115)	0.886 (0.678)	0.223 * (0.115)
Lev	−0.045 (0.096)	−0.005 (0.012)	−0.047 (0.096)	−0.075 (0.539)	−0.046 (0.096)
Growth	0.019 (0.021)	0.015 *** (0.003)	0.025 (0.022)	−0.323 ** (0.147)	0.020 (0.021)
TOP	−0.525 * (0.275)	−0.049 (0.031)	−0.545 * (0.280)	−0.226 (1.029)	−0.510 * (0.272)
时间效应	控制	控制	控制	控制	控制
行业效应	控制	控制	控制	控制	控制
_cons	2.330 *** (0.838)	2.185 *** (0.140)	3.239 *** (1.123)	−1.024 (3.497)	2.369 *** (0.828)
N	3315	3321	3315	3316	3310
R^2	0.7456	0.9549	0.7460	0.1429	0.7454

注：*、**、*** 分别表示在10%、5%、1%的水平上显著，括号里的数值为标准误。
资料来源：笔者整理。

从表8-15的稳健性结果可以看出，在模型（1）式中政府风险投资的系数为0.389，在10%的置信水平上显著。模型（2）式中，融资约束对政府风险投资在1%的置信水平下显著负相关。在加入融资约束中介变量后，可见模型（3）式中政府风险投资系数为正，且显著相关。这与之前的回归结果相一致，进一步验证了假设8-2，也说明通过了稳健性检验。模型（4）式中，政府补助与政府风险投资存在显著正向关系。在加入政府补助中介变量后，模型（5）式中政府风险投资系数为正且显著相关。这表明政府风险投资通过提高政府补助，促进企业创新投入，进一步验证了假设8－3，证明了模型的稳健性。可以得出：融资约束和政府补助在政府风险投资促进企业创新投入的过程中起到了中介效应，中介效应存在。这与上文结论基本保持一致，说明研究结果具有稳健性。

从表8－16的内生性检验结果来看，中介模型中显著的结果在工具变量法下也均通过了显著性检验。同时，在模型（1）式中，政府风险投资对企业创新投入在10%的水平下具有显著的正向影响，且系数为0.013；在模型（2）式中融资约束对政府风险投资具有显著负向影响，在10%的置信水平下显著，系数为－0.010。在模型（3）式中，在政府风险投资影响创新投入的模型里加入融资约束变量后发现，政府风险投资的系数由不加入中介变量的0.013变成0.009，证明融资约束确实起到部分中介效应。在模型（4）式中，政府补贴对政府风险投资具有显著正向影响，在10%的水平下显著，系数为0.420。在模型（5）式中，在政府风险投资影响创新投入的模型里加入政府补助变量后发现，政府风险投资的系数由不加入中介变量的0.013变成0.011，这也证明了政府补助确实在政府风险投资对企业创新投入的影响中起到了部分中介效应；由以上分析可以得出：融资约束和政府补助在政府风险投资对企业创新投入的影响中确实起到中介作用，中介效应存在。利用工具变量后假设8－2和假设8－3依然成立，与上文结论基本保持一致，因此通过了内生性检验。

（二）考虑企业生命周期后的稳健性检验结果

首先，使用企业创新投入滞后一期再次进行实证检验；其次，使用内生性检验以政府风险投资滞后一期进行工具变量法检验。其中，稳健性结果如表8－17所示，内生性检验结果如表8－18所示。表8－17可以看出，初创成长期企业政府风险投资的系数为0.034且不显著，成熟持续期政府风险投资的系数为0.069，在10%的置信水平上显著。生命周期样本的回归结果显著性与前文的回归结果相一致，表明前文模型是稳健的。在企业产权性质样本中，国有企业模型里政府风险投资的系数为 0.026，不显著，而非国有企业政府风险投资与创新投入显著正相关且系数为 0.028，这与上述模型的回归结果相一致，通过了稳健性检验。

表 8-17 稳健性检验结果—内生性检验

变量	初创成长期 RD_1	成熟持续期 RD_1	国企 RD_1	非国企 RD_1
GVC	0.034 (0.033)	0.069 * (0.036)	0.026 (0.064)	0.028 * (0.016)
Size	0.652 *** (0.057)	0.738 *** (0.048)	0.728 *** (0.082)	0.708 *** (0.042)
Age	0.541 (0.347)	-0.490 (0.352)	0.039 (0.457)	-0.101 (0.289)
ROE	-0.056 (0.161)	-0.049 (0.121)	0.273 (0.321)	-0.093 (0.098)
Lev	0.163 (0.172)	0.293 * (0.156)	0.088 (0.261)	0.250 * (0.128)
Growth	0.035 (0.034)	0.005 (0.028)	-0.032 (0.056)	0.025 (0.023)
TOP	-0.394 (0.406)	-0.616 * (0.363)	-0.565 (0.487)	-0.544 * (0.324)
时间效应	控制	控制	控制	控制
行业效应	控制	控制	控制	控制
_cons	2.221 (1.390)	2.674 *** (1.013)	1.708 (1.694)	2.501 *** (0.922)
N	1400	1915	405	2909
R^2	0.7794	0.7239	0.7571	0.7466

注：* 、** 、*** 分别表示在10% 、5% 、1% 的水平上显著，括号里的数值为标准误。
资料来源：笔者整理。

表 8 – 18   内生性检验—工具变量

变量	初创成长期 RD	成熟持续期 RD	国企 RD	非国企 RD
GVC_1	0.084 (0.083)	0.068* (0.037)	0.028 (0.334)	0.025* (0.015)
Size	0.652*** (0.057)	0.738*** (0.047)	0.728*** (0.081)	0.707*** (0.041)
Age	0.541 (0.346)	-0.489 (0.352)	0.039 (0.456)	-0.101 (0.289)
ROE	0.056 (0.161)	0.0492 (0.121)	0.273 (0.321)	0.093 (0.097)
Lev	-0.163 (0.172)	-0.292* (0.155)	-0.087 (0.261)	-0.250 (0.127)
Growth	0.034 (0.033)	0.005 (0.027)	-0.032 (0.056)	0.024 (0.022)
TOP	-0.394 (0.406)	-0.616* (0.362)	-0.564 (0.486)	-0.544* (0.324)
时间效应	控制	控制	控制	控制
行业效应	控制	控制	控制	控制
_cons	2.221 (1.389)	2.673*** (1.012)	1.707 (1.693)	2.501*** (0.921)
N	1400	1915	405	2909
R^2	0.7794	0.7239	0.7571	0.7466

注： *、**、*** 分别表示在 10%、5%、1% 的水平上显著，括号里的数值为标准误。
资料来源：笔者整理。

从表 8 – 18 中的内生性检验中可以看出，在生命周期样本中，初创成长期企业政府风险投资的系数为 0.084 且不显著；成熟期政府风险投资的系数为 0.068，在 10% 的置信水平上显著，与前文结果基本保持了一致性，证实了假设 8 – 4。在企业产权性质样本中，国有企业模型里政府风险投资与创新投入不显著，而非国有企业政府风险投资与创新投入显著正相关，且系数为 0.025，因此通过了内生性检验，证实了结果的稳健性。

小　　结

本章首先分析了我国政府风险投资的特征，以创业板战略性新兴产业中的上市公司为样本，检验了政府风险投资对战略性新兴产业企业创新投入的影响。结果表明，政府风险投资有助于提高战略性新兴产业企业创新投入，对企业创新投入有正向影响。其次通过中介机制视角，分别检验融资约束与政府补助的中介效应。实证检验发现，政府风险投资通过降低企业融资约束，提高政府补助，促进企业创新投入，上述结论在一系列稳健性检验后仍然成立。从生命周期角度和企业产权性质角度进行异质性分析，企业在成熟持续期阶段政府风险投资可以促进企业创新投入，初创成长期作用力较弱。政府风险投资在非国有企业中对创新投入有促进作用，在国有企业中的促进作用不显著。

第九章

国内典型案例分析

　　战略性和新兴性的产业特征决定了战略性新兴产业在发展中需要有与之需求相匹配的资金，本章选取北京中关村新兴产业、上海人工智能产业和苏州生物医药产业在发展过程中风险投资的支持案例进行分析，为风险投资进一步支持战略性新兴产业提供启示。

第一节　风险投资与北京中关村新兴产业

一、中关村的起源与新兴产业发展

　　20 世纪 80 年代初，中关村电子一条街雏形初现，位于北京海淀区。1987 年近百家科技型企业聚集于此，代表企业有四通公司、信通公司、科海公司和京海公司。1988 年 5 月，国务院批准成立北京新技术产业开发试验区，成为中国第一个高科技园区，也是中国创新的试验田。1999 年 6 月，国务院要求加快建设中关村科技园区；2005 年 8 月，国务院做出关于支持做强中关村科技园区决定。2009 年 3 月，国务院批复建设中关村国家自主创新示范区，要求把中关村建设成为具有全球影响力的科技创新中心。2012 年 10 月，国务院印发《关于同意调整中关村国家自主创新示范区空间规模和布局的批复》，原则同意对中关村国家自主创新示范区空间规模和布局进行调整。调整后，中关村示范区空间规模扩展为 488 平方千米，形成了包括海淀园、昌平园、顺义园、大兴—亦庄园、房山园、通州园、东城园、西城园、朝阳园、丰台园、石景山园、门头沟园、平谷园、怀柔园、密云园、延庆园 16 园的"一区多园"发展格局。

中关村从一开始就处于中国电子信息产业前沿，汇聚众多高精尖科技人才，是中国战略性新兴产业策源地，培育出多个新兴产业领域的重大成果。截至 2014 年，中关村已初步培育形成下一代互联网、移动互联网和新一代移动通信、卫星应用等产业集群，聚集了联想、用友、百度、京东、小米、拓尔思、超图软件等一批行业领军企业，在通信标准、移动操作系统、信息安全、社会化媒体、语音识别等产业链关键环节具有突出优势。"十三五"期间，中关村政府将前沿产业信息、生物健康产业、智能制造和新材料产业、生态环境与新能源产业、现代交通产业、新兴服务业六大领域作为重点扶持产业领域，得到了大力发展。六大产业功能定向与所属不同区域，如生物健康产业对应大兴生物医药基地等，中关村西区对应前沿信息产业服务。在其前沿信息产业功能下，着重发展人工智能、大数据与云计算、虚拟现实、下一代通信与未来网络、信息安全、核心芯片、智能硬件、学习处理器、云存储系统、超级基站、集成电路制造关键设备、人工智能终端等产业。重点支持深度学习、计算机视觉、自然语言处理、数据挖掘分析、软件定义网络（SDN）、移动通信、量子通信、关键可信计算、区块链、芯片等信息技术。

根据 Wind 数据，截至 2020 年 12 月 31 日，科创板 215 家上市公司中，来自中关村科技园区的企业共有 34 家，占比 15.8%，其中，2019 年上市 12 家，2020 年上市 22 家。从市值来看，园区企业市值合计 7265.27 亿元，占比 20.81%。从头部企业来看，创业板市值在千亿级别的公司分别为中芯国际、金山办公和传音控股，其中金山办公注册地位于北京中关村。

从行业分布来看（见图 9-1），中关村科技园的科创板上市公司覆盖了高端装备制造产业、生物产业、新材料产业、新能源汽车产业、新一代信息技术产业、节能环保产业 6 个战略性新兴产业。其中，新一代信息技术产业是中关村的核心产业，共有 16 家上市公司，市值合计 4604.04 亿元，占园区科创板上市企业市值的 63.37%[①]。

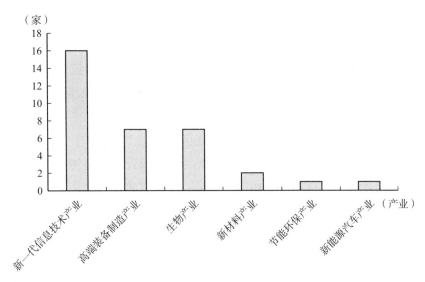

图 9 - 1　中关村科创板企业行业分布

资料来源：笔者根据 Wind 数据整理绘制。

二、中关村的风险投资

中关村的风险投资于 20 世纪 90 年代开始。1993 年，美国风险投资商国际数据集团（IDG）登陆中国。同年，新浪网的前身四通利方成立。1997 年，四通利方获得三家国际风投公司 650 万美元的风险投资，成为我国本土第一个获得美国高科技风险投资的案例。1998 年初，美国英特尔公司（Intel）和 IDG 资本向中关村企业爱特信互联网技术公司投资 220 多万美元，推出搜索引擎——搜狐。风险投资的实践逐渐在中国版图上拉开帷幕。

2001 年，中关村率先在国内开展了促进创业投资发展的试点，设

---

① 笔者根据 Wind 数据计算而得。

立中关村科技园区创业投资引导基金。该基金依托中关村创业投资发展中心运作，初期投入 1 亿元。创业投资引导基金的运作模式主要为：孵化 + 创投、跟进投资、参股创投企业。

2008 年 5 月，"中关村企业家天使投资联盟"成立，柳传志、段永基、王文京等企业家为主要发起人，提出"天使投资 + 创业辅导"两线并举的工作思路，通过"投资人 + 创业导师"的创新模式，帮助种子企业解决初创企业在最初资金不足、市场经验不足、管理团队不完善等难题，并与联想投资等专业投资机构衔接，为企业提供系统的、全方位的创业指导，以培育出更多的成功企业。

北京市政府也出台了一系列政策支持风险投资发展，如创业投资机构可以享受与高新技术企业相同的待遇，增加财政资金支持、完善政府服务职能，并对民间和外资从事风险投资事业行为给予鼓励等。2009 年 8 月，《中关村国家自主创新示范区创业投资风险补贴资金管理办法》出台，进一步为中关村国家自主创新示范区营造了良好的创业投资环境，发挥了财政资金的杠杆作用，吸引了更多社会资金投资到中关村的科技型企业中，有力地促进了创业企业的发展。近年来，中关村以政策为主要驱动力，减免税收鼓励创业投资企业和天使投资人投资种子期、初创期的科技型企业，推进新兴产业创业投资基金运作，引导社会资本支持孵化期、初创期、成长期创新型企业发展，拓宽股权投资和创业投资份额退出渠道，支持符合条件的外资机构在北京设立私募股权二级市场基金（S 基金）。

在良好的创投生态环境下，中关村吸引了一大批天使投资、创业投资、股权众筹等机构入驻。天使投资走在全国前列，涌现出一批专注于新兴业态的著名天使投资人，如雷军、邓峰、周鸿祎等，他们培育出了小米科技、汽车之家、雪球财经等多家创新型企业。根据安永"全球风险投资集聚地排名"，北京及中关村的排名从 2009 年的第 6 位跃居至 2015 年的第 2 位，仅次于美国加州湾区。2016 年上半年，中关村 PE/VC 投融资活动持续活跃，705 家企业获投金额 1255 亿元，同比实现翻

番增长；平均每天发生 3.9 起融资，每起获投金额 6.9 亿元①。截至
2017 年底，红杉资本、IDG 资本、DCM 资本等一批全球顶尖风险投资
机构均已进驻示范区，活跃在中关村的股权投资机构已达 1490 家。
2017 年股权投资案例 2584 起，同比增长 31.8%，占全国的 27.8%；
股权投资金额 1557.1 亿元，同比增长 47.7%，占全国的 35.7%。其中
天使投资和创业投资额分别占全国的 42.1% 和 35.5%②。

三、风险投资对中关村新兴产业发展的作用

政府出台支持风险投资发展的相关政策（见表 9 - 1），引导创投机
构集聚，众多的科技创新公司在这里萌生、成长。

表 9 - 1　　　　　　　　北京创业投资相关法律法规概览

时间	政策文件	发文机关	主要内容
2017 年 5 月	《北京市降低实体经济企业成本实施方案》	北京市发改委	按照国家创业投资税收优惠的统一部署，研究鼓励创业投资企业和天使投资人投资种子期、初创期等科技型企业的税收支持政策，配合国家完善天使投资个人所得税政策
2017 年 12 月	《关于进一步激发重点群体活力带动城乡居民增收的若干政策措施》	北京市人民政府	健全创新创业政策和服务体系，引导和支持小微创业者创收致富。积极推进新兴产业创业投资基金运作，引导社会资本支持孵化期、初创期、成长期创新型企业发展
2018 年 2 月	《2018 年市政府工作重点工作分工方案的通知》	北京市人民政府	推进国家科技金融创新中心建设，完善创业投资政策，加大对小微企业融资支持力度，加强企业上市、挂牌培育工作

---

①　公欣. 中关村成为全球风险投资"热土"2015 年已跃升至全球第二 ［N/OL］. 中国经
济导报，2016 - 10 - 14 ［2020 - 05 - 01］. http：//www. ceh. com. cn/epaper/uniflows/html/2016/
10/14/B04 - 56. htm.

②　笔者根据《中关村指数 2018 分析报告》整理。

续表

时间	政策文件	发文机关	主要内容
2018 年 3 月	《关于进一步提升纳税等便利度优化营商环境的工作措施》	北京市财政局	减税降费，持续释放改革红利。实施创业投资企业和天使投资个人税收改革政策试点
2019 年 4 月	《"一带一路"科技创新北京行动计划（2019 - 2021 年)》	北京市科技委、中关村科技园区管委会	在北京市科技创新基金框架下，研究组建"一带一路"科技创新子基金，发挥政府资金带动社会资本的作用，促进科技项目在"一带一路"沿线及相关参与国家落地转化，支持相关领域科技成果转化，大力发展天使投资、创业投资
2020 年 12 月	《关于中关村国家自主创新示范区公司型创业投资企业有关企业所得税试点政策的通知》	财政部、国家税务总局、国家发改委、证监会	对示范区内公司型创业投资企业，转让持有 3 年以上股权的所得占年度股权转让所得总额的比例超过 50% 的，按照年末个人股东持股比例减半征收当年企业所得税；转让持有 5 年以上股权的所得占年度股权转让所得总额的比例超过 50% 的，按照年末个人股东持股比例免征当年企业所得税
2021 年 6 月	《关于推进股权投资和创业投资份额转让试点工作的指导意见》	北京市金融监管局等 7 部门	拓宽股权投资和创业投资份额退出渠道，支持符合条件的外资机构在京设立 S 基金，并进入份额转让试点参与相关业务。鼓励现有母基金引入 S 策略，参与受让在北京股权交易中心份额转让试点转让的优质基金份额或已投项目股权
2021 年 12 月	《关于加快建设高质量创业投资集聚区的若干措施》	北京市科委、中关村管委会等 7 部门	加大区域生态要素集聚；提升注册登记服务便利化水平；加快组建前沿硬科技创投基金；加大长期资本支持引导力度；创新募资投资模式；加大项目收益和募资奖励；支持创投机构发债融资；支持开展早期硬科技投资；提升大数据投资辅助作用；加强投资模式创新；开展股权投资和创业投资份额转让试点；优化创业投资综合服务；落实税收优惠和财政奖励政策；加大人才引进和服务保障力度；持续完善创新生态

资料来源：笔者整理。

一系列的创投发展政策为中关村的新一代信息技术发展创造了良好的投融资生态，中关村在该领域获得的投资案例数和投资金额领先于全国其他地区。根据 36 氪研究院《2021 中国新一代信息技术创投生态报告》数据，2016～2021 年上半年，北京市新一代信息技术产业获得 5757 起投资，占全国投资项目的 25.9%，投资金额为 5589.86 亿元，占全国投资总额的 25%，无疑中关村企业是风险投资投向北京的集中区域。

从投资事件报告的数据来看，风险投资集中在新一代信息技术的早期项目，2016～2021 年上半年种子轮、天使轮、Pre－A 轮和 A 轮分别有 218 起、1521 起、526 起和 1331 起，占所有投资事件的 61.5%。从投资金额上看，种子轮、天使轮和 Pre－A 轮和 A 轮投资金额分别为 6.57 亿元、144.05 亿元、121.28 亿元和 588.07 亿元，占比投资金额的 15.4%，C 轮至 Pre－IPO 的成熟项目投资金额占比为 57.8%，可见风险投资对北京市新一代信息技术产业的投资更偏向于在中后期成熟项目上加入金额的投入。

对中关村新一代信息产业科创板上市公司进行分析，如表 9－2 所示。16 家上市企业中有 11 家获得风险投资的支持，占比 68.75%。对于风险投资的判断，查阅上市当年风险投资的十大股东中名称中"风险投资""创业投资"等，对于企业管理公司查看其经营范围来判断。11 家获得风险投资的信息技术企业最大风投股东持股比例均值为 6.66%，其中，成立于 2004 年的八亿时空，其风险投资股东北京服务新首钢股权创业投资企业（有限合伙）持股比例达 10.85%，为公司第二大股东①。

---

① 笔者根据 Wind 数据库整理。

表 9 - 2　　中关村新一代信息产业科创板上市公司风投股东信息

序号	证券代码	公司简称	成立日期	上市日期	最大风投股东	持股比例（%）
1	688009	中国通号	2010 年 12 月 29 日	2019 年 07 月 22 日	中电电子信息产业投资基金（天津）合伙企业	0.22
2	688168	安博通	2007 年 05 月 25 日	2019 年 09 月 06 日	石河子市峻盛股权投资合伙企业（有限合伙）	8.08
3	688369	致远互联	2002 年 04 月 02 日	2019 年 10 月 31 日	深圳市信义一德信智一号创新投资管理企业（有限合伙）	6.53
4	688058	宝兰德	2008 年 03 月 27 日	2019 年 11 月 01 日	北京易东兴股权投资中心（有限合伙）	8.18
5	688078	龙软科技	2002 年 02 月 22 日	2019 年 12 月 30 日	达晨银雷高新（北京）创业投资有限公司	2.32
6	688181	八亿时空	2004 年 07 月 09 日	2020 年 01 月 06 日	北京服务新首钢股权创业投资企业（有限合伙）	10.85
7	688080	映翰通	2001 年 05 月 29 日	2020 年 02 月 12 日	常州德丰杰清洁技术创业投资中心（有限合伙）	8.22
8	688200	华峰测控	1993 年 02 月 01 日	2020 年 02 月 18 日	深圳芯瑞创业投资合伙企业（有限合伙）	6.36
9	688500	慧辰股份	2008 年 11 月 14 日	2020 年 07 月 16 日	湖南文化旅游创业投资基金企业（有限合伙）	5.05
10	688256	寒武纪 - U	2016 年 03 月 15 日	2020 年 07 月 20 日	苏州工业园区古生代创业投资企业（有限合伙）	3.54
11	688561	奇安信 - U	2014 年 06 月 16 日	2020 年 07 月 22 日	宁波梅山保税港区安源创志股权投资合伙企业（有限合伙）	7.31

资料来源：笔者根据 Wind 数据库整理。

从国内人工智能芯片领域的首个龙头企业中科寒武纪科技股份有限公司（以下简称寒武纪）发展历程来看，成立于 2016 年 2 月的寒武纪在 2020 年 7 月 IPO 前获得了 5 轮融资，资本的加持让企业进入快速发展的轨道。公司保持了较高的研发投入。2017 年、2018 年和 2019 年，公司研发费用分别为 2986.19 万元、24011.18 万元和 54304.54 万元，研发费用率分别为 380.73%、205.18% 和 122.32%（见表 9 - 3）。

表 9 - 3　　　　　　　　　2017 ~ 2019 年寒武纪的研发投入

项目	2017 年	2018 年	2019 年
研发投入（万元）	2986.19	24011.18	54304.54
营业收入（万元）	784.33	11702.52	44393.85
占营收比重（%）	380.73	205.18	122.32

资料来源：笔者根据寒武纪招股说明书整理。

寒武纪取得了较好的研发回报，截至 2020 年 2 月 29 日，已获授权的境内外专利有 65 项（其中境内专利 50 项、境外专利 15 项），PCT 专利申请 120 项，正在申请中的境内外专利共有 1474 项[①]。

风险投资对中关村战略性新兴产业的发展起到了巨大的推动作用，使得中关村成为全国科技创新的策源地。科技创新成功转化为产业的生产力，需要巨量资金支持。在风险投资支持下，企业获得研发投入所需要的资金，在企业营收亏损的状态下，仍能保持较高的研发投入，增加研发创新产出，构筑新兴产业壮大的核心动力。

---

① 寒武纪招股说明书。

第二节 风险投资与上海人工智能产业

一、上海人工智能产业发展

以大数据、智能机器人、物联网等为代表的人工智能（artificial intelligence，AI）技术迅猛发展，成为引领未来经济社会变革的重要技术。人工智能迎来新一轮发展热潮，各国将人工智能上升至国家战略高度，将人工智能作为主导未来经济发展的重点产业来布局。2015 年 7 月，国务院印发《关于积极推进"互联网＋"行动的指导意见》，将"互联网＋"人工智能列为十一项重点行动之一。2017 年 7 月，国务院印发《新一代人工智能发展规划》，计划到 2030 年我国人工智能理论、技术与应用总体达到世界领先水平，成为世界主要人工智能创新中心。

上海市政府非常重视人工智能产业的发展，初步形成了人工智能生态圈，在张江、徐汇滨江等地形成了若干人工智能高地，力争引领全球人工智能发展。首创政府、企业、投资机构信息互通体制，发挥三者合力作用，相继出台人工智能产业政策、知识产权及技术标准等法律法规文件。加大退税返税力度，吸引人工智能企业落户上海。同时加强财政资金聚焦扶持，设立专门针对人工智能的专项资金和补贴。各级政府部门率先运用人工智能提升业务效率与管理服务水平，支持人工智能创新产品开拓市场应用。如"市民云"，即上海市政府推出面向市民服务的云平台，可以兼作移动应用程序，为市民提供各类公共事业账单、社保"三金"账单、信用卡账单、交通违章单、医疗健康档案等 100 多种政府服务的信息。

上海市高度重视产业集群，打造中国第一个测试人工智能应用的试验区。浦东试验区的三个主要任务就是建立人工智能核心产业集群、推广人工智能应用以及建设人工智能创新支持系统。上海市凭借其优质的研发资源和活跃的资本环境，云集了一大批 AI 专精型企业。此类企业凭借其在某一 AI 应用领域的领先技术优势和核心竞争力，短期内得到高速成长，成为某特定领域的"专精"，但这类企业位列全球 AI 技术创新链的位势末端，影响力有限。"十四五"规划将其列为战略性新兴产业重点发展产业，旨在以提升基础创新能力和释放应用场景双轮驱动，强化创新策源、突破底层技术，推动人工智能产业集群发展。"十四五"期间，人工智能产业规模年均增速达到 15% 左右，一批独角兽企业加速成长，一批龙头企业持续落地，全产业链布局基本成形。到 2025 年，总体发展水平进入国际领先行列，人工智能成为推动上海经济社会发展的重要驱动力量，基本建成具有全球影响力的人工智能创新发展高地（见表 9 – 4）。

表 9 – 4　　　　　上海市人工智能产业发展的相关政策

序号	时间	文件名	主要内容
1	2017 年	《关于本市推动新一代人工智能发展的实施意见》	计划到 2020 年，基本建成国家人工智能发展高地，成为全国领先的人工智能创新策源地、应用示范地、产业集聚地和人才高地，局部领域达到全球先进水平
2	2017 年	《上海市人工智能创新发展专项支持实施细则》	推进上海市人工智能产业的发展，加快人工智能产品市场推广和应用
2	2018 年	《加快推进上海人工智能高质量发展的实施办法》	包括 22 条人才建设、数据开放与应用、产业协同、产业布局、政府引导及投融服务的政策支持
3	2019 年	《人工智能领域项目指南》	加快建设具有全球影响力的科技创新中心，创建国家新一代人工智能创新发展试验区
4	2019 年	《人工智能安全发展上海倡议》	以应对人工智能安全挑战，守护智能时代人类未来为主旨
5	2019 年	《关于建设人工智能上海高地构建一流创新生态的行动方案（2019 – 2021 年）》	布局建设 4 + X 融合创新载体，部署十大全球领先创新应用场景、全力打造世界级的人工智能深度应用场景、建设大数据联合创新实验

序号	时间	文件名	主要内容
6	2020 年	《中国（上海）自由贸易试验区临港新片区集聚发展人工智能产业若干政策》	提出 10 大支持举措，以进一步加快人工智能产业的集聚和发展，最高资金扶持达 1 亿元
7	2021 年	《上海新一代人工智能算法创新行动计划（2021－2023 年)》	到 2023 年，上海人工智能算法水平总体保持国内领先、部分领域达到国际一流，初步成为前沿成果丰硕、应用生态活跃、创新人才集聚的国际人工智能算法高地
8	2021 年	《战略性新兴产业和先导产业发展"十四五"规划》	战略性新兴产业发展重点，以提升基础创新能力和释放应用场景双轮驱动，强化创新策源、突破底层技术，推动人工智能产业集群发展

资料来源：笔者整理。

上海市地处中国经济最发达的长三角地区，制造业门类齐全，在汽车、飞机、集成电路、成套装备等制造业，以及金融、商贸、物流、生活服务等服务业领域产业体系完备，同时人工智能产业链较齐全，配套体系相对完善。拥有成熟的智能芯片及传感器、机器人及智能硬件、智能无人系统及软件全产业链基础、产业技术和商业模式。在机器人领域，上海已形成机器人研发、生产、系统集成、检测认证、服务应用等较为完整的产业链；上游的伺服电机、减速器等核心零部件有中电二十一所、建博电子等企业；中游本体有机器人四大家族、新松等企业；下游系统集成商有知名外企柯马以及本土企业君屹、伟本等。同时，上海在智能芯片、类脑计算、语音识别等领域不仅集聚了大量国内外重量级企业，还不断涌现一批细分领域的初创企业（见表 9－5）。上海市本土企业云知声已成为国内知名的语音语义整体解决方案企业，拥有多项自主知识产权和软件著作权。

表 9 – 5　　　　　　　　　总部在上海市的知名人工智能企业

	领域	重点企业
基础核心圈	计算硬件（AI芯片和传感器）	西井科技、澜起科技、富瀚、熠知、复旦微电子、新微、安路、晶晨半导体、矽典微电子、肇观、深迪、酷芯
	数据	冰鉴科技、星环科技、评驾科技、驻云科技、上海大数据中心、上海数据交易中心
	计算系统技术	Ucloud、七牛云、科大智能、凌脉网络
技术开发圈	计算机视觉	依图科技、阅面科技、亮风台、小蚁科技、径卫视觉、名片全能王、图漾科技、银晨科技、奇手科技、Versa、好买衣
	语音识别与自然语言处理	效声软件、互问科技、竹间智能、达观数据、乐言
场景应用圈	智能医疗	森亿智能、傅利叶、伦琴医疗
	智慧金融	氪信科技、玻森数据、烨睿科技、璞映智能、买单侠、栈略数据、东方财富
	智慧教育	英语流利说、未来伙伴、高顿教育
	智慧交通	思岚科技、蔚来汽车
	智慧家居	微鲸科技
	智慧零售	深兰科技、汇纳科技
	智能制造	纵目科技、扩博智能
	智能安防	悠络客、图麟科技
	智能商务	Video＋＋、岂安科技、图聚智能、YOGO 机器人、筹际科技、e 成科技
	智能政务	钛米机器人、小 i 机器人

资料来源：笔者整理。

据上海市经信委不完全统计，截至 2020 年 9 月，上海人工智能核心企业超过 1000 家，泛人工智能企业超过 3000 家，形成较为完备的人工智能产业链条。依图、深兰、图麟等一批根植于上海市的人工智能企业在国内居于领先地位，BAT、华为、微软、谷歌、科大讯飞、云从等国内外人工智能龙头企业均在上海设立规模较大的研发机构，使得上海在人工智能领域的研发能力保持强有力的竞争力。据数据统计，上海市183家规上人工智能企业2018年总产值达到1339.78亿元，2020年12月人工智能产业规上产值规上产业规模达到2246亿元，呈不断上升的趋势。

二、风险投资对上海人工智能产业的支持

众多人工智能企业在上海集聚，除了政策支持外，活跃的资本环境也是重要的因素之一。上海市国际金融建设持续推进，从风险投资的集聚度上测算，在全国各大城市中，上海市仅次于北京市，位于第2位（汪明峰等，2014）。为推动上海创业投资发展，政府相关部门出台了很多政策。2019年7月，上海市政府出台了《关于促进上海创业投资持续健康高质量发展的若干意见》，旨在打造上海创业投资和孵化器集聚区。创业投资与产业结构调整布局相适应，形成投资人、创业团队、基金管理人集聚效应。

上海市设立了各级政府引导基金，对本地的创业投资基金发展进行支持，如上海市级的创业投资引导基金，投资范围包含信息技术、生物、新能源等领域，共投资超过40家创投基金；上海市级的天使投资引导基金已成功投资了近20家天使及早期创投基金，包括晨晖创投、凯风创投、合力投资、天使湾创投、青松基金等。

风险投资对于上海人工智能产业的支持，从企业的融资状况可见一斑。2021年7月AI第一股云从科技正式过会，8月在科创板提交注册。2015年3月云从科技于广州成立，2019年8月云从科技上海运营中心落成。从其融资历程来看，共有6次融资历程（见表9-6）。这一融资历程显示，云从科技的发展过程中，风险投资起到了非常重要的作用。云从科技最初孵化于中国科学院，创始人是周曦。当实验室规模无法承载进一步发展需求时，在资本的支持下，创始人辞去稳定的科学院工作，成立云从科技。成立之初，就获得了6000万元的天使轮投资。其后，元禾原点、顺为资本等风险投资加入，为云从科技的高研发投入提供了资本的保障。C轮投资中，长三角产业创新股权投资基金等产业基

金对其投资 18 亿元。云从科技的 6 轮融资总金额超过 30 亿元，资本机构的加持为 AI 企业生态构建提供了强大的助推力，例如像元禾原点等机构除了为云从科技提供资金方面的支持之外，也帮助对接各类潜在的产业资源、落地政策、行业交流活动，加速产业协同发展。

表 9－6　　　　　　　　云从科技融资历程

序号	日期	融资轮次	融资金额 （人民币，元）	投资机构
1	2015 年 03 月 01 日	天使轮	6000 万	佳都科技、杰翱资本
2	2015 年 12 月 09 日	A 轮	金额未知	投资方未知
3	2017 年 11 月 20 日	B 轮	5 亿	元禾原点、顺为资本、越秀产业基金、兴旺投资、普华资本、张江星河
4	2018 年 06 月 07 日	B＋轮	10 亿	元禾原点、联升资本、中国国新、广东粤科金融集团、越秀金控、渤海产业投资基金、刘益谦、广州产业投资基金
5	2019 年 10 月 01 日	股权融资	超亿	隽赐投资
6	2020 年 05 月 13 日	C 轮	18 亿	中国物互联网投资基金、工商银行、南沙金控、长三角产业创新股权投资基金、海尔金控、上海国盛

资料来源：笔者整理。

　　为促进人工智能产业的发展，2018 年 9 月上海人工智能产业投资基金成立。该基金按照"整体设计，分期实施"规划，首期目标规模人民币 100 亿元，坚持市场化、专业化、国际化运作体制，带动社会资本投入，最终形成千亿级基金群。基金由上海国盛集团、临港集团分别作为上海国资运营平台公司、临港新片区的开发主体以及上海科创中心主体承载区的开发建设单位联合发起设立；上海市创业投资引导基金、上海产业转型升级投资基金、上海自贸区临港新片区管委会代表市区两级政府共同支持，上海电气、申能集团、上港集团等本市国有产业集团，以及太保集团、云锋基金等金融投资机构共同参与。此外，一批AI龙头企业、中央企业和国家级产业基金等陆续加入。基金自成立以来，投资的企业包括乐言科技、滴普科技、星药科技、来也科技、地平线（见表9-7）。

表9-7　　　　　　　　上海人工智能产业投资基金投资对象

序号	投资企业	所属行业	投资轮次	投资日期	投资金额	合投机构
1	乐言科技	企业服务、人工智能、人机交互自然语言处理	D轮	2021年04月25日	数亿元人民币	众为资本，云锋基金，初心资本，常春藤资本，中金资本，跃马资本，阿米巴资本，云九资本
2	来也科技	虚拟语音助手、自然语言处理	C+轮	2021年04月21日	5000万美元	双湖资本，平安全球领航基金，红杉资本，光速中国
3	傅利叶智能科技	机器人、外骨骼机器人、人工智能	C+轮	2021年03月08日	数千万元人民币	—
4	地平线机器人	人工智能、芯片、机器学习、深度学习、人工智能	C++轮	2021年02月09日	3.5亿美元	众为资本，舜宇光学，首钢基金，长江汽车电子，国投招商，星宇股份，中金资本，渤海创富，朱雀投资，长城汽车
5	科亚方舟	数据分析、医药电商、医疗设备、计算机视觉、医疗、人工智能、大数据	D轮	2020年12月31日	3亿元人民币	中金资本，约印医疗基金，高足资产

序号	投资企业	所属行业	投资轮次	投资日期	投资金额	合投机构
6	滴普科技	企业服务、企业管理软件	A＋＋＋轮	2020年12月11日	4000万美元	初心资本，浦银国际，IDG资本，贝塔斯曼亚洲投资基金，高瓴资本，招商局创投，五源资本
7	滴普科技	企业服务、企业管理软件	A＋＋轮	2020年11月03日	数千万美元	临港智能制造产业投资基金

资料来源：笔者整理。

2020年以来，上海人工智能产业基金增加了投资频次，与其他风险投资一起为人工智能企业注入资金，但除了滴普科技投资轮次较早外，其他企业均处于中后期的投资。

第三节　风险投资与苏州工业园区生物医药产业

创新药物研发具有周期长、失败率高的特征，通常缺乏足够的抵押资产，前期盈利能力也较弱，初创生物医药企业普遍面临着融资渠道狭窄、融资成本高的难题。然而，生物医药企业发展所依赖的数据、技术和研发，都离不开资本的大力支持。承担高风险、追求高收益的风险投资与生物医药企业存在天然的联系。本节以苏州工业园区生物医药产业为案例，分析风险投资对生物医药产业发展的作用。

一、苏州工业园区生物医药产业发展历程

苏州工业园区生物医药产业发展始于2006年3月。经过十几年的培育，苏州工业园区生物医药产业已初具规模。地理区域位于苏州独墅湖科教创新区内。苏州生物医药产业园是推进园区科技跨越计划、重点

建设的生物科技与纳米技术自主创新的载体，也是培育生物科技产业发展的主要创新基地。2018 年苏州工业园区生物医药产业实现产值 780 亿元，同比增长 27%①。根据火石创造数据库资料截至 2019 年 9 月 30 日，苏州工业园拥有医健企业 4047 家，生物医药高新技术企业 114 家，医药工业百强企业数 1 家。2019 年 11 月 4 日，科技部生物技术发展中心正式发布《2019 中国生物医药产业园区竞争力评价及分析报告》，苏州工业园区各项主要指标均名列前茅，与中关村自主创新示范区、上海张江高科技园区共同位居全国生物医药产业园区第一方阵。其中，在含金量最高的产业竞争力排名中，苏州工业园区凭借突出的产业创新能力，在全国所有生物医药园区中名列第一。

苏州工业园区在创新药研发和商业化上形成了产业集聚效应，良好的创业环境、政府的政策支持使得苏州工业园区成为生物医药的产业高地。生物医药产业是苏州工业园区重点打造、面向未来的"一号产业"。截至 2021 年 2 月，园区已形成从孵化、中试到产业化的完整产业链条，产值连续多年保持 20% 以上增长，近三年获批的生物一类新药临床批件数量约占全国 22%②。在苏州工业园区的"上市军团"里，生物医药板块表现强劲，登陆资本市场的企业接近 20 家（见表 9 – 8）。登陆港交所的企业有信达生物、基石药业、亚盛医药等；在科创板方面，博瑞医药、浩欧博等企业相继挂牌上市；亘喜生物、百济神州等企业在纳斯达克上市。

表 9 – 8　　　　　　　　　苏州工业园生物医药重点企业

企业名称	上市时间	上市板块	主要研究方向/产品
信达生物	2018 年 1 月	港交所	用于治疗肿瘤等重大疾病的创新药物

---

① 火石创造. 江苏省生物医药产业发展现状分［EB/OL］.（2019 – 04 – 01）［2021 – 05 – 03］. https：//caifuhao. eastmoney. com/news/201904011181136113646860.

② 周建琳. 苏州工业园区 46 家企业上市生物医药板块崛起［N/OL］.（2021 – 02 – 01）［2021 – 05 – 03］. https：//www. chinanews. cn/cj/2021/02 – 01/9401934. shtml.

企业名称	上市时间	上市板块	主要研究方向/产品
基石药业	2019 年 2 月	港交所	研究开发及商业化创新肿瘤免疫治疗及精准治疗药物
东曜药业	2019 年 11 月	港交所	创新型肿瘤药物及疗法的开发及商业化
贝康医疗	2021 年 2 月	港交所	高通量测序技术在生育健康领域的研发和临床应用
亚盛医药	2019 年 10 月	港交所	肿瘤、乙肝及与衰老相关的疾病等治疗领域开发创新药物
开拓药业	2020 年 5 月	港交所	创新药物的研发及产业化
康宁杰瑞	2019 年 12 月	港交所	研发、生产和商业化创新抗肿瘤药物
沛嘉医疗	2020 年 5 月	港交所	高端介入医疗器械
百济神州	2018 年 8 月	港交所/纳斯达克	发现、开发和商业化创新型分子靶向肿瘤免疫药物
亘喜生物	2021 年 1 月	纳斯达克	开发高效、经济的细胞疗法用于癌症治疗
天演药业	2021 年 2 月	纳斯达克	开发新一代治疗性和诊断用抗体技术
天臣医疗	2020 年 9 月	科创板	高端外科手术吻合器研发创新和生产销售
博瑞医药	2019 年 11 月	科创板	研发及生产原创性新药和高端仿制药
艾隆科技	2021 年 3 月	科创板	医疗物资的智能管理领域
浩欧博	2021 年 1 月	科创板	生产、销售体外诊断领域临床免疫相关诊断试剂
纳微科技	2021 年 6 月	科创板	从事纳微球材料的研发、生产和销售
康众医疗	2021 年 2 月	科创板	从事数字化 X 射线平板探测器研发、生产、销售和服务

资料来源：笔者整理。

二、风险投资对园区生物医药产业的支持

生物医药企业发展周期长，投资门槛高，处于不同成长阶段的企业发展需求不尽相同，需要成熟完备的产业链配套服务。苏州工业园区紧扣这样的产业发展规律，利用国资平台强化产业创投，把国资背景的基

金交给专业人士，按市场化规律来管理、投资、退出。2009年成立的亚盛医药，在上市前共完成4轮融资，累计金额超过16亿元，创始人认为产业创投对企业的支持，是企业选择苏州扎根的重要原因。

元禾控股是园区具有国资背景的重要投资平台，2007年起就不断投资早期生物医药企业，提供研发经营的资本支持。截至2021年9月底，元禾直投平台及管理的基金投资项目超840个，助力基石药业等一批优质企业成功上市。同时，为了给不同阶段企业提供资金助力，园区更加注重通过产业基金，撬动社会资源集聚，帮助企业熬过初创寒冬。2020年初，园区加大以基金运作吸引项目落地和产业集聚的力度，提出设立20亿元规模的天使母基金和100亿元规模的政府风险投资。其中，20亿元天使母基金旨在带动设立一批优质子基金，生物医药是这些基金的重点布局领域；100亿元政府风险投资主要用于推动生物医药产业和项目集聚升级。风险投资对生物医药产业的投资，培育出一批具有核心自主知识产权和较强市场竞争力的创新型领军企业，形成园区生物医药产业集群的竞争实力[1]。

三、风险投资投资信达生物的案例分析

信达生物是苏州工业园区创新药研发的代表性企业，因此本节选取风险投资支持信达生物的案例进行分析，以深入了解风险投资的作用。

（一）信达生物简介

信达生物成立于2011年，是一家致力于开发、生产和销售用于治疗肿瘤等创新药的企业。2018年10月31日，信达生物制药在香港联交所主板挂牌上市，股票代码：01801[2]。

信达生物凭借创新成果和国际化的运营模式在众多生物制药公司中脱颖而出，在业界成为创新药的标杆性企业。公司按照NMPA、美国FDA和欧盟EMA的GMP标准建成了高端生物药产业化基地，也拥有一

---

① 资料来源：笔者根据元禾控股股份有限公司网站信息整理。
② 资料来源：作者根据信达生物制药（苏州）有限公司网站公开资料整理。

支具有国际先进水平的高端生物药开发、产业化人才团队，吸引 100 多位海归专家加盟。2019 年，信达生物的达伯舒成为全国首个、当年唯一进入国家医保目录的 PD－1 单抗。截至 2020 年 10 月，信达生物的产品链中包括 23 个产品，覆盖肿瘤、代谢疾病、自身免疫等多个疾病领域①。

从成立到资本市场上市，信达生物经历了 7 年的时间。创始人俞德超在国际抗肿瘤创新药物研发有丰富经验，信达生物成立之初就受到资本市场的追捧（见表 9－9）。2011 年 10 月，信达生物拿到了 1000 万美元的 A 轮融资，投资方为斯道资本。2012 年 6 月，完成 2500 万美元的 B 轮融资，此后分别于 2015 年 1 月、2016 年 11 月和 2018 年 4 月获得三轮融资。其中，D 轮融资创下单轮 2.62 亿美元的中国生物医药史上最大融资纪录。2018 年 10 月 31 日，信达生物作为一家未盈利的企业，在香港联交所上市。从其成立到上市的 7 年间，共获得 6 轮投资，资本加持为企业研发投入提供了资金。

表 9－9　　　　　　　　　　信达生物的融资历程

时间	融资轮次	融资金额（美元）	投资方
2010 年 12 月	天使轮	未透露	安龙投资
2011 年 10 月	A 轮	1000 万	斯道资本（富达亚洲）
2012 年 6 月	B 轮	2500 万	礼来亚洲基金、斯道资本（富达亚洲）、F－Prime Capital Partners
2015 年 1 月	C 轮	1 亿	君联资本、Temasek 淡马锡斯道资本（富达亚洲）、礼来亚洲基金、通合资本、F－Prime Capital Partners
2016 年 11 月	D 轮	2.6 亿	国投创新、君联资本、泰康资产、Temasek 淡马锡、高瓴资本、国寿大健康基金

---

① 资料来源：作者根据信达生物制药（苏州）有限公司网站公开资料整理。

时间	融资轮次	融资金额（美元）	投资方
2018 年 4 月	E 轮	1.5 亿	Temasek 淡马锡、礼来亚洲基金、君联资本、高瓴资本、Rock Springs Capital、Cormorant Asset Management、Capital Group Private Markets、Ally Bridge Group、Taikang Insurance

资料来源：笔者根据新芽网信达生物融资历史整理。

（二）风险投资与创新药开发关联性分析

风险投资偏好高风险、新技术、拥有巨大市场潜力、未来能获得高收益的项目。风险投资具有较高的失败容忍率，相对短期资金而言，投资周期较长。创新药开发具有高投入、高风险、高收益的特点，且研发周期较长。风险投资与创新药研发的特性具有一定的耦合性，但风险投资对创新药研发也具有一定的风险，一是新药研发失败率高，二是研发周期长。根据全球生物技术行业组织 BIO、Informa Pharma Intelligence 以及 QLS 联合发布的报告，过去十年（2011~2020 年），9704 个药物临床开发项目中从 1 期临床到获得美国 FDA 批准上市的成功率平均为 7.9%，所需要的时间平均为 10.5 年。

风险投资投资创新药开发需破解这两个障碍。为降低新药研发的技术风险，创业企业应具有较强的研发能力，集聚高素质人才，突破新药研发中的技术性难题，也需要和国际先进药企合作，可以通过联合开放等形式，获得技术上的支持和帮助。这样的创业企业更容易获得风险投资的支持。

风险投资的运作面临着双重代理问题，作为风险资本的出资人，需了解新药研发可能存在的风险，能够忍受较长时间的等待。作为风险资本的管理人，筛选有潜力的新药开发企业，采取风控措施保障投资收益，通过分阶段投资、联合投资等方式分散投资风险。分阶段投资是风险投资常用的投资方式，根据新药研发过程的不同阶段，例如基础研究阶段、临床前阶段、临床阶段等，风险投资者可选择在不同的阶段介入和退出，以获得资本收益。新药研发的风险投资需具有专业经验，一方面降低投资在决策上失败的可能性，另一方面风险投资的专业化知识和资源也是帮助新药研发企业获得成功的重要外部资源。

（三）风险投资投资信达生物的动因

1. 产品的市场潜力

信达生物致力于开发出老百姓用得起的高质量生物药，在研产品覆盖肿瘤、自身免疫、代谢疾病及心血管等重大疾病领域。从肿瘤药的市场需求看，随着恶性肿瘤高发病率上升，人口老龄化趋势迅速，叠加环境和饮食等因素，恶性肿瘤患者增加，对抗肿瘤药物的需求也急剧增加。副作用较小的生物药有着广阔的市场空间。信达生物的产品发展前景可观，受到风险投资的青睐。

2. 深入的国际化合作

信达生物的创始人团队具有海外工作背景，为其国际化合作提供可能。事实上，信达生物与全球性制药企业的合作，不仅带来了新药研发的资金，更是引入了前期已有成果、具有较大市场潜力的生物药物。对于风险投资者而言，信达生物的国际化合作显著降低了新药研发失败的风险，缩短了研发周期，极大地提高了项目成功概率，增强风险投资者的投资意愿和投资信心。

3. 较强的竞争实力

信达生物的创始人在新药研发领域声名卓著，具有多年的生物制药开发经验。伴随着资本的支持，通过战略合作，信达生物通过自主研发或与国际顶尖的生物制药公司和研究机构合作，保持自身较为领先的研发竞争实力。风险投资机构参与企业的管理，风险投资对企业发展有真实的了解，有利于风投机构有效控制投资风险。

（四）风险投资对信达生物的支持作用

1. 融资作用

信达生物的迅速发展一路都有资本的加持。初创新药企业从研发、设备购置、商品化、产业化都需要充足的资金，特别是初期无盈利阶段，需要外部资金支持企业能顺利运营下去。风险投资的资金支持，能缓解企业资金上的燃眉之急，加速了企业的研发进程及创新药的上市，实现高速成长。信达生物在成立之初就得到了知名机构的投资，为企业后期的发展奠定了稳健的基础。

2. 选择作用

信达生物的赛道是创新药。2018 年国家出台带量采购政策后，创新药迎来了加速发展的空间。与国外生物医药产业相比，国内长期以仿制药为主，创新药市场处于早期阶段。有经验的风险投资根据中美生物医药产业发展的历程对比，加大对创新药研发的支持。

3. 信号作用

风险投资的加持，无疑向外界传递一个企业发展良好的信号。信达生物获得斯道资本、礼来亚洲基金、淡马锡等国际知名风险投资机构的投资，向外界传递了一个积极的信号。外部投资者更容易认可这一行业的前景、企业的商业模式和创业团队。因此，信达生物从一开始就受到业界和媒体的较多关注，资本的信号作用推动了信达生物成为本土创新药的明星企业。

4. 学习作用

风险投资机构通常具有成功的创业经验或丰富的管理经验，有长期的执业背景。风险投资向创业企业投资后，通过进入董事会等形式直接或间接地介入企业的经营决策，分担创新药研发中的风险，提升其研发能力和技术创新能力。风险投资家长期积累的经验、教训和知识传递给创业企业，确保企业在成长与发展过程中少走弯路。

5. 嵌入作用

风险投资形成的投资者网络为企业发展提供了更多的资源链接。一旦向企业投资，风险投资便会积极地把社会关系网络和其他资源向企业进行扩散，增加了所投企业的社会资本促进其快速成长。例如，信达生物和投资者礼来公司保持着长期的战略合作关系，这种关系帮助其更容易获得市场的认可，获得市场资源。风投社会网络或资源对初创企业有着极为重要的嵌入作用，促进企业的快速成长。

小　　结

　　本章选取北京市、上海市、苏州市等地分析风险投资与战略性新兴产业发展的典型案例。北京市活跃的风险投资促进了中关村成为战略性新兴产业发展的重要策源地，上海市对人工智能发展的高度重视吸引各地的风险投资资源在产业发展的集聚，而苏州市以科技园区为载体的产业培育模式中，政府、民营的风险投资一起为产业注入发展动力。从国内的典型案例可以看出，风险投资成为战略性新兴产业发展的重要推动力。

第十章

不同国别经验分析

战略性新兴产业关系到国民经济发展和国际竞争力,世界经济发达国家也高度重视战略性新兴产业发展,解决"资金瓶颈"是产业发展的首要问题。本章分析美国、英国、以色列等国风险投资对新兴产业发展的支持。

第一节　美国风险投资与新兴产业发展

美国现代的风险投资业始于 20 世纪 30 ~ 40 年代,历经孕育、发展、调整、快速发展、成熟等阶段,美国成为全球最大的风险投资市场,2020 年美国风险投资全年投资总额首次突破 1500 亿美元。风险投资活动集聚的区域通常有两个先决条件:拥有熟练的人力资源库和著名的、有能力孵化高科技初创企业的学术机构。风险投资业与新兴产业的发展相辅相成。五六十年代,美国电子信息技术的发展催生了以半导体、计算机软硬件、互联网等高科技信息产业的发展;七八十年代,基因技术的发明和应用推动了现代生物医药业的不断发展。一系列的科技革命给风险资本家提供了投资新兴产业技术的绝好机会。美国高新技术创业投资占整个风险投资的比例持续增长,大量民间资本涌入经过技术论证后的科研成果产业化过程:美国的贝尔电话公司、福特汽车、苹果电脑、亚马逊网络等著名企业,都曾从风险投资获得启动资金。

2008 年金融危机爆发以后，美国政府实施"再工业化"战略，不断加大对新兴产业的支持力度，相关财税政策主要包括：（1）增加新技术和企业创新的投入，主要是研发经费投入。（2）加大税收激励促进创业投资大发展。美国公布了十几部与创业投资相关的法律，如《经济恢复税法》将资本收益税从原 28% 降至 20%，将研发投资税从原 49% 下降到 25%，凡是企业研究开发经费支出超过前三年平均值的，可按超过部分的 25% 抵免所得税。（3）针对新兴产业的关键领域使用奖励及反向拍卖来刺激技术创新，主要是未来与制造业相关的财富及工作机会的提供者，包括电池、纳米、清洁能源及生物工程。（4）为新成立的企业提供资金，提高美国小企业署担保贷款的担保水平，降低新企业费用。（5）给先进交通工具制造贷款项目提供贷款和财政奖励，帮助龙头企业设立世界一流的电子汽车工厂，生产节能的汽车，提高国内行业的竞争力。通过以上措施，美国为新一轮产业技术革命爆发和创新项目源涌现提供了新的空间，反过来又巩固了其全球顶尖创业投资机构集聚发展的优势。特别是美国硅谷等创新型高地，由于历史、地理、人文环境等原因，集聚了大量高等学府和技术研究院，进而形成科技创新项目源。随着美国天使投资等金融行业的形成发展，硅谷的创新成果得以顺利产业化，开始集聚一批新兴产业群。

新兴产业集群的壮大和创业创新服务体系的发展，对创业企业的融资需求也逐渐增加。由于新创企业或新兴产业存在高度不确定性，其投资风险远远大于常规产业，商业银行等传统信贷或债券评估和资金投放体系越来越不适应新型融资需求。在这种环境下，具有承担更高风险特征的创业投资开始发挥主导作用，大量创业投资机构在该地区生根发芽，不但给新创企业带来必要的资金，而且还运用创业投资家的知识经验，积极参与到企业的经营管理或技术创新活动，给企业提供全方位的经营咨询和资本运作服务，从而更好地促进被投资企业的生存发展。与此同时，创业投资主体在服务企业发展中，自身也获得了高额回报，实现快速成长。当前，美国硅谷拥有世界上最具创新能力的战略性新兴产业集群，有着美国最大的半导体、信息技术和生物科技企业等群落，同时也是最成功的创业金融中心，全美600多家风险投资公司中有一半以硅谷为根据地。

一、美国风险投资与信息产业

20世纪90年代美国经济的高速增长，离不开信息产业的快速发展，信息产业不仅成为美国国内主要的经济增长源泉，提高国家整体信息化水平，还奠定了竞争实力，使得美国在全球产业分工中处于价值链的高端。信息技术产业对于美国经济的发展有着举足轻重的地位。

美国信息产业的发展与风险投资产业发展有着密切的关联。2000年以前，信息产业蓬勃发展，进入产业的风险投资数额增加，风险投资家纷纷看好这一赛道。2001年，互联网泡沫破灭，美国信息产业出现产能过剩、国内有效需求不足的问题，收益不断降低，投资者的积极性有所下降，尤其是风险投资，很多从互联网业撤出，导致美国信息产业整体低迷。尽管如此，美国信息产业努力进行创新，仍是国家的支柱产业之一，计算机、软件、通信及集成电话依然是创新企业关注的内容，一些重要的信息产业企业英特尔、微软、戴尔仍将研发作为企业长期发展的基础，注重企业自主创新能力，在国际分工中将研发等价值链高端部分在本土进行，将产业链中低附加值环节转移到国外。

2009年，美国提出"制造业回流"的再工业化，鼓励一些海外的制造业企业将生产转移回国内。美国政府降低制造业成本，鼓励企业进行技术创新，促进制造业回流。美国制造业回流并不是将传统制造业领域搬回国内，按照既有的模式进行生产经营，而是突出创新能力，目标是在产业链高端抢占先机，重塑美国制造业的竞争力。2012年，苹果宣布计划将一条生产线移回美国，谷歌也在新推出的产品上注明了"美国设计和制造"的字样，信息产业主要企业的回流带动信息制造业的回流。

与此同时，来看2008年后美国风险投资的运行轨迹。国际金融危机冲击放缓了风险投资的步伐，风险投资趋于谨慎，在2009年和2010年都出现了一定的下滑。但从2011年开始，风险投资针对软件的投资金额逐步回升。2014年，软件获得的投资金额为26.70亿美元，2020年则达到50.22亿美元，接近2倍，足以看出风险投资行业对企业的支持。硬件金额也是逐步提高，信息产业市场的发展空间得到了风险投资的认可（见表10-1）。

表10-1　　　　　2008~2020年美国信息产业获得的风险投资

年份	软件金额 （亿美元）	软件项目数量 （个）	IT硬件金额 （亿美元）	IT硬件项目数量 （个）
2008	9.82	1651	3.70	349
2009	7.33	1457	2.21	309
2010	7.99	1828	3.08	307
2011	14.09	2509	2.94	310
2012	13.20	3047	2.60	283
2013	15.75	3659	2.58	308
2014	26.70	4104	3.03	352
2015	27.44	4072	2.79	324
2016	25.25	3523	3.54	340
2017	26.82	3749	3.81	376
2018	39.81	3995	4.90	410
2019	42.06	4194	4.57	383
2020	50.22	3608	5.32	337

资料来源：Pitch Book 2020 Q4。

二、美国风险投资与生物医药产业

作为全球生物技术的领头羊，美国是全球生物医药领域的技术、产业和市场中心，全球约50%的生物医药公司和生物技术专利源自美国。生物医药领域的特征是高风险、高投入和研发周期长，风险投资是美国生物医药企业创业和发展的主要资本来源（见表10-2）。2008年生物医药领域获得的风险投资额为9.3亿美元，2020年获得的风险投资额为 36.1 亿美元，增长了近 3 倍。

表 10 – 2　　　　2008 ~ 2020 年美国生物医药领域获得的风险投资

年份	风险投资额（亿美元）	成交次数	公司数量（家）
2008	9.3	898	826
2009	8.2	893	816
2010	7.9	973	894
2011	8.8	1072	995
2012	8.8	1130	1036
2013	10.3	1207	1118
2014	13.3	1307	1221
2015	15.5	1400	1299
2016	14.2	1320	1261
2017	17.9	1485	1397
2018	25.7	1585	1501
2019	23.4	1688	1569
2020	36.1	1802	1667

资料来源：美国风险投资协会（NVCA）2021 Yearbook。

　　区域分布上，美国拥有世界领先的波士顿、旧金山、圣迭戈、华盛顿和北卡罗来纳研究三角园五大生物技术产业区。旧金山湾区是美国最为活跃的生物医药产业集群之一。生物技术的研发需要大量的资金投入，研发时间长且失败率高，旧金山湾区活跃的风险投资为生物技术的研发提供了保障，促成生物技术从实验室走向产业化，转化为现实生产力。具有冒险精神的风险投资家愿意对短期内难以看见成效的生物技术的研发提供支持。旧金山地区之所以形成著名的生物医药产业集群，与硅谷地区云集的风险投资机构是分不开的。现代第一家生物医药企业基因泰克在旧金山的建立，就是因为硅谷良好的风险投资氛围和创业环境。旧金山地区投资于生物医药业的风险投资规模和数量都明显高于其他地区，风险投资是旧金山地区生物医药产业集群形成的重要推手。

2019 年，旧金山及其周边在专利方面居于美国领先地位，达到 12777 项。旧金山地区 2019 年和 2020 年获得的风险投资金额为 107.49 亿美元。最大的一笔风险投资是莱尔免疫制药公司（Lyell Immunopharma）于 2020 年 4 月完成的 4.93 亿美元的 C 轮，该公司是癌症细胞免疫疗法的开发者，专注于 CAR‐Ts 和实体肿瘤。2020 年 11 月，罗氏集团子公司基因泰克获得了旧金山市议会的批准，将 One DNA Way 总部的办公空间从 470 万平方英尺（约合 43.66 万平方米）增加了近 1 倍，至 900 万平方英尺（约合 83.61 万平方米）。这使该公司员工数量在 2020 年约 1 万人的基础上增加至 12550 人[①]。

三、美国风险投资与新能源产业

20 世纪 70 年代石油危机后，美国新能源产业开始发展。新能源产业与信息技术产业、生物医药产业起步时间大致相同，但其高昂的成本，加上替代石油、天然气、煤等传统能源的优势不足，发展初期并没有得到政府和投资者的广泛关注，发展较为缓慢。进入 21 世纪，美国政府转变能源发展政策，从保障供给的能源政策转向发展新的可再生能源。2018 年金融危机之后，美国政府大力推动新能源战略，旨在将新能源产业打造成美国未来经济的增长点。

政府鼓励和引导风险投资机构进入新能源产业。政府相关机构出资组建风险投资机构，对新能源产业进行投资，起到了引导其他风险资本的作用。对风险投资机构支持的新能源项目，允许其贷款占总投资额的 90%；对投资于新能源项目的风险投资机构，免征其所得税的 60%，其余 40% 减半征收[②]。

在美国相关政策的推动下，风险投资对新能源产业表现出极大热

---

① DeepTech 深科技. 疫情下的美国 TOP10 生物制药地区排名［EB/OL］. (2021‐04‐11)［2021‐05‐03］. https://www.163.com/dy/article/G7AGITNS05119734.html.

② 张佳睿. 美国风险投资与技术进步、新兴产业发展的关系研究［D］. 长春：吉林大学，2014.

情，对新能源产业的投资仅次于软件业和生物医药业。从表 10 - 3 可见，自 2008 年以来，风险投资对清洁技术的投资大幅增长，达 10 亿美元以上，交易笔数过百。

表 10 - 3　　　　　2008～2020 年美国能源产业获得的风险投资

年份	投资金额（亿美元）	投资项目数量（个）
2008	3.04	181
2009	2.08	171
2010	3.02	238
2011	3.61	222
2012	2.64	216
2013	2.39	200
2014	1.94	212
2015	1.56	197
2016	1.41	202
2017	1.12	160
2018	1.51	173
2019	1.75	194
2020	1.93	159

资料来源：Pitch Book 2020 Q4。

第二节　英国风险投资与新兴产业发展

英国风险投资业的萌芽可追溯到 1945 年工商金融公司（ICFC）的创立，真正起步在 20 世纪 70 年代。先期发展的美国市场上积累了丰富经验的风险投资家来到英国，为英国风险投资业的发展起到了一定的推动作用。90 年代中后期，英国本土的风险投资家和风险投资基金出现，一些成功的创业者、科学家和风险投资家们在伦敦、剑桥和苏格兰等科技活跃的地区集聚，探索设立风险投资基金，面向高技术领域进行投资。

一、英国的多层次风险投资体系：剑桥地区

英国剑桥地区是欧洲最成功的高技术产业集群地（史本叶、范硕，2011）。这一高技术产业集群形成和发展过程中，风险投资机制起到了重要的作用。技术创新社区与风险投资社区有机对接，形成多层次的风险市场与不同阶段的创新活动匹配，是剑桥地区风险投资市场的突出特征。

（一）风险投资资本

20世纪90年代，剑桥地区开始出现大量风险资本，其中最为重要的是种子资本。种子资本针对早期企业进行投资，在技术成果产业化前期就进行投入，推动科技成果能迅速实现产业化。在促进新技术、新产品成功的同时，也为风险投资和种子资本带来了较为可观的回报，特别是美国纳斯达克市场的推出，吸引英国高新技术企业登陆资本市场，风险投资退出的渠道较为通畅，资本得以良性循环，进一步刺激剑桥地区的创新活动。

另外，伦敦建立了专门技术类投资银行，相比较一般的投资银行，更具专业性和技术性。剑桥与伦敦地理上的邻近使得剑桥能便捷地获取前沿的科技信息，加速技术研发，也方便专业的投行分析师到剑桥开展实地调研，促进资本与科技的对接。风险投资活动的开展也有赖于专业的中介服务，形成较为广泛的合作网络，吸引更多的风投资本集聚。风险资本的扩大催生风投基金组织形式上的变革，增加对风险资本管理能力的需求，刺激风投行业自身的成长和发展。目前，剑桥的风险投资企业已形成一个"风险资本社区"，形成较为完善的风险投资体系。

（二）公司风险投资

公司风险投资指大公司以风险资本的形式、对未上市的科技型中小企业进行股权投资。公司风险投资不仅为初创期企业提供资金保障，还为初创企业提供渠道、营销等资源。公司风险投资与独立风险投资相

比，其风险资本的来源不同，管理模式也不同，它能更有效地满足创业企业资金需求，社会责任感更强。剑桥高技术产业集群形成过程中，公司风险投资是众多高新技术企业的重要融资渠道，缓解企业的融资约束，为企业发展助力。1998 年，剑桥地区的 82 家企业中，接受公司风险投资的占比为 38.5%[①]。公司风险投资受到剑桥高技术企业的认可，一是因为公司风险投资在提供资金外，还投入时间和精力来帮助企业成长；二是因为引入公司风险投资时，企业的外部投资者数量增加，外部投资者之间形成资源网络，也形成监督网络。

（三）天使投资

天使投资是股权投资的一种形式。天使投资是一种自发的、分散的民间资本投资，通常指高净值个人对具有巨大发展潜力的初创企业进行早期直接投资。在剑桥地区多层次风险投资体系中，天使投资起到关键的补充作用。与风险投资在成长期、上市阶段项目的投资标的不同，天使投资的投资标的大多为处于种子期或创业阶段的企业，投资的金额也不会太大。但这些项目具有较高的风险性，规模小，投资周期长。大的风险投资机构难以广泛覆盖，天使投资的出现弥补了这一市场空缺，为急需资金的初创项目提供最初的资金，促进那些构思独特的发明创造、商业创意落地，激发区域的创新活力。

剑桥高技术产业集群的天使投资非常发达，形成"商业天使社区"。成员有富有的个人，还有一些成功的创业者。这些成功创业者转变成投资者，具有技术前沿性、资本运作经验等优势，成为天使社区的重要组成部分。这些天使组织为以技术为基础的公司提供早期发展的资金，通常数额较小，也为创业企业和天使成员之间提供交流的平台。

二、英国风险投资对新兴产业的支持

2012 年 9 月，英国政府发布《产业战略：英国行业分析》，明确英

---

① 史本叶，范硕. 英国剑桥高技术产业集群风险投资的经验与启示［J］. 经济纵横，2011（1）：100－103.

国具备优势的未来新兴产业与技术。英国政府出台了 11 个产业长期发展战略，加强对有优势的新兴产业的投资力度，确定生命科学、航空、信息经济和新能源领域为新兴产业发展的主要方向。

英国对新兴产业统筹规划和宏观管理的部门为商务、创新与技能部（BIS），下设 48 个支撑机构，其中有英国创新署，帮助企业解决资金问题并支持企业创新。为保障新兴产业战略的顺利实施，英国政府在创新能力建设、技术成果转化、商业资金支持等方面建立较为完备的保障体系。

对于新兴产业发展急需的资金方面，在产业战略发布后，英国商业银行启动了创新型中小企业贷款项目。英国政府还特别重视风险投资的作用。2009 年，成立英国创新投资基金，基金投资领域主要为：数字媒体、生命科学、清洁技术和先进制造。英国商务、创新和技能部，英国能源气候变化部和健康卫生部共同注资 1.5 亿英镑。基金带动社会资本的投入，预计达到 10 亿规模。该政府基金运作的形式为母基金，主要投资于子基金，由子基金对创业企业进行投资，支持新兴产业的发展。

英国独立风险投资也是欧洲国家中最为发达的。2021 年，英国初创企业的融资额远远高于德国、法国和瑞典等，以伦敦为例，2021 年初创企业融资额为 250 亿美元，高于德国整体的 198 亿美元，主要关注的行业是金融科技、人工智能①。

第三节　以色列风险投资与新兴产业发展

以色列被誉为"中东硅谷"，是一个创业密度较高的国度，在电子信息技术、生命科学技术、现代农业、新能源、水技术等高科技领域均

---

① 奥特快. 英国投资人在瞄准哪些新兴行业？［EB/OL］.（2022 - 03 - 22）［2022 - 04 - 03］. https：//www. thepaper. cn/newsDetail_forward_17239276.

取得了领先全球的成果，成为了以色列经济发展的重要驱动力。以色列的风险投资业是成就以色列创新国家的重要因素。

一、以色列风险投资产业发展历程

以色列风险投资产业起步于 20 世纪 70 年代，成形于 90 年代末期，大致可分为孕育、探索、兴起、成熟四个阶段。

（一）孕育阶段（1969～1979 年）

1948 年，以色列建国，地缘政治环境恶劣，国家安全形势严峻。出于国家安全的考虑，以色列政府将发展国防科技研发作为国家的战略决策，增加在国防科技研发的开支与投资。以色列国土面积小，自然资源禀赋较差，这也促使以色列政府要通过发展高科技产业，形成国家竞争优势。1969 年，以色列在国家工业与贸易部下设首席科学家办公室，负责促进私人企业开展科技研发，推进国家高科技产业发展。为了鼓励企业进行新产品、新技术的开发，以色列政府推出地平线商业研发许可计划，研发项目可向首席科技家办公室申请支持，如果通过评审，研发投入可获得最多 50% 的资金补贴，有效分享企业研发风险，提供企业研发的积极性[①]。

20 世纪六七十年代，以色列政府加大对科技发展支持，吸引 Motorola、IBM 等大型跨国公司到以色列建立实验室，建立半导体与电子器件生产基地。1977 年，以色列与美国联合成立双边合作工业研究开发基金，促进以色列公司与美国高科技企业建立合作伙伴关系，1981 年该基金进行首笔投资。这一合作提高了以色列高科技企业在美国的声誉，加强以色列与美国工业界的联系。这一阶段风险投资产业还未在以色列兴起。

（二）探索阶段（1980～1989 年）

20 世纪 80 年代初期，以色列在技术、社会环境、经济实力以及知

---

① 李诗林. 以色列风险投资产业发展经验及借鉴［J］. 区域与全球发展，2018，2（2）：127.

识储备等各方面的积累，为风险投资产业的发展奠定了基础。前期积累的研究能力首先在以色列的软件行业得以蓬勃发展，一批独立的创业企业从这一行业中崭露头角。外部投资者为这些创业企业提供资金支持，研发能力与资本的结合使得以色列的软件产业进入发展快车道，1980年行业产值不足 100 万美元，经过 10 年发展，1990 年行业产值达到3.5 亿美元，接近 1/5 的软件出口①。到了 80 年代后半期，以色列国内对国防军工业进行重组，激发民用科技研发的热情，更多创业企业不断涌现。

以色列政府通过政策支持，向中小创新型企业提供资金支持，授权首席科学家办公室制定实施创新政策、对产业创新活动进行协调。首席科学家办公室牵头实施了一系列研发支持计划，包括研发基金计划、孵化器计划、磁石计划以及国际科技合作项目等众多科技创新活动。伴随着这些计划，各类研发基金为以色列国内的科技创新项目解决了最初的资金难题，激发以色列国内的创新活力。为鼓励国际投资，以色列放松对资本市场的管制，外国投资者在以色列投资的本金及红利收益汇出允许自由兑换。1984～1988 年，以色列国内特拉维夫交易所为企业提供了 5 亿美元的融资额，鼓励企业到国外资本市场上融资，同期以色列科技企业在美国 NASDAQ 市场的融资金额约 3 亿美元②。

这一阶段的标志性事件是 1985 年 Athena 公司的正式成立，这是以色列的第一家风险投资公司，从此，以色列风险投资产业进入一个新的发展阶段。

（三）兴起阶段（1990～2000 年）

在对创业企业的培育过程中，以色列政府逐渐认识到，创业企业成长系统需要金融、市场和管理之间的紧密有机的联动，而风险投资是实现这一目标的重要载体。为了培育风险投资产业，1991 年以色列政府

---

① 李诗林. 以色列风险投资产业发展经验及借鉴［J］. 区域与全球发展，2018，2（2）：128.

② 李诗林. 以色列风险投资产业发展经验及借鉴［J］. 区域与全球发展，2018，2（2）：129.

开展英博计划（Inbal Program）。政府设立英博保险公司，激励风险投资基金进行公开交易。在特拉维夫交易所上市交易的风险投资基金，英博计划保证 70% 以上初始投资资本的安全，这一计划共设立四个风险投资基金。但这一计划最终没有形成风险投资发展的强力推动力。

1993 年，以色列政府启动亚泽马（Yozma）计划，这一计划成功地为以色列风险投资业发展奠定基础。Yozma 计划立足于将本国的风险投资行业与国际风险投资网络接轨，鼓励以色列国内的风险资本家学习国际知名的风险投资机构，推动本国风险投资产业的发展。从资金上安排，Yozma 项目由以色列政府出资 1 亿美元，创建 10 个风险资本基金，投资于以色列科技公司。一个风险资本基金如果筹集到 1200 万美元的国外风险资本，那么政府将提供 800 万美元的配套资金。实际上，Yozma 项目以母基金方式运作，投向 10 个以色列风险投资家管理的 10 个私营基金，吸引声誉较高的国际风险投资进行跟投，带动国际资本来支持本国高新产业发展。Yozma 项目母基金运作模式取得成功，10 个子基金募集规模均达到 2000 万美元，其中有两个达到 3500 美元。Yozma 项目剩下的 2000 万美元进行直接投资，投资早期阶段的创业企业。其中，政府投资的 800 万美元占科技公司 40% 的股权，如果创业失败，投资者只需承担投资总额 60% 的损失，如果创业成功，投资者可以优先低价买下政府手中的所有股权，获得 100% 的收益[①]。Yozma 通过提供这种优惠，吸引了大量的国外风险投资。这为有创业意向的人提供了资金支持，提高了创业成功率。

Yozma 项目中的每一份风险资本基金都必须由三方代表组成：以色列风险资本家、国外风险资本基金、以色列投资公司或银行。这保证了每个项目中国内投资公司与国外资本的对接，国外风险投资不仅为以色列高科技创业企业带来资金，还带来了成熟的管理经验，为企业发展中难题的解决提供了成熟的方法和经验，提高了创业成功率。国外风险资

---

① 沈超红，尉春霞，程飞. 以色列何以成为创业的国度？[J]. 科学学与科学技术管理，2015，36（11）：51.

本家的出资承诺为以色列本土风险投资机构申请政府资金时提供了信用与质量背书。该计划还为以色列本土机构或者外国合作伙伴提供了一项期权，允许他们在政府出资的成本外增加 5% ~ 7% 的利率买入政府在这些子基金中所拥有的份额，对那些拥有风险投资相关经验的专业管理人员提供了较为优厚的条件，起到了正向激励的作用，这对以色列国内资本投资家的培养起到了重要的推动作用。

Yozma 项目是以色列风险投资业发展中最为成功的项目，推动了整个行业的蓬勃发展。风险投资额从 1990 年的 500 万美元增长到 2000 年的 33 亿美元，在以色列的投资银行数也从最初的 1 家增长到 26 家。这些风险投资基金募集的资金达到约 100 亿美元，在资本市场筹集的资金达到约 150 亿美元，兼并收购金额接近 200 亿美元，为超过 2000 家的创业企业提供资金。2000 年末，与 Yozma 项目有关的风险投资基金管理的基金资产规模达到 55 亿美元，占以色列全部风险投资基金资产 55%[①]。

Yozma 项目带来的巨大资本盈利示范性效应促使市场自发成立一些基金，这些基金与 Yozma 项目没有直接的关系，但也加速了以色列整个风险投资行业的发展，扩大了整体的行业规模。Yozma 项目也推动风险投资产业相关链条各类机构良性互动，加速风险投资基金管理机构以及创业企业向外国先进经验学习进程，为其他后发国家发展本国风险投资与高科技产业提供很好的示范效应。

1996 年，以色列成立风险投资协会（IVCA），并每年举行重要的国际性风险投资年会，向国内外投资者介绍以色列创业企业。以色列国内的创业热潮高涨，风险投资和创业投资网络兴起，创新要素进一步集聚。随之而来，为创业企业服务的、与资本市场运作相关的中介机构开始成立，为风险投资支持高科技创新企业、高新技术产业提供更多的支持。

---

① 李诗林. 以色列风险投资产业发展的经验及借鉴 [J]. 区域与全球发展, 2018, 2 (2): 131.

（四）成熟阶段（2001 年以后）

2000 年科技泡沫的崩溃冲击了全球金融市场，以色列的股票市场、收购兼并市场也无能幸免，对刚刚兴起的风险投资同样造成了巨大冲击。随着市场的回暖，以色列风险投资逐步复苏，从 2001～2003 年年均 10 亿美元的募资额增长到 2008 年 20 亿美元。金融危机的爆发使得以色列风险投资市场在 2009 年、2010 年两年出现短暂的低迷，随后进入稳步发展状态。2012 年来，高科技行业融资额年增长水平达 34%，约有 10% 的高科技企业每年都能成功融资，2013 年、2014 年募集资金总量分别为 24 亿美元、34 亿美元。2017 年高科技企业募资额达到 52 亿美元[①]。据以色列创业投资协会和美泰律师事务所共同发布的《2020 年以色列科技报告》数据显示，以色列科技公司在 2020 年全年的 578 笔风险投资交易中募集了创纪录的 99.3 亿美元，同比增长 27%。

以色列依靠全球化创新资源进行开放式创新，并借此拓展发展空间和竞争力，已成为全球研发及创新的中心。除汇聚本土的科技企业如 AMdoc、Checkpoint 外，包括微软、IBM、英特尔在内的全球 200 多家跨国企业均在当地设立科研中心，孕育不少影响世界的科技产品，包括 ows XP、Core Processor 等。政府和市场同时发力，推动以色列风险投资跃上新的台阶，以色列已成为全球公认的高科技创新及风险投资的热土。

二、以色列风险投资与新兴产业发展

以色列的风险投资保持着较高的成功率，打消了国外投资者的投资担忧，进一步吸引国外风投企业的进入，形成风险投资的良性循环。在良好的创业环境和风险投资支持下，以色列初创企业大量涌现，涵盖了全球新兴产业热门领域，如生命科学、移动通信及互联网、科技金融、人工智能与机器人、AR 与 VR（虚拟现实与增强现实）、自动化、工业应用、清洁能源等。

---

① 笔者根据以色列风险投资研究中心（IVC）网站数据整理。

独角兽企业是投资行业尤其是风险投资业的术语，一般指成立时间不超过 10 年、估值超过 10 亿美元的未上市创业公司，是新经济的集中体现。根据《2020 胡润全球独角兽》榜单来看，以色列有 8 家公司上榜（见表 10 - 4），列全球第 7 位，可见以色列在全球的领先地位。8 家企业分别为主要集中在人工智能、云计算等领域。

表 10 - 4　　　　　　　　　以色列独角兽俱乐部

序号	公司名称	成立时间	估值（美元）	行业
1	数据存储公司（Infinidat）	2011	140 亿	云计算
2	以色列共享出禾公司（Gett）	2010	100 亿	共享经济
3	兰达数码打印（Landa Digital Printing）	2002	140 亿	数码打印
4	星期一（Monday. com）	2012	140 亿	云计算
5	月球活动（Moon active）	2012	90 亿	游戏
6	埃恩索（ironSource）	2010	70 亿	广告科技
7	莱特瑞克有限公司（Lightricks）	2013	70 亿	云计算
8	OrCam 技术有限公司（OrCam Technologies）	2010	70 亿	人工智能

资料来源：笔者根据《2020 胡润全球独角兽》榜单整理。

第四节　经验借鉴

通过梳理美国、英国和以色列等发达经济体风险投资对新兴产业的支持，得出以下几点经验。

一、政府引导基金的示范和引导作用

从美国、英国和以色列的经验来看，政府创业投资引导基金在产业发展过程中具有重要的作用，仅仅依靠市场难以解决创业企业初期所需要的巨额资金，特别是在资本市场发育程度弱且信用机制不完善的国家和地区，政府的投入能一定程度上纠正市场失灵，通过引导基金的杠杆放大效应，引导社会资本进入新兴领域。政府引导基金是财政出资的一种形式，与政府直接拨款或补贴相比，政府引导基金在产业发展过程中能起到放大资金效应的作用，也能促进产业链的有效建立和产业集群的逐步形成。引导基金与政府财政直接投入相比，市场化程度相对较高，通过市场选择，支持有潜力的企业和产业发展，政府通过和市场需求相结合，实现产业政策和金融资本的有效融合。

以色列成功的政府引导基金 Yozma 基金运作过程表明，政府基金的引导不仅为企业带来更多的资金，增加产业发展的金融支持，政府引导基金不追求盈利回报的优势使其能专注于产业的发展，将资金投向种子期、初创期企业的支持，解决最初原始创新面临的融资困境，这是孕育新兴产业尤为重要的。商业性的风险投资出于业绩要求，往往会更多考虑自己的盈利可能，选择处于成熟期或者有较多成果的企业加以投资，期望在短期内收获回报。政府引导基金的示范和让利，能吸引更多的社会资本进入新兴领域的投资。

以产业引导基金为支撑的产融结合逐步形成了对相关产业或企业融资支持、对产业要素整合以及对市场竞争力促进等优势。发展产业引导基金的首要目的是促进新兴产业的产业定位，因此新兴产业的定位具有战略意义，是对产业引导基金和相关产业投资基金的方向性指引。从国际经验来看，电子信息和通信、网络技术、生物医药等新兴产业在产业引导基金发展较好的经济体，如美国、英国、以色列等国，都具有坚实的科学研发、前沿技术和产品产业化基础。

二、完善的多层次风险投资体系

新兴产业的发展有其生命周期特征，在不同的发展阶段具有不同的资金需求和其他需求。风险投资作为一种创新金融形式，在传统的风险投资体系之外，需要有天使投资、早期风险投资、中后期风险投资等面向不同对象的外部投资者，形成适应新兴产业发展的风险投资体系。如天使投资面向的是众多初创企业，这些企业大多没有建立起完善、规范的公司治理体系。一般的投资者在信息不对称的情况下，不会贸然拿真金白银给企业做试验。因此，多元化的面向不同阶段的新兴企业的风险投资体系能充分对接企业需求（见表10-5）。

表10-5　　　　　　　　　企业不同阶段外部融资来源比较

来源	种子阶段	初创阶段	早起成长	快速发展	退出阶段
创业者	■	□			
朋友亲属	■	□			
天使投资	■	■			
战略伙伴	■	■	□	□	
风险投资	□	■	■	■	
资产为基础的借贷		■	■		
设备租赁		■	■		
贸易信贷			■		
夹层融资				■	■
债券融资					■
IPO					■
并购基金					■

注：深色阴影为该阶段主要资金来源，浅色阴影代表该阶段的第二融资来源。
资料来源：笔者整理。

创业投资的对象是处于种子期和早期的企业，这些企业大多没有建立起完善、规范的现代公司治理制度，甚至没有办公场所。投资者面临很大的投资风险，投资期限一般少则3~5年，多则8~10年。投资周期长，退出难度大。因此，政府引导基金在设计退出制度和收益分配制度时，应当给予社会资本一定的倾斜和优惠，采取多样化和创新化的手段保障投资者利益。具体操作中，可以模仿以色列政府引导基金在5年内以优惠价格将自身所持有权益转让给合伙投资机构，或者对创投机构予以一定的风险补贴、税收优惠以及利益让渡。借鉴以色列的期权激励机制，在充分吸引和调动民间资本积极性的同时，激励基金管理者为追求长期成长收益而投资于具有潜在高成长性的创业企业早期阶段，并为政府引导基金的退出做好铺垫。公司风险投资也是欧美市场上较为普遍的一种风险投资形式，产业集团利用股权投资方式达到战略驱动、核心业务赋能、新兴行业布局等目的，也是风险投资体系中重要的组成部分。

三、完善风险投资募退渠道和管理机制

风险投资所投资的企业大多为初创企业，一个新兴产业从孵化到成熟也需经历较长的时间，因此，风险投资资金需要能够忍受较长时间的等待。从美国的风险投资发展来看，政府为长期风险投资拓展了多种渠道，鼓励养老基金、保险资金、富有的个人投资为风险投资提供资金。另外，美国纳斯达克市场的建立为美国、英国和以色列的新兴产业企业提供了新的融资渠道，也为风险投资的退出提供渠道，一定程度上刺激了风险投资市场的快速发展。

风险投资基金的运作应追求专业化和市场化，特别是政府引导基金，如果政府过多干预基金的运作，往往会导致基金运作以行政决策来替代市场化机制，影响基金运作效率。政府的过多干预也会影响社会资本的参与热情，对社会资本的吸引力不足，反而造成挤出效应。因此，基金的日常管理和投资运作主要还是依托专业性的投资机构，用市场化的方式来实现日常工作的管理和运营。

四、吸收国际资本的资金和经验

英国和以色列风险投资发展历程中，美国的风险投资都起到了重要的作用。美国较为成熟的风险投资运作模式和管理经验对其他国家的风险投资发展起到了示范的作用。另外，新兴产业的创新发展中需注重创新系统的开放性和国际科技合作，借助外部力量，取长补短，推动高新技术产业发展。以色列通过设立双边科研基金、双边科研协定以及欧洲科技发展计划等推动国际交流与合作，积极吸纳国际资本。双边科研基

金通过国际合作资金与双边协议共同进行创新研发，有效配置资金与专业资源，在资金与协议保护下，双边政府提供人力、设备、顾问专家等援助以及设置双边研发基金，基金通过董事会管理，针对有能力研发新产品的企业，补助研发成本的 50%。欧盟研究与技术发展计划是欧洲最重要的科研合作计划，以色列是最早参与该计划的非欧洲国家，与欧洲研究机构和企业合作科研，加大引入海外创业资金的力度。通过引入国际资本、建立国际双边基金等，能够有效加强国际交流合作，提升企业的国际地位，有利于推动整个风险投资行业的发展。

小　　结

本章首先分析美国风险投资促进信息产业、生物医药产业、新能源产业发展的案例，其次分析英国风险投资在促进剑桥地区新兴产业发展的举措，最后分析以色列风险投资业对创业的高度支持，提炼发达经济体风险投资促进新兴产业发展的经验，为我国风险投资促进战略新兴产业发展提供借鉴。

第十一章

结论与建议

　　战略性新兴产业是引领国家未来发展的重要决定性力量，创新是战略性新兴产业的核心，风险投资对创新的支持，从而促进新兴产业发展，是双循环格局下金融和科技有效融合的重要载体。本书着眼于风险投资支持战略性新兴产业发展的理论、实证和案例，得出以下结论和建议，为促进风险投资业发展以提高中国战略性新兴产业竞争力提供现实依据和政策参考。

第一节　研　究　结　论

　　风险投资是对创业企业投入资本并通过改善企业的经营管理实现企业价值增值，退出以实现资本增值的一种金融运作方式，加速高新技术成果的转化，壮大高新技术产业。

　　本书梳理风险投资学、产业经济学和企业发展的基本理论，构建风险投资支持战略性新兴产业发展的理论基础。战略性新兴产业发展的支撑体系中，资金不可或缺。风险投资具有资本提供、分散风险、拓展资源、生态赋能等作用，助力战略性新兴产业产业成长、创新能力提升、产业集聚、全要素生产率提升，实现产业的发展壮大；战略性新兴产业与风险投资相辅相成，战略性新兴产业的发展为风投的核心提供源泉，风险投资通过对战略性新兴产业的支持实现资金循环、自身价值和良好的社会价值。

风险投资发展现状表明，全球风险投资呈现出创投中心从美国转移、中国成为创投崛起力量、前沿投资领域集中和公司风险投资的贡献增加等趋势特征。中国风险投资规模从管理机构数量和管理资本呈增长趋势，在政策的鼓励下投资阶段前移，风险投资来源逐步多元，投资热点较为集中，区域投资规模不平衡。中国风险投资发展存在的问题主要体现在：行业发展的关系亟待理顺，政策支持的力量仍需加强，缺少长期资本支持，退出渠道仍需进一步拓宽，缺乏有效的项目对接平台。对中国战略性新兴产业中的中小微企业进行调研，发现企业普遍存在融资问题，风险投资对企业的支持还有待提升，而企业对于风险投资的认识也有待进一步深入。

实证检验部分，本书从战略性新兴产业产业成长、产业集聚、创新中介效应、全要素生产率等维度，从中观和微观系统检验风险投资对战略性新兴产业的支持作用效果。风险投资具有促进新兴产业成长的作用，且政府背景风投与无政府背景风投相比更具有产业促进作用。同样，专业化风险投资、联合风险投资也更能促进新兴产业成长。风险投资不仅促进本地战略性新兴产业集聚发展，还通过空间溢出效应影响邻近地区的战略性新兴产业集聚。风险投资通过技术创新促进新兴产业创新链形成的机制存在，但这种效应还较弱，且在东、中、西部地区表现出明显的异质性。风险投资促进战略性新兴产业全要素生产率的提升，且持股比例高、联合投资介入方式的影响更大，作用机制为缓解战略性新兴产业发展中的融资约束，增加研发投入。

政府风险投资在中国风险投资资本中占有较高的比重，因此本书实证检验了政府风险投资对战略性新兴产业中企业创新投入的影响，以检验中国现有政府出资的效果。检验结果表明，政府风险投资有助于提高企业创新投入，对企业创新投入有正向影响。机制检验发现，政府风险投资通过缓解融资约束，增加政府补助，促进企业创新投入增加。异质性检验表明，企业在成熟持续期阶段政府风险投资可以促进企业创新投入，对于初创成长期的企业作用较弱。政府风险投资对非国有企业创新投入有促进作用，对国有企业的促进作用则不显著。

在案例分析部分，本书选取北京中关村地区新一代信息技术产业、上海人工智能产业和苏州生物医药产业，分析风险投资在促进战略性新兴产业发展中的作用，典型案例分析发现风险投资为企业的发展提供了资金，起到融资作用，风险投资依托自己的经验，对行业发展进行选择。风险投资的投资向外界传递了一种信号，为企业后续融资和发展起到认证效应，风险投资同样为企业提供更多的学习机会，将企业嵌入风投网络中，促进新兴产业的发展。另外，本书较为详细地分析了美国风险投资对信息产业、生物医药产业和新能源产业的支持，同时分析英国剑桥地区和以色列风险投资的特征及对新兴产业的支持，得出发达经济体风险投资发展的经验。

第二节　对策建议

基于理论分析、现状分析、实证研究和案例分析结论，本书提出以下对策建议，以期促进我国风险投资行业的健康发展，以此促进战略性新兴产业的发展壮大，助力构建现代化产业体系。

一、政府层面

（一）重视风险投资发展，给予大力的政策支持

尽管我国风险投资行业从无到有、从小到大，取得了长足进展，但与发达国家相比仍存在差距。战略性新兴产业，重在创新，成在资本，需要有与产业结构转型相匹配的金融供给，风险投资无疑是促进创新的重要金融力量。因此，政府应在法律、税收、风险分担等方面充分发挥作用，优化风险投资自身发展环境。近些年出台的《创业投资企业管理暂行办法》《科技型中小企业创业投资引导基金管理暂行办法》《关于实施创业投资企业所得税优惠问题的通知》等办法，为风险投资机构建立和运作提供了法律基础。但这些法律法规还有一定局限性，需要进一步修改和完善。风险投资机构的监管部门尚需进一步理顺，避免一

刀切行为，在行业政策、审批等方面推进落实创新容错机制，实施差异化政策。给予风险投资机构税收优惠，解决个人投资者的双重征税问题，以税收政策激励风险投资主体进一步丰富。健全风险补偿机制，鼓励风险投资的投资阶段前移，分散风险投资机构风险，激发创业企业原始性创新活力。

（二）发挥政府基金作用，吸收社会资本扩大规模

政府基金在战略性新兴产业发展中的作用不容忽视。目前，中国政府出资的基金名称较多，一定程度上模糊了基金作用的边界。政府基金规模、数量、种类与战略性新兴产业实际发展过程中的需求存在差距，产业发展阶段匹配度也不高。各地政府在"资本链＋产业链"的招商过程中，未能充分发挥政府基金的作用。政府应进一步理顺政府基金的发展模式、发展规模以及投资回报等，注重政府基金对产业的引导作用，减少引导基金对于返投比例等限制，引入增量、深度挖掘存量，吸引社会资本增加风投资本的来源，推动战略性新兴产业集群发展。同时完善政府基金的绩效评价机制。关注基金管理人履职情况、基金税收就业带动情况、产业引导效果、基金运作合规性、被投项目成长情况等考核内容，定期开展评价，及时发现运作问题，完善投资基金的终止和退出机制，着力提高投资基金资源的配置效率，推进更好更快良性发展，并且建立基金收益超额奖励机制，对优秀基金管理团队及管理层进行激励。

（三）完善市场机制，拓展风险投资募退渠道

资本的良性循环是风险投资健康发展的前提。目前中国风险投资主体政府资本约占30％，还应进一步引入多方长期资本参与。减少对保险公司、信托投资公司、养老基金及其他金融机构的投资限制，让这些实力雄厚、有长期大规模资金的机构参与风险投资，增强风险投资的力量，增加资本供给。养老金是美国风险资本的重要来源，但我国目前对养老金投资实行较为严格的限制，尚不允许进行风险投资市场。我国应借鉴美国的经验，在风险可控的范围内，逐步允许养老金适度参与风险投资。

风险投资可通过完善的资本市场帮助创业企业上市，实现顺利退出。科创板推出、创业板注册制实施、北交所设立都为风险投资退出拓宽了渠道，充分发挥资本市场一系列深化改革举措陆续推出的优势和契机，为创投企业投资的科创产业项目上市和退出提供优先和便利。并购也是风险投资退出的重要渠道，在经济下行压力增加，并购市场的活跃度降低，应探索设立股权二级市场基金，拓宽风险投资多样化退出渠道。

（四）提升企业自主创新能力，加快战略性新兴产业发展

创业企业是连接风险投资与产业发展的桥梁。离开蓬勃发展的创新项目和创业企业，风险投资将成为无本之木。因此，政府应营造良好的政策环境，提升企业自主创新能力。应鼓励科研院所、高校等机构积极推动科研成果转化，通过市场化的操作，将更多先进的技术从实验室应用到实际生活生产领域，提升社会效率。搭建风投机构与技术创新有效对接平台，进一步降低风险资本与创业企业之间的信息不对称程度和交易成本，提升风险投资机构的投资效率，充分发挥风险资本对推动被投资公司创新能力的重要作用。发挥风投的技术筛选、资金支持和资源集聚的功能，培育有潜力的创新项目。以风险投资机制为推动力，提高科技成果转化和产业化成功率，用高新技术发展新兴产业和改造传统产业，加快新兴产业发展换代。

（五）搭建沟通平台，缓解信息不对称

搭建高质量的风险投资与创业企业之间的沟通平台。一是建立高效的、便捷的信息服务体系。及时发布战略性新兴产业发展前沿信息，收集国内外最新技术成果、市场行情等信息，对国家产业政策进行剖析，信息共享，缓解融资主体供求双方的信息不对称。二是构建风险投资与创业企业之间的信息交流平台，加强政府、风险投资机构和创业企业的沟通和联系，可以定期举办洽谈会、新项目推荐会或者构建基于互联网的融资对接平台，实现企业与风险投资机构双向选择、快速对接。采用大数据等技术整合开放创业企业的工商信息、经营信息，同时纳入企业契约履行、声誉评价等商业信用信息，为风险投资更为全面地了解企业

夯实信用基础。

（六）因地制宜，制定风险投资发展政策

根据东、中、西部不同区域风险投资、技术创新和新兴产业发展的不同作用程度，制定不同的发展政策。东部地区应进一步完善风投与技术创新之间的内在互促机制，发挥风险资本的高失败容忍率优势，引导风投机构的专业化发展，激发更多原创性创新，形成资本链、创新链、产业链的有机融合。中西部地区应提升技术创新能力，协调政府背景风投和非政府背景风投的发展，提升非政府背景风投占比，借由风投力量挖掘地区创新潜力，集聚更多创新资源，进而有效促进产业结构的升级。

二、风险投资机构层面

（一）发挥"筛选效应"，发掘有潜力的创新企业

企业是创新的主体，也是战略性新兴产业发展的主体。我国战略性新兴产业突破发展的标志就是拥有一批世界级的创新企业，这需要风险投资依靠自身经验和专业判断，挖掘、选取、培养有前景、有爆发力的新兴企业，进而孵化出新兴产业。一方面，需要风险投资持续提升自身能力；另一方面，需要加强和政府等部门的合作。建立风险投资、政府相关部门和企业共同参与的优秀项目孵化培育机制，针对政府重点发展的产业领域，布局风险投资跟进对策，解决初创阶段产业发展的资金不足问题；通过建立国际合作孵化器、加速器、国家科技合作基地等方式，加快境外优秀项目的培养与引入。加强与各级科技服务平台的沟通，发掘更多的优秀项目，为战略性新兴产业中不同环节、不同发展阶段的企业提供更多上下游资源。加强与银行、保险、券商等其他金融机构的联动衔接，为进入发展期的战略性新兴产业提供认证效应，提高金融机构与金融市场对新兴产业的支持。

（二）提升专业化水平，发挥风险投资"增值效应"

风险投资机构的投后管理阶段，专业化的风险投资机构能够通过积极主动地参与被投资公司的治理，帮助公司制定长期战略规划，对已有

的各个投资项目进行资源整合，能够更好地发挥项目间的协同作用，从而为被投资企业带来更多的增值服务。因此培养风险投资行业的专业人才、提升风险投资专业化水平对于完善我国风险投资行业存在的不足以及促进资本市场的发展有着重要的作用。鼓励风险投资机构精细投资路线，使投资更加专业化。对于风险投资机构来讲，如果在运营与发展的过程中投资资金充足，通常会投资战略性新兴产业中不同的企业，风险投资机构内部可以按涉及投资的行业不同分设不同的项目组，例如专门负责生物医药企业的投资、专门针对高端制造的投资。精细化的分工有利于风险投资中每个投资管理人做专门的信息收集和披露，通过专业化运作，对投资项目做出科学合理的分析判定，促进自身认证作用和增值效应的充分全面发挥。

（三）建立科学的风险管理机制，避免"短视效应"

创新、创业呼唤创投，风险投资应顺应市场发展并积极响应国家政策的引导，加大对战略性新兴产业中民营企业和早期创业企业的投资，这意味着风险投资需要承担高风险。因此，风险投资应建立科学的风险管理机制，建立一套严格的项目评估和选择机制，能从众多项目中筛选出有较好发展前景、能获得较高收益的项目。同时，由于风险投资本身就是投资于高风险的行业以获得高额收益，在运行过程中必然会面临投资失败的风险。因此，要建立风险管理机制，既要在投资前对可能面临的风险进行全面的评估，还要在投资失败后采取切实可行的措施来使损失最小化，力求一项投资的失败不会影响其他投资项目。风险投资机构在投资前对投资标的企业进行专业审慎的尽职调查，在投资后也会通过引入职业经理人的形式进行主动投资管理，通过培养合适的风险投资人才，能够提高风险投资机构筛选高质量企业的能力，这在一定程度上降低信息不对称的问题，从而改善风险投资行业存在的逆向选择问题。

（四）吸纳国际资本，学习国际先进经验

本土风险投资在发展过程中，应注重国际资本合作，特别是在政策允许外资股权投资基金进入国内市场合作时，为风险投资的发展提供了机遇和挑战。本土风险投资应根据自身的实力，选择外资风险投资进行合作，在合作过程中，不仅是通过资金吸纳提升自身管理规模，更应重视外资风险投资对于项目筛选、项目管理的经验。学习外资风险投资的资本运作，特别是促进企业在国外资本市场上市融资的经验，以此促进本土风险投资精细化、专业化管理的能力提升，更好地服务战略性新兴产业的发展。

三、战略性新兴产业层面

（一）以创新为动力，提升企业核心竞争力

战略性新兴产业最终成为构建我国现代产业体系的支柱，需要依托创新为根本动力。创新分为原始自主创新、引进集成创新和模仿创新。在战略性新兴产业发展的不同阶段，企业应综合评判自身条件以及市场环境做出创新模式的理性选择。当产业处在孵化培育期，核心技术的研发是企业生存发展的关键。企业如果具备技术创新的条件，应建立自身的研发团队，制定技术发展战略规划，以技术创新引领企业发展；如果企业不具备原始技术创新的客观条件，应遵循技术共生规律，加强与高等院校、科研机构的紧密合作，建立技术创新联盟，注重技术引进吸收，在协同创新基础上获得技术规模化优势；也可以主动在全球范围内寻找技术合作伙伴，对引进技术进行吸收和成果转化，逐渐降低对技术外部依赖性。当产业处于成熟期，技术研发的稳定性和成熟度相对较高，企业要注重技术向应用成果的转化，利用已有技术优势，提升产业链创新水平，拓展企业在产业链中的价值创造空间。

（二）发挥龙头企业作用，扩展公司风险投资

企业内部投入、技术市场交易、并购是企业创新活动的主要形式，西方风险投资发展史表明，公司风险投资不仅是风险投资体系中的重要组成部分，也是公司获取技术创新的重要渠道。公司风险投资能为企业发展带来新的资金和动力，有助于公司开发现有知识和探索新知识，接触新兴企业的技术和实践，跟进市场与技术的变革，获得行业中的新技术、新产品甚至行业的最新发展方向及市场趋势，塑造或拓展市场，激发额外的企业创新活动，推动风险投资和中小企业的共同发展。战略性

新兴产业发展过程中，能承担公司风险投资角色的无疑是产业中的龙头企业。因此，应鼓励龙头企业设立公司风险投资，以战略导向为目的，加大对产业链中或产业集群中的中小企业的投资，发挥自身对市场与技术具有更全面的认识、具有较强的资金实力、更有投资耐心的优势，促进产业高质量发展。

（三）激发企业活力，借力资本实现成长

企业是战略性新兴产业发展的重要载体。在双循环的格局下，拥有核心技术的硬科技企业是战略性新兴产业发展的基石。创业企业应重视自身的技术创新能力，同时积极寻求与风险投资机构间的合作是初创型企业快速成长的重要途径。创业企业应该注重提高自身竞争力以吸引风险投资机构投资，在与风险投资机构建立合作关系后，初创公司应该积极引入风险投资资本家，尊重他们作为重要的合作伙伴，并建立起充分的信任关系。在公司日常治理，定期董事会议中，让风险投资机构充分了解公司自身的财务状况、运营情况和人力资源情况，并在制订本公司发展战略计划时寻求风险投资机构的建议。依托风险投资机构的专业实力及相关行业中所积累的人脉资源，为公司顺利达成新的融资目标，同时也能够为公司带来更有效的信息和资源，从而促进公司的成长和发展。当产业进入快速成长和发展时期，依靠风险投资的资源网络实现获取更多金融资本的支持，寻求在资本市场融资，为企业发展提供更好的平台。

另外，创业企业在引入风险投资过程，也需要审慎地与风险投资机构签订合理的公司控制权的契约条款，防止风险资本对企业的"攫取"，有效地平衡与风险投资机构之间的关系，充分发挥风险投资对被投资企业创新能力的提升作用，提升自身实力，推动新兴产业发展。

附录 1

全国各省（区、市）第十四个五年规划和二〇三五年远景目标中战略性新兴产业发展规划

省（区、市）	战略性新兴产业相关发展内容
安徽	大力发展战略性新兴产业。深入推进"三重一创"建设，加快发展新一代信息技术、人工智能、新材料、节能环保、新能源汽车和智能网联汽车、高端装备制造、智能家电、生命健康、绿色食品、数字创意十大新兴产业，构建一批各具特色、优势互补、结构合理的战略性新兴产业增长引擎
北京	大力发展集成电路、新能源智能汽车、医药健康、新材料等战略性新兴产业，前瞻布局量子信息、人工智能、工业互联网、卫星互联网、机器人等未来产业，培育新技术新产品新业态新模式
福建	实施战略性新兴产业集群发展工程，在新材料、新能源、节能环保、生物与新医药、海洋高新等重点领域，培育一批特色鲜明、优势互补、结构合理的战略性新兴产业集群
甘肃	大力发展战略性新兴产业。巩固发展新能源、新能源装备、新材料等具有一定比较优势的新兴产业，打造全国重要的新能源及新能源装备制造基地和新材料基地。培育壮大现代农业、生物医药、精细化工、节能环保、文化旅游、先进制造等具有一定发展基础的新兴产业，打造新的经济增长点
广东	加快培育半导体与集成电路、高端装备制造、智能机器人、区块链与量子信息、前沿新材料、新能源、激光与增材制造、数字创意、安全应急与环保、精密仪器设备十大战略性新兴产业集群
贵州	推动企业设备更新和技术改造，扩大战略性新兴产业投资。加快发展高端先进装备制造业，着力发展航空、航天、汽车产业，大力发展电力装备、工程及矿山机械产业，积极培育山地农机及食品加工装备、智能装备及其他特色装备产业
海南	加快发展三大战略性新兴产业，即数字经济、石油化工新材料、现代生物医药。培育以"陆海空"为主的三大未来产业，即南繁产业、深海产业、航天产业。优化升级三大优势产业，即清洁能源产业、节能环保产业、高端食品加工产业

续表

省（区、市）	战略性新兴产业相关发展内容
河北	大力发展战略性新兴产业。深入推进战略性新兴产业集群发展工程，加快省级以上战略性新兴产业示范基地建设。发展壮大信息智能、生物医药健康、高端装备制造、新能源、新材料、钢铁、石化、食品、现代商贸物流、文体旅游、金融服务、都市农业12大主导产业，大幅提高高新技术产业在规上工业中的比重。鼓励企业技术创新，提升核心竞争力，防止低水平重复建设，构建各具特色、优势互补、结构合理的战略性新兴产业发展格局
河南	实施战略性新兴产业跨越发展工程，打造新型显示和智能终端、生物医药、节能环保、新能源及网联汽车、新一代人工智能、网络安全、尼龙新材料、智能装备、智能传感器、第五代移动通信十个战略新兴产业链，培育具有高成长性的千亿级产业集群。前瞻布局北斗应用、量子信息、区块链、生命健康等未来产业
黑龙江	大力发展战略性新兴产业。加速发展壮大新一代信息技术、航空航天、高端装备、新能源汽车、新材料、新能源、生物技术、绿色环保等战略性新兴产业，提升战略性新兴产业规模，培育新增长点。把以石墨为代表的碳基材料、以减量化为代表的复合材料产业打造成全省最具优势和潜力的产业
湖北	发展壮大战略性新兴产业。实施战略性新兴产业倍增计划，促进产业集群发展。集中力量建设集成电路、新型显示器件、下一代信息网络、生物医药四大国家战略性新兴产业集群，打造"光芯屏端网"、大健康等具有国际竞争力的万亿产业集群
湖南	实施战略性新兴产业培育工程，重点发展新一代信息技术、新材料、新能源、节能环保、生物等产业，壮大发展新动能，形成竞争新优势。实施智能制造赋能工程，加快信息技术与制造业深度融合，推动产业向价值链中高端迈进
吉林	培育壮大战略性新兴产业。把握技术革命发展趋势，超前谋划由前沿技术带动的新兴产业，突破移动信息网络、云计算和大数据、人工智能、生物工程、新能源、新材料等领域关键技术，培育壮大一批有核心竞争力的品牌产品和企业
江苏	加快壮大新一代信息技术、高端装备制造、新材料、绿色低碳、生物技术和新医药等高新技术产业，培育一批居于行业领先水平的国家级战略性新兴产业集群，打造一批具有全球影响力的知名品牌
江西	抢抓前沿领域发展制高点。紧跟战略性新兴产业和未来产业发展趋势，聚焦柔性电子、微纳光学、新能源装备、生物技术和生命科学等细分领域，超前布局前沿科技和产业化运用，谋划一批试点示范项目，打造一批重大应用场景，培育未来发展新引擎

省（区、市）	战略性新兴产业相关发展内容
宁夏	推进新兴产业规模化崛起，制定战略性新兴产业发展规划，实施新兴产业提速工程，深耕细分领域，推动新型材料向高纯度高强度高精度高性能方向发展，清洁能源重点发展配套装备制造、提高能源利用效率，电子信息聚焦智能终端、数据存储、物联互联、信息应用创新发展。打造西部有一定影响力的电子信息产业集聚高地和新型材料生产研发基地
山东	坚决培育壮大新动能，以"雁阵形"产业集群为依托，重点培育新一代信息技术、高端装备、新能源新材料、新能源汽车、节能环保、生物医药等产业，培育一批各具特色、优势互补、结构合理的战略性新兴产业增长引擎。加快布局生命科学、量子信息、空天信息、柔性电子等未来产业
青海	积极培育新兴产业。把握产业变革方向和培育未来竞争新优势，推动一批新兴领域发展壮大成为支柱产业。推动新材料产业向高端延伸，发展先进有色金属、新型金属合金、电子信息、高强度碳纤维、下游高端合金及航空航天结构等新材料，推进锂电池及终端应用产业高端化发展。推动装备制造向系统集成制造升级，建设关键大型铸锻生产基地，巩固发展专用机床等高端产品，配套发展光伏制造、风电装备，建设新能源汽车及配套产业基地，培育壮大节能环保产业。发展特色生物资源精深加工产业，培育中藏药材专业化市场，创新中藏药材生产和生物提纯技术，发展保健品产业。发展5G产业、大数据产业和数据要素市场，培育智能科技产业
辽宁	培育壮大"新字号"。加快构建一批战略性新兴产业增长引擎，实施引育壮大新动能专项行动计划，提升新兴产业对经济发展的支撑作用。推动高技术制造业等新兴产业发展。做强做大现代航空航天、高技术船舶与海工装备、先进轨道交通装备、新能源汽车等高端装备制造产业。壮大集成电路产业，推动设计、制造、封装、装备、材料等全产业链发展。推进生物医药健康产业发展，重点发展化学原料药及生物制药、现代中药、蒙药等生物医药产业，培育发展高端医学影像等先进医疗器械。加快发展节能环保和清洁能源等产业。积极发展前沿新材料产业。超前布局未来产业，面向增材制造、柔性电子、第三代半导体、量子科技、储能材料等领域加快布局，打造一批领军企业和标志产品，形成新的产业梯队
山西	新兴产业未来产业研发制造基地。加快布局新基建、突破新技术、发展新材料、打造新装备、研发新产品、培育新业态，积极发展蓝色经济，成为信创产业、碳基新材料、特种金属材料、合成生物产业国家级研发制造基地。打造战略性新兴产业集群。实施培育壮大新动能专项行动计划，加快构建14个战略性新兴产业集群
陕西	深入推进战略性新兴产业集群发展工程，加快新一代信息技术、航空航天和高端装备、新能源、新能源汽车等支柱产业提质增效，布局建设人工智能、生命健康、氢能、核能、铝镁新材料等新兴产业和未来产业，培育新的增长点，打造全国重要的集成电路基地卫星应用产业集群和优势明显的稀有金属深加工基地

省（区、市）	战略性新兴产业相关发展内容
四川	把特色优势产业和战略性新兴产业作为主攻方向，完善"5+1"现代工业体系，加快建设制造强省。实施产业基础再造工程，推动制造业转型升级。引导产业集聚集群集约发展，打造全球重要的电子信息、装备制造、食品饮料等产业集群和全国重要的先进材料、能源化工、口腔医疗、核技术应用等产业集群，培育人工智能、生物工程、量子信息等未来产业集群
上海	深入推进以现代服务业为主体、战略性新兴产业为引领、先进制造业为支撑的现代产业体系建设，率先实施产业基础再造工程，打好产业基础高级化、产业链现代化的攻坚战，提升产业链水平，为全国产业链供应链稳定多作新贡献
天津	充分发挥海河产业基金、滨海产业基金支撑引导作用，以信创产业为主攻方向，增强智能科技产业引领力，着力壮大生物医药、新能源、新材料等战略性新兴产业，巩固提升高端装备、汽车、石油化工、航空航天等优势产业，加快构建"1+3+4"现代工业产业体系
西藏	积极布局5G、数据中心、人工智能、物联网、工业互联网等新型基础设施建设。推动科技创新驱动发展。深入实施科教兴藏战略、人才强区战略、创新驱动发展战略，加快建设科技强区
浙江	做优做强战略性新兴产业和未来产业。大力培育新一代信息技术、生物技术、新材料、高端装备、新能源及智能汽车、绿色环保、航空航天、海洋装备等产业，加快形成一批战略性新兴产业集群。大力培育生命健康产业，推动信息技术与生物技术融合创新，打造全国生命健康产品制造中心、服务中心和信息技术中心。大力培育新材料产业，谋划布局前沿领域新材料，打造新材料产业创新中心。促进平台经济、共享经济健康发展。超前布局发展人工智能、生物工程、第三代半导体、类脑芯片、柔性电子、前沿新材料、量子信息等未来产业，加快建设未来产业先导区
云南	培育战略性新兴产业。瞄准未来科技革命和产业变革的趋势方向，培育壮大新一代信息、技术、高端装备、绿色环保等战略性新兴产业，积极布局人工智能、先进通信网络、卫星应用、生物技术等未来产业，形成一批推动全省产业结构主动调整和引领调整的新技术、新产品、新业态、新模式
重庆	加快壮大战略性新兴产业，支持新一代信息技术、高端装备、新材料、生物医药、新能源汽车及智能网联汽车、节能环保等产业集群集聚发展，构建一批各具特色、优势互补、结构合理的战略性新兴产业增长引擎
广西	加快发展战略性新兴产业。大力发展向海经济，加强海陆产业链供应链对接整合，吸引临港优势产业向沿海延伸布局，培育发展海洋新兴产业，构建具有广西特色的现代向海产业体系。培育壮大新一代信息技术、新能源及智能汽车、高端装备制造、节能环保、海洋装备、先进新材料、生物医药、绿色食品等战略性新兴产业，力争打造一批具有全国影响力的产业集群。超前布局生物工程、第三代半导体、人工智能、量子信息等未来产业。推动互联网、大数据、人工智能等同各产业深度融合

省（区、市）	战略性新兴产业相关发展内容
内蒙古	加快战略性新兴产业和先进制造业发展。立足产业资源、规模、配套优势和部分领域先发优势，实施战略性新兴产业培育工程，建立梯次产业发展体系，大力发展现代装备制造、节能环保、生物医药、电子信息、新型化工、临空等产业，积极培育品牌产品和龙头企业，构建一批各具特色、优势互补、结构合理的战略性新兴产业增长引擎
新疆	实施战略性新兴产业发展推进工程，加快壮大数字经济、先进装备制造业、新能源、新材料、氢能源、生物医药、节能环保、新能源汽车等产业，提升产业规模和市场竞争力

附录 2

各省（区、市）风险投资的部分政策法规

省（区、市）	时间	政策名称
北京	2021 年 1 月	关于中关村国家自主创新示范区公司型创业投资企业有关企业所得税试点政策的通知
	2021 年 6 月	关于推进股权投资和创业投资份额转让试点工作的指导意见
	2021 年 12 月	关于加快建设高质量创业投资集聚区的若干措施
天津	2017 年 1 月	关于促进创业投资持续健康发展的实施意见
	2019 年 2 月	天津市天使投资引导基金管理办法
河北	2017 年 3 月	关于促进创业投资持续健康发展的实施意见
	2021 年 11 月	财政引导金融支持实体经济发展十条措施
山西	2017 年 5 月	关于加快股权投资基金业发展的若干意见
	2017 年 7 月	山西省促进创业投资持续健康发展若干政策措施
	2019 年 12 月	山西省股权投资类企业注册备案监管办法（试行）
内蒙古	2017 年 5 月	关于促进创业投资持续健康发展的实施意见
辽宁	2016 年 12 月	辽宁省促进创业投资持续健康发展若干政策措施
吉林	2017 年 2 月	关于促进创业投资持续健康发展的若干政策措施
黑龙江	2017 年 4 月	关于促进创业投资持续健康发展的实施意见
上海	2019 年 7 月	关于促进上海创业投资持续健康高质量发展的若干意见
江苏	2017 年 7 月	关于促进创业投资持续健康发展的实施意见
	2018 年 12 月	全省创业投资企业竞争力提升行动计划及创业投资示范载体建设工程实施方案
	2019 年 8 月	省创业投资企业竞争力提升行动计划及创业投资示范载体建设工程认定管理暂行办法

省（区、市）	时间	政策名称
浙江	2017 年 10 月	浙江省人民政府关于促进创业投资持续健康发展的实施意见
安徽	2017 年 2 月	关于促进创业投资持续健康发展的实施意见
福建	2016 年 11 月	福建省人民政府转发国务院关于促进创业投资持续健康发展若干意见的通知
江西	2016 年 12 月	江西省发展改革委关于召开促进创业投资持续健康发展工作推进会的通知
山东	2018 年 6 月	关于促进创业投资持续健康发展的通知
河南	2017 年 2 月	河南省人民政府办公厅关于促进创业投资持续健康发展的实施意见
湖北	2018 年 3 月	省人民政府关于促进创业投资持续健康发展的实施意见
广东	2017 年 5 月	广东省加快促进创业投资持续健康发展的实施方案
广西	2020 年 7 月	南宁市人民政府办公室关于印发南宁创业投资引导基金管理办法的通知
海南	2018 年 11 月	海南省促进创业投资持续健康发展的实施方案
重庆	2015 年 10 月	关于加快重庆创业投资发展的意见
	2017 年 3 月	重庆市产业引导股权投资基金管理办法
	2022 年 1 月	重庆市科技创新股权投资引导基金管理办法
四川	2018 年 12 月	四川省促进创业投资持续健康发展实施方案
贵州	2017 年 10 月	促进创业投资持续健康发展的实施意见
云南	2017 年 5 月	关于促进创业投资持续健康发展的实施意见
西藏	2018 年 6 月	关于促进创业投资持续健康发展的实施意见
陕西	2017 年 11 月	关于加快推动创业投资发展的实施意见
甘肃	2017 年 12 月	关于促进创业投资持续健康发展的实施意见
青海	2018 年 4 月	西宁市关于促进创业投资持续健康发展的实施方案
宁夏	2017 年 5 月	关于促进创业投资持续健康发展的实施意见
新疆	2018 年 11 月	关于促进创业投资持续健康发展的实施意见

附录 3

部分城市最新风险投资发展政策内容

省市	文件名	主要内容
深圳	关于促进深圳风投创投持续高质量发展的若干措施（2022 年 4 月 7 日）	发展目标，不断完善"基础研究 + 技术攻关 + 成果产业化 + 科技金融 + 人才支撑"全过程创新生态链；优化市场准入和治理机制；鼓励各类市场主体在深发展，对新设立的创业投资企业单笔最高奖励 2000 万元，对新设立的私募证券投资基金管理企业最高奖励 500 万元，对头部机构依照退出贡献最高奖励 2000 万元，对投早投小投科技的创投机构"以奖代补"最高奖励 500 万元，着力培育天使投资生态环境，优化空间保障和人才奖励；推动募投管退联动发展；完善国际化法治化营商环境
北京	关于加快建设高质量创业投资集聚区的若干措施（2021 年 12 月 31 日）	加大区域生态要素集聚；提升注册登记服务便利化水平；加快组建前沿硬科技创投基金；加大长期资本支持引导力度；创新募资投资模式；加大项目收益和募资奖励；支持创投机构发债融资；支持开展早期硬科技投资；提升大数据投资辅助作用；加强投资模式创新；开展股权投资和创业投资份额转让试点；优化创业投资综合服务；落实税收优惠和财政奖励政策；加大人才引进和服务保障力度；持续完善创新生态
上海	促进上海创业投资持续健康高质量发展的若干意见（2019 年 7 月 15 日）	面向全球，面向未来，进一步加快上海创业投资发展；充分发挥各类政府投资基金的引导带动作用；推动创业投资与多层次科技金融服务体系联动发展；推动创业投资和产业发展、区域发展形成合力；加强人才和政策保障
苏州	关于促进苏州股权投资持续高质量发展的若干措施（2021 年 4 月 26 日）	支持股权投资机构投资苏州；鼓励股权投资投小投早投科技；促进天使投资加快发展；加大股权投资专业人才奖励；推进股权投资集聚区建设；拓宽市场化募资渠道；推进国际化资本对接；发挥政府引导基金作用；优化股权融资服务平台功能；畅通创新产业投资渠道；丰富投资退出渠道；优化市场准入环境；健全行业治理机制；提升创投法治化治理理念；优化信用环境建设；健全中介服务体系；加强品牌影响力打造

省市	文件名	主要内容
无锡	关于进一步促进无锡股权投资高质量发展的若干政策意见（2021 年 12 月 10 日）	规划建设股权投资集聚区；完善政府引导基金体系；吸引社会资本合作发展天使投资；支持创投会展活动；鼓励股权投资机构投资无锡；鼓励投早投小投科技；建立投融资常态化对接机制；拓宽市场化募资渠道；拓宽国际化资本对接渠道；拓宽股权投资退出渠道；培育股权投资专业人才；加强股权投资专业人才服务保障；优化市场准入环境和商事流程；优化信用环境建设和中介服务体系；优化行业治理和纠纷协调机制
青岛	进一步支持打造创投风投中心若干政策措施（2021 年 5 月 7 日）	加快创投风投机构集聚发展；促进创投风投机构与实体经济对接；积极发挥政府引导基金作用；鼓励国有企业参与创投风投；拓宽创投风投募资和退出渠道；营造优质的市场化法治化环境；推动创投风投行业双向开放；吸引和培养创投风投专业人才

参 考 文 献

［1］曹政.论风险投资、创业板市场与高新技术产业发展的良性互动［J］.当代财经，2000（12）：44-46.

［2］昌忠泽，陈昶君，张杰.产业结构升级视角下创新驱动发展战略的适用性研究——基于中国四大板块经济区面板数据的实证分析［J］.经济学家，2019（8）：62-74.

［3］陈刚.高科技风险投资在国际上的发展及中国风险投资业的对策［J］.管理世界，2000（6）：184-185，189.

［4］陈刚.新兴产业形成与发展的机理探析［J］.理论导刊，2004（2）：40-42.

［5］陈见丽.风险投资能促进高新技术企业的技术创新吗？——基于中国创业板上市公司的经验证据［J］.经济管理，2011，33（2）：71-77.

［6］陈思，何文龙，张然.风险投资与企业创新：影响和潜在机制［J］.管理世界，2017（1）：158-169.

［7］陈涛，赵婧君.政府补助、研发投入与盈利质量研究［J］.工业技术经济，2020，39（5）：91-99.

［8］陈鑫，陈德棉，谢胜强.风险投资、资本项目开放与全要素生产率［J］.科研管理，2017，38（4）：65-75.

［9］陈旭东，杨硕，周煜皓.政府风险投资与区域企业创新——基于"政府+市场"模式的有效性分析［J］.山西财经大学学报，2020，42（11）：30-41.

［10］陈旭群．风险投资发展与产业结构转换的互动研究［D］．杭州：浙江工业大学，2004．

［11］成程．中国风险投资的空间集聚与溢出效应研究［D］．长沙：湖南大学，2019．

［12］成果，陶小马．政府背景风险投资会促进企业创新吗——基于创业板企业的实证分析［J］．科技进步与对策，2018，35（23）：99－105．

［13］戴浩，柳剑平．政府补助、技术创新投入与科技型中小企业成长［J］．湖北大学学报（哲学社会科学版），2018，45（6）：138－145．

［14］丁崇泰．政府创业投资引导基金发展及美国经验借鉴［J］．地方财政研究，2019（3）：107－112．

［15］杜传忠，李彤，刘英华．风险投资促进战略性新兴产业发展的机制及效应［J］．经济与管理研究，2016，37（10）：64－72．

［16］冯敏红．以风险投资促进中国战略性新兴产业的发展［J］．经济研究导刊，2013（21）：70－71．

［17］龚强，张一林，林毅夫．产业结构、风险特性与最优金融结构［J］．经济研究，2014，49（4）：4－16．

［18］苟燕楠，董静．风险投资背景对企业技术创新的影响研究［J］．科研管理，2014，35（2）：35－42．

［19］郭丽娟，刘佳．美国产业集群创新生态系统运行机制及其启示——以硅谷为例［J］．科技管理研究，2020，40（19）：36－41．

［20］胡刘芬，周泽将．风险投资机构持股能够缓解企业后续融资约束吗？——来自中国上市公司的经验证据［J］．经济管理，2018，40（7）：91－109．

［21］胡志坚，张晓原，贾敬敦．中国创业投资发展报告2020［M］．北京：科学技术文献出版社，2021．

［22］胡志坚，张晓原，张志宏．中国创业投资发展报告2019［M］．北京：经济管理出版社，2019．

［23］华蓉晖. 美国、英国和以色列三国风险投资业的比较与启示［J］. 上海金融学院学报，2013（1）：108－117.

［24］黄嵩，倪宣明，张俊超，等. 政府风险投资能促进技术创新吗？——基于我国科技型初创企业的实证研究［J］. 管理评论，2020，32（3）：110－121.

［25］黄先海，张胜利. 中国战略性新兴产业的发展路径选择：大国市场诱致［J］. 中国工业经济，2019（11）：60－78.

［26］惠树鹏. 美国风险投资支持高技术产业发展对我国的启示［J］. 对外经贸实务，2014（12）：80－82.

［27］霍国庆. 战略性新兴产业的研究现状与理论问题分析［J］. 山西大学学报（哲学社会科学版），2012，35（3）：229－239.

［28］纪建悦，郭慧文，林姿辰. 海洋科教、风险投资与海洋新兴产业发展［J］. 科研管理，2020，41（3）：23－30.

［29］江三良，纪苗. 技术创新影响产业结构的空间传导路径分析［J］. 科技管理研究，2019，39（13）：15－23.

［30］蒋殿春，黄锦涛. 风险投资对企业创新效率影响机制研究［J］. 中国高校社会科学，2015（6）：140－151，155.

［31］金永红，奚玉芹，张立. 国外风险投资运作机制特征分析及其启示［J］. 科技管理研究，2006（10）：187－189，194.

［32］鞠晓生，卢荻，虞义华. 融资约束、营运资本管理与企业创新可持续性［J］. 经济研究，2013，48（1）：4－16.

［33］李冬冬，李春发. 战略性新兴产业研究10年回顾：热点、脉络与前沿［J］. 科学管理研究，2020，38（4）：48－54.

［34］李汉洔，袁超文，蒋天. 风险投资与企业创新——基于中国中小板上市公司的研究［J］. 金融学季刊，2017，11（1）：103－124.

［35］李萌，包瑞. 风险投资支持战略性新兴产业发展分析［J］. 宏观经济研究，2016（8）：123－128.

［36］李善民，梁星韵，王大中. 中国政府风险投资的引导效果及作用机理［J］. 南方经济，2020（8）：1－16.

[37] 李诗林.以色列风险投资产业发展经验及借鉴 [J].区域与全球发展,2018,2 (2):125 – 140,159 – 160.

[38] 李仕明.构造产业链,推进工业化 [J].电子科技大学学报(社科版),2002 (3):75 – 78.

[39] 李永周,辜胜阻.国外科技园区的发展与风险投资 [J].外国经济与管理,2000 (11):42 – 46.

[40] 李玉山,陆远权,王拓.金融支持与技术创新如何影响出口复杂度?——基于中国高技术产业的经验研究 [J].外国经济与管理,2019,41 (8):43 – 57.

[41] 李云鹤,李文.风险投资与战略性新兴产业企业资本配置效率——基于创业板战略新兴指数样本公司的实证研究 [J].证券市场导报,2016 (3):40 – 46.

[42] 李中翘,刘耀阳,陈汉臻.金融发展与产业结构升级——基于技术进步的中介效应检验 [J].调研世界,2022 (2):71 – 77.

[43] 林展宇,马佳伟.美国创业投资产业发展经验及对我国的启示 [J].西南金融,2018 (6):68 – 76.

[44] 刘娥平,钟君煜,施燕平.风险投资的溢出效应 [J].财经研究,2018,44 (9):52 – 65.

[45] 刘广,刘艺萍.风险投资对产业转型升级的影响研究 [J].产经评论,2019,10 (3):45 – 55.

[46] 刘和旺,郑世林,王宇锋.所有制类型、技术创新与企业绩效 [J].中国软科学,2015 (3):28 – 40.

[47] 刘睿元.风险投资与重庆战略性新兴产业发展研究 [J].中外企业家,2014 (7):18 – 20.

[48] 刘婷,平瑛.产业生命周期理论研究进展 [J].湖南农业科学,2009 (8):93 – 96,99.

[49] 刘志彪,陆国庆.论风险投资在中国科技产业发展中的功能定位及其运作机制 [J].南京社会科学,2000 (9):8.

[50] 刘志彪.战略性新兴产业的高端化:基于"链"的经济分析

[J]. 产业经济研究, 2012 (3): 9 – 17.

[51] 刘志阳, 苏东水. 战略性新兴产业集群与第三类金融中心的协同演进机理 [J]. 学术月刊, 2010, 42 (12): 68 – 75.

[52] 龙勇, 时萍萍. 风险投资对高新技术企业的技术创新效应影响 [J]. 经济与管理研究, 2012 (7): 38 – 44.

[53] 卢山, 李树军, 张怀明. 我国高科技产业发展中的风险投资与作用机制研究 [J]. 科学管理研究, 2005 (2): 88 – 91.

[54] 鲁晓东, 连玉君. 中国工业企业全要素生产率估计: 1999—2007 [J]. 经济学 (季刊), 2012, 11 (2): 541 – 558.

[55] 陆瑶, 张叶青, 贾睿, 等. "辛迪加" 风险投资与企业创新 [J]. 金融研究, 2017 (6): 159 – 175.

[56] 吕静韦, 金浩. 基于产业链创新的战略性新兴产业发展策略研究 [J]. 河北学刊, 2016, 36 (5): 217 – 221.

[57] 马润平. 金融发展与产业集聚: 基于江苏省面板数据分析 [J]. 宁夏社会科学, 2012 (3): 38 – 43.

[58] [美] 迈克尔·波特. 竞争战略 [M]. 陈小悦, 译. 北京: 华夏出版社, 2005.

[59] 莫桂海. 风险投资介入高新技术产业集群发育的作用机理研究 [J]. 科技管理研究, 2007 (1): 56 – 59.

[60] 钱燕, 范从来. 风险投资对上市公司信息披露质量的影响——基于创业板的经验证据 [J]. 求是学刊, 2021, 48 (4): 80 – 92.

[61] 钱燕. 风险投资对新兴产业发展的影响研究——新三板生物医药企业的证据 [J]. 经济问题, 2020 (10): 38 – 45.

[62] 沈超红, 尉春霞, 程飞. 以色列, 何以成为创业的国度? [J]. 科学学与科学技术管理, 2015, 36 (11): 45 – 55.

[63] 史本叶, 范硕. 英国剑桥高技术产业集群风险投资的经验及启示 [J]. 经济纵横, 2011 (1): 100 – 103.

[64] 宋竞, 胡顾妍, 何琪. 风险投资与企业技术创新: 产品市场竞争的调节作用 [J]. 管理评论, 2021, 33 (9): 77 – 88.

［65］孙国民，陈东．战略性新兴产业集群：形成机理及发展动向
［J］．中国科技论坛，2018（11）：44 – 52.

［66］孙晓华，王昀．R&D投资与企业生产率——基于中国工业企
业微观数据的PSM分析［J］．科研管理，2014，35（11）：92 – 99.

［67］谈毅，陆海天，高大胜．风险投资参与对中小企业板上市公
司的影响［J］．证券市场导报，2009（5）：26 – 33.

［68］陶海飞．战略性新兴产业与民间创业投资的对接模式——基
于宁波市的实践探索［M］．杭州：浙江大学出版社，2015.

［69］汪明峰，魏也华，邱娟．中国风险投资活动的空间集聚与城
市网络［J］．财经研究，2014，40（4）：117 – 131.

［70］王栋．风险投资对北陆药业技术创新影响的案例研究［D］.
合肥：安徽工业大学，2019.

［71］王广凯，张涛，洪敏．私募股权投资对企业成长性的促进作
用研究［J］．现代管理科学，2017（7）：18 – 20.

［72］王晗，刘慧侠，董建卫．政府引导基金参股创投基金能促进
企业创新吗？——基于零膨胀负二项分布模型的实证研究［J］．研究与
发展管理，2018，30（2）：93 – 102.

［73］王克平，郭小芳，车尧．大数据思维下战略性新兴产业风险识
别与竞争情报预警研究［J］．情报理论与实践，2021，44（5）：92 – 99.

［74］魏志华，曾爱民，李博．金融生态环境与企业融资约束——基
于中国上市公司的实证研究［J］．会计研究，2014（5）：73 – 80，95.

［75］温军，冯根福．风险投资与企业创新："增值"与"攫取"
的权衡视角［J］．经济研究，2018，53（2）：185 – 199.

［76］温忠麟，叶宝娟．中介效应分析：方法和模型发展［J］．心
理科学进展，2014，22（5）：731 – 745.

［77］吴超鹏，吴世农，程静雅，王璐．风险投资对上市公司投融
资行为影响的实证研究［J］．经济研究，2012，47（1）：105 – 119，
160.

［78］吴金明，邵昶．产业链形成机制研究——"4 + 4 + 4"模型

[J]．中国工业经济，2006（4）：36－43．

[79] 喜济峰，郭立宏．风险投资促进技术创新的动力机制和效应分析 [J]．科学管理研究，2012，30（1）：32－34．

[80] 夏清华，何丹．政府研发补贴促进企业创新了吗——信号理论视角的解释 [J]．科技进步与对策，2020，37（1）：92－101．

[81] 夏清华，乐毅．风险投资促进了中国企业的技术创新吗？[J]．科研管理，2021，42（7）：189－199．

[82] 萧端，熊婧．政府创业引导基金运作模式借鉴——以以色列YOZMA基金为例 [J]．南方经济，2014（7）：106－115．

[83] 肖兴志，王伊攀．政府补贴与企业社会资本投资决策——来自战略性新兴产业的经验证据 [J]．中国工业经济，2014（9）：148－160．

[84] 辛清泉，谭伟强．市场化改革、企业业绩与国有企业经理薪酬 [J]．经济研究，2009，44（11）：68－81．

[85] 徐德云．新兴产业发展形态决定、测度的一个理论解释及验证 [J]．财政研究，2008（1）：46－49．

[86] 徐明东，田素华．转型经济改革与企业投资的资本成本敏感性——基于中国国有工业企业的微观证据 [J]．管理世界，2013（2）：125－135，171．

[87] 闫俊周，齐念念．国内战略性新兴产业协同创新研究综述与展望 [J]．技术与创新管理，2019，40（6）：647－653．

[88] 严若森，吴梦茜．二代涉入、制度情境与中国家族企业创新投入——基于社会情感财富理论的研究 [J]．经济管理，2020，42（3）：23－39．

[89] 杨青，单雪雨．基于共生理论的创业投资集聚的形成机理研究 [J]．科技创业月刊，2009，22（10）：34－36．

[90] 杨晔，谈毅，邵同尧．风险投资与创新：激励、抑制还是中性？——来自中国省级面板的经验证据 [J]．经济问题，2012（3）：9－13．

［91］姚正海．高技术企业融资策略选择研究［J］．湖北社会科学，2010（7）：76-79．

［92］［英］亚当·斯密．国富论［M］．唐日松，译．北京：华夏出版社，2005．

［93］于永达，陆文香．风险投资和科技企业创新效率：助力还是阻力？［J］．上海经济研究，2017（8）：47-60．

［94］余剑．金融支持战略性新兴产业发展研究［M］．北京：经济管理出版社，2018．

［95］余婕，董静．风险投资引入与产业高质量发展——知识溢出的调节与门限效应［J］．科技进步与对策，2021，38（14）：62-71．

［96］余琰，罗炜，李怡宗．国有风险投资的投资行为和投资成效［J］．经济研究，2014（2）：32-46．

［97］张广胜，孟茂源．研发投入对制造业企业全要素生产率的异质性影响研究［J］．西南民族大学学报（人文社会科学版），2020，41（11）：115-124．

［98］张晖明，丁娟．论技术进步、技术跨越对产业结构调整的影响［J］．复旦学报（社会科学版），2004（3）：81-85，93．

［99］张佳睿．美国风险投资与技术进步、新兴产业发展的关系研究［D］．长春：吉林大学，2014．

［100］张明喜．发展创业风险投资培育战略性新兴产业［J］．中国科技投资，2011（3）：64-66．

［101］张鹏，于伟．金融集聚与城市发展效率的空间交互溢出作用：基于地级及以上城市空间联立方程的实证研究［J］．山西财经大学学报，2019，41（4）：1-16．

［102］张祥艳．高新技术产业技术创新中资金创新效率实证研究［J］．财会通讯，2015（5）：34-37．

［103］张璇，李子健，李春涛．银行业竞争、融资约束与企业创新：中国工业企业的经验证据［J］．金融研究，2019（10）：98-116．

［104］张玉华，李超．中国创业投资地域集聚现象及其影响因素

研究 [J]. 中国软科学, 2014 (12): 93-103.

[105] 赵静梅, 傅立立, 申宇. 风险投资与企业生产效率: 助力还是阻力? [J]. 金融研究, 2015 (11): 159-174.

[106] 赵玮, 温军. 风险投资介入是否可以提高战略性新兴产业的绩效? [J]. 产业经济研究, 2015 (2): 79-89.

[107] 赵玉林, 石璋铭, 汪芳. 战略性新兴产业与风险投资发展协整分析——来自中国高技术产业的经验分析 [J]. 科技进步与对策, 2013 (13): 54-58.

[108] 郑威, 陆远权. 中国金融供给的空间结构与新兴产业发展: 基于地方金融发展与区域金融中心建设视角的研究 [J]. 国际金融研究, 2019 (2): 13-22.

[109] 中国工程技术发展战略研究院. 2021 中国战略性新兴产业发展报告 [M]. 北京: 科学出版社, 2020.

[110] 周兵. 基于金融环境因素的外国直接投资与产业集聚研究评述 [J]. 中国流通经济, 2012, 26 (1): 120-124.

[111] 周开国, 卢允之, 杨海生. 融资约束、创新能力与企业协同创新 [J]. 经济研究, 2017, 52 (7): 94-108.

[112] 周黎安, 罗凯. 企业规模与创新: 来自中国省级水平的经验证据 [J]. 经济学 (季刊), 2005 (2): 623-638.

[113] 周亚虹, 蒲余路, 陈诗一, 等. 政府扶持与新型产业发展——以新能源为例 [J]. 经济研究, 2015, 50 (6): 147-161.

[114] 周煜皓, 张盛勇. 金融错配、资产专用性与资本结构 [J]. 会计研究, 2014 (8): 75-80, 97.

[115] 庄新霞, 欧忠辉, 周小亮, 等. 风险投资与上市企业创新投入: 产权属性和制度环境的调节 [J]. 科研管理, 2017, 38 (11): 48-56.

[116] 宗喆. 对以色列科创模式及中以合作的思考 [J]. 国际金融研究, 2020 (2): 26-35.

[117] 邹双, 成力为. 风险投资对创业企业创新投入的影响: 基

于筛选效应和增值效应 ［J］. 预测，2019，38（2）：76－82.

［118］ Abernathy W J，Utterback J M. Patterns of industrial innovation ［J］. Technology Review，1978，80（7）：40－47.

［119］ Aghion P，Bolton P. An incomplete contracts approach to financial contracting ［J］. The Review of Economic Studies，1992，59（3）：473－494.

［120］ Anderson P，Tushman M L. Technological discontinuities and dominant designs：a cyclical model of technological change ［J］. Administrative Science Quarterly，1990：604－633.

［121］ Andrusiv U，Kinash I，Cherchata A，et al. Experience and prospects of innovation development venture capital financing ［J］. Management Science Letters，2020，10（4）：781－788.

［122］ Baron R M & Kenny D A. The moderator-mediator variable distinction in social psychological research：conceptual，strategic，and statistical considerations ［J］. Journal of Personality and Social Psychology，1986，51：1173－1182.

［123］ Baum J A C，Silverman B S. Picking winners or building them？Alliance，intellectual，and human capital as selection criteria in venture financing and performance of biotechnology startups ［J］. Journal of Business Venturing，2004，19（3）：411－436.

［124］ Berger M，Hottenrott H. Start-up subsidies and the sources of venture capital ［J］. Journal of Business Venturing Insights，2021，16：e00272.

［125］ Berger A N，Miller N H，Petersen M A，et al. Does function follow organizational form？evidence from the lending practices of large and small banks ［J］. Journal of Financial Economics，2005，76（2）：237－269.

［126］ Bertoni F，Tykvová T. Does governmental venture capital spur invention and innovation？evidence from young European biotech companies

[J]. Research Policy, 2015, 44 (4): 925 – 935.

[127] Bhide A V. The origin and evolution of new businesses [M]. New York: Oxford University Press, 2002.

[128] Bider G, Gigante G. The effects of corporate venture capital on value creation and innovation of European public owned firms [J]. Corporate Ownership and Control, 2021, 18 (4): 117 – 133.

[129] Blank S C. Insiders' views on business models used by small agricultural biotechnology firms: economic implications for the emerging global industry [J]. Agbioforum, 2008, 11 (2): 71 – 81.

[130] Brander J A, Du Q, Hellmann T F. The effects of government-sponsored venture capital: international evidence [J]. Social Science Electronic Publishing 2015, 76: 61 – 73.

[131] Carlota P. The double bubble at the turn of the century: technological roots and structural implications [J]. Financial Market Research, 2013, 33 (4): 779 – 805.

[132] Caselli S, Gatti S, Perrini F. Are venture capitalists a catalyst for innovation? [J]. European Financial Management, 2009, 15 (1): 92 – 111.

[133] Celikyurt U, Sevilir M, Shivdasani A. Venture capitalists on boards of mature public firms [J]. Review of Financial Studies, 2014, 27 (1): 56 – 101.

[134] Chemmanur T J, Krishnan K, Nandy D K. How does venture capital financing improve efficiency in private firms? A look beneath the surface [J]. The Review of Financial Studies, 2011, 24 (12): 4037 – 4090.

[135] Colombo M G, Cumming D I, Vismara S. Governmental venture capital for innovative young firms [J]. The Journal of Technology Transfer, 2016, 41 (1): 10 – 24.

[136] Dickinson V. Cash flow patterns as a proxy for firm life cycle [J]. Accounting Review, 2011, 86 (6): 1969 – 1994.

［137］ Clercq D D， Dimov D. Internal knowledge development and external knowledge access in venture capital investment performance ［J］. Journal of Management Studies， 2008， 45 （3）： 585 – 612.

［138］ Dushnitsky G， Lenox M J. When does corporate venture capital investment create firm value? ［J］. Journal of Business Venturing， 2006， 21 （6）： 753 – 772.

［139］ Engel D， Keilbach M. Firm-level implications of early stage venture capital investment – an empirical investigation ［J］. Journal of Empirical Finance， 2007， 14 （2）： 150 – 167.

［140］ Bertoni F， Croce A， D'Adda D. Venture capital investments and patenting activity of high-tech start-ups： a micro-econometric firm-level analysis ［J］. Venture Capital， 2010， 12 （4）： 307 – 326.

［141］ Gompers P， Lerner J. An analysis of compensation in the US venture capital partnership ［J］. Journal of Financial Economics， 1999， 51 （1）： 3 – 44.

［142］ Görg H， Greenaway D. Much ado about nothing? Do domestic firms really benefit from foreign direct investment? ［J］. The World Bank Research Observer， 2004， 19 （2）： 171 – 197.

［143］ Green M B. Venture capital investment in the United States 1995 – 2002 ［J］. Industrial Geographer， 2004， 2 （1）： 2 – 30.

［144］ Gu Q， Lu X. Unraveling the mechanisms of reputation and alliance formation： a study of venture capital syndication in China ［J］. Strategic Management Journal， 2014， 35 （5）： 739 – 750.

［145］ Hegeman P D， Srheim R. Why do they do it? Corporate venture capital investments in cleantech start-ups ［J］. Journal of Cleaner Production， 2021， 294： 126 – 315.

［146］ Himmelberg C P， Petersen B C. RD and internal finance： a panel study of small firms in hightech industry ［J］. Review of Economics and Statistics， 1994 （6）： 38 – 51.

［147］ Hirukawa M，Uada M. Venture capital and innovation：which is first？［J］. Pacific Economic Review，2011，16（4）：421－465.

［148］ Hoover E M. Spatial price discrimination［J］. Review of Economic Studies，1937（3）：182－191.

［149］ Suchard J A. The impact of venture capital backing on the corporate governance of Australian initial public offerings［J］. Journal of Banking and Finance，2009，33（4）：765－774.

［150］ Kaplan S N，Zingales L. Do investment-cash flow sensitivities provide useful measures of financing constraints？［J］. The Quarterly Journal of Economics，1997，112（1）：169－215.

［151］ Keuschnigg C，Nielsen S B. Progressive taxation，moral hazard，and entrepreneurship［J］. Journal of Public Economic Theory，2004，6：471－490.

［152］ Kolympiris C，Kalaitzandonakes N，Miller D. Spatial collocation and venture capital in the US biotechnology industry［J］. Research Policy，2011，40（9）：1188－1199.

［153］ Kortum S，Lerner J. Does venture capital spur innovation？［R］. National Bureau of Economic Research，Inc.，1998.

［154］ Krugman P. Uncerasing returns and economic geography［J］. Journal of Political Economy，1991（3）：483－499.

［155］ Lee S U，Park G，Kang J. The double-edged effects of the corporate venture capital unit's structural autonomy on corporate investors' explorative and exploitative innovation［J］. Journal of Business Research，2018，88（7）：141－149.

［156］ Leontief W. Domestic production and foreign trade［J］. Proceedings of the American Philosophical Society，1953，97（4）：332－349.

［157］ Lerner J. Assessing the contribution of venture capital［J］. The RAND Journal of Economics，2000，31（4）：674－692.

［158］ Lerner J. The syndication of venture capital investments［J］. Financial Management, 1994: 16 – 27.

[159] LeSage J P. An introduction to spatial econometrics [J]. Revue D'économie Industrielle, 2008 (123): 19 – 44.

[160] Marshall. Principles of economics [M]. London: Macmillan and Co., Ltd., 1920.

[161] Megginson W L, Weiss K A. Venture capitalist certification in initial public offerings [J]. The Journal of Finance, 1991, 46 (3): 879 – 903.

[162] Myers S C, Majluf N S. Corporate financing and investment decisions when firms have information that investors do not have [J]. Journal of Financial Economics, 1984, 13 (2): 187 – 221.

[163] Park H D, Steensma H K. When does corporate venture capital add value for new ventures? [J]. Strategic Management Journal, 2012, 33 (1): 1 – 22.

[164] Peter S, Britta K Christian B. Venture capital progarmmes in the UK and Germany in what sense regional policies? [J]. Regional Studies, 2010, 39 (2) 255 – 273.

[165] Porter M. Clusters and the new economics of competition [J]. Harvard Business Review, 1998 (76): 77 – 90.

[166] Porter M E. Competitive strategy: techniques for analyzing industries and competitors [M]. New York: Free Press. 1980.

[167] Pradhan R P, Arvin M B, Nair M, et al. Endogenous dynamics between innovation, financial markets, venture capital and economic growth: evidence from Europe [J]. Journal of Multinational Financial Management, 2018, 45: 15 – 34.

[168] Rajan R G, Zingales L. The influence of the financial revolution on the nature of firms [J]. American Economic Review, 2001, 91 (2): 206 – 211.

[169] Sahlman W A. The structure and governance of venture-capital or-

ganizations [J]. Journal of Financial Economics, 1990, 27 (2): 473 –
521.

[170] Sohn B K, Kang K N. The role of venture capital on innovation
in the Korean biotechnology industry [J]. International Journal of Trade,
Economics and Finance, 2015, 6 (3): 181 – 185.

[171] Tang M C, Chyi Y L. Legal environments, venture capital, and
total factor productivity growth of Taiwanese industry [J]. Contemporary Eco-
nomic Policy, 2008, 26 (3): 468 – 481.

[172] Tian X, Wang T Y. Tolerance for failure and corporate innovation
[J]. The Review of Financial Studies, 2011, 27 (1): 211 – 255.

[173] Tian X. The role of venture capital syndication in value creation
for entrepreneurial firms [J]. Review of Finance, 2012, 16 (1): 245 –
83.

[174] Ueda M, Hirukawa M. Venture capital and productivity [R].
Working Paper. University of Wisconsin, 2003.

[175] Vernon R A. International investment and international trade in the
product cycle [J]. The International Executive, 1966, 8 (4): 16 – 16.

[176] Wadhwa A, Kotha S. Knowledge creation through external ventu-
ring: evidence from the telecommunications equipment manufacturing industry
[J]. Academy of Management Journal, 2006, 49 (4): 819 – 835.

[177] Wen J, Yang D, Feng G F, et al. Venture capital and innova-
tion in China: the non – linear evidence [J]. Structural Change and Econom-
ic Dynamics, 2018, 46: 148 – 162.

[178] Wernerfelt B. A resource-based view of the firm [J]. Strategic
Management Journal, 1984, 5 (2): 171 – 180.

[179] Alperovych Y, Hubner G. Incremental impact of venture capital
financing [J]. Small B usiness Economnics, 2013, 41 (3): 651 – 666.

后　记

本书在我的博士后出站报告的基础上修改而成。书稿即将付梓，首先感谢我的博士后导师范从来教授。2017 年，我匆匆到南京大学进行博士后专业考核，当时由于在职等问题，以为没有机会再来南大。2018年，我在遥远的英国接到可以入站的通知，犹豫过是否还要进站，最终我怀着对学术的向往和对范老师的深深敬意选择来到安中楼报到。

于我而言，学术追求的道路有些波折，可是范老师总是循循诱导，结合我的研究经历和工作实际，为我厘清学术的研究方向。在课题研究的过程中，范老师也总能指点迷津，找出我的问题所在。范老师一丝不苟的作风，专业知识的全面性，踏踏实实的精神，严谨求实的态度以及人格魅力，不仅给我专业性的指导意见，更教会我为人处世的道理。老师的鼓励给了我足够的力量，让我在以后的岁月里锲而不舍，更上一层楼。

感谢南京大学商学院给我做博士后研究的机会，感谢路瑶老师每次及时通知，感谢博士后同门相互鼓励，交流学术思想。

感谢苏州科技大学商学院的各位领导，在教学、科研和行政工作中给予我诸多支持和帮助，也常常督促我勤勉；感谢商学院各位同事对我的帮助，我们在教书育人这一平凡而神圣的岗位上团结协作，共同奋进；感谢我的学生魏伟、杨添程等，与我一起探讨部分章节的写作思路并整理相关资料，愿你们在工作岗位上踏实努力，有所成就。

感谢经济科学出版社的编校人员，正是由于他们的帮助和支持，本书才得以早日出版。

　　最后，感谢我的家人对我一直以来的坚定支持和照顾关心，你们是我最坚强的后盾，使我能够克服所有困难，勇往直前。感谢所有关心和支持我的人，谢谢你们！

　　由于作者水平有限，书中难免存在诸多不足和错误，敬请不吝赐教。

钱　燕

2022 年 5 月 6 日